目　次

【論　説】

「国際経済法」・「国際取引法」のあり方を問い直す
——法科大学院発足・新司法試験開始を契機として

座長コメント………………………………………………道垣内　正　人… 1
国際経済法の射程と研究・教育のあり方……………………中　川　淳　司… 9
国際経済法の射程と研究・教育のあり方……………………米　谷　三　以… 33
　　——中川報告に対する実務家としてのコメント——
国際取引法の教育のあり方と射程……………………………柏　木　　　昇… 47
法科大学院と国際取引法の教育・研究………………………髙　杉　　　直… 62
　　——柏木報告に対するコメント——

「法と経済学」の諸相

座長コメント………………………………………………根　岸　　　哲… 71
法と経済学の基本的な考え方とその手法……………………松　村　敏　弘… 77
独禁法における「法と経済学」………………………………川　濱　　　昇… 97
国際法における法と経済学……………………………………阿　部　克　則…119
国際私法の経済学的分析………………………………………野　村　美　明…145
　　——現状と課題——

自由論題

多数債権者間の国家債務再構築の法的枠組み………………川　名　　　剛…181
　　——アジア債券市場の展開を契機として——

ガット第20条における必要性要件……………………………内　記　香　子…217
　　──WTO設立後の貿易自由化と非貿易的関心事項の調整メカニズム──

【文献紹介】

Deborah Z. Cass, *The Constitutionalization of the World
  Trade Organizaion: Legitimacy, Democracy,
  and Community in the International Trading System* ………小場瀬　琢　磨…257

Hal S. Scott (ed.), *Capital Adequacy Beyond Basel:
  Banking, Securities, and Insurance* ……………………………久保田　　　隆…260

Herbert Kronke, Werner Melis, Anton Schnyder
  (Hrsg.), *Handbuch Internationales Wirtschaftsrecht* …………山　内　惟　介…264

Peter Van den Bossche, *The Law and Policy
  of the World Trade Organization* ………………………………荒　木　一　郎…269

Patrick Daillier, Géraud de La Pradelle,
  Habib Ghérari (sous la direction de),
  Droit de l'économie internationale ……………………………豊　田　哲　也…272

川瀬剛志・荒木一郎（編著）『WTO紛争解決手続に
  おける履行制度』………………………………………………平　　　　　覚…275

澤田壽夫・柏木昇・森下哲朗（編著）『国際的な
  企業戦略とジョイント・ベンチャー』…………………………北　川　俊　光…280

学　会　会　報 ………………………………………………………………………285
編　集　後　記 ………………………………………………………………………293

論　説　「国際経済法」・「国際取引法」のあり方を問い直す
　　　　――法科大学院発足・新司法試験開始を契機として

座長コメント

道垣内正人

　　I　はじめに
　　II　企画の趣旨
　　III　準備段階での議論
　　　1　議論の方法
　　　2　論　点
　　IV　結　語

I　はじめに

　2005年10月30日（日）に京都大学で開催された日本国際経済法学会第15回大会の午前中のシンポジウムは，「国際経済法」と「国際取引法」のあり方を問い直すというテーマを対象とするものであった。各報告者・コメンテイターの報告内容については，それをもとにした本雑誌掲載の論文の通りである。本稿では，座長を務めた者として，この企画の趣旨，準備段階での報告者間での議論，そして，若干の私見を述べることとする。

II　企画の趣旨

　このシンポジウムの企画趣旨は研究運営委員会により次の通り簡潔に説明され，これは学会のウェブサイトに掲載されるとともに，報告者等もこれを踏まえて準備を進めた。

法科大学院発足・新司法試験開始を契機として，国際経済法及び国際取引法の研究と教育に何が求められているのかを検証することを主眼とする。必ずしも国際経済法・国際取引法とは何かという定義論だけに終始することなく，法科大学院や法学部における国際経済法及び国際取引法教育の拡充に向けた問題提起と意見交換を通じて，国際経済法及び国際取引法の研究と教育の将来像を模索していきたい。

　国際経済法，国際取引法，国際私法といった科目に関して法科大学院や法学部での教育経験を踏まえて，現在の研究・教育体制に関する問題提起，及び日頃の研究のなかから，日本の研究に欠けている視点や逆に日本の研究の優れた点について感じているところなどを報告していただき，会員の間での意見交換を行いたい。その際，実務から見て国際経済法及び国際取引法の研究・教育に何を望むかという視点からの弁護士や企業法務経験者会員からの発言も期待したい。

　討論では，新司法試験選択科目の「国際関係法（公法）」に国際経済法が，「国際関係法（私法）」に国際取引法が含まれることになったことにかんがみ，取り入れ方や出題のあり方に関する議論も行いたい。そして，そのような議論を通じて，国際経済法と国際取引法の射程について検討することができればと考えている。

　1991年に設立された日本国際経済法学会は，GATT/WTO法に，経済法や租税法の国際的側面などを加えるのみならず，国際私法，国際民事訴訟法，国際取引法，さらには国際知的財産権なども含むものとしてその名称を定め，実際，これらの多様な法分野に関する研究を対象としてきた。そのような中，2006年度からの新司法試験における選択科目として，「国際経済法」が国際法・国際人権法とともに「国際関係法（公法系）」に[1]，「国際取引法」が国際私法・国際民事手続法とともに「国際関係法（私法系）」に[2]，それぞれ含まれるとされたことを契機として，法科大学院において，国際経済法・国際取引法はそれぞれ何を教育すべきか，という現実的な問題がつきつけられた。と同時に，これまでも議論されてきた国際経済法・国際取引法の研究・教育のあり方に改めて関心が集まることとなった。シンポジウムが企画されたのは，このような背景においてであった。

III 準備段階での議論

1 議論の方法

　座長として，報告者の問題関心を摺り合わせ，核心を突いた議論が行われるようにするため，学会の約7ヶ月前から，関係者各人が全員宛に e-mail を送信しあうという方法で調整を開始した。まずは報告者である中川教授から国際経済法について，柏木教授から国際取引法について，それぞれ報告の骨子となるアイデアを発信していただき，それを受けて，米谷弁護士から前者について，髙杉教授から後者について，それぞれコメントを発信して頂き，さらに適宜，質問と回答を相互に行った。

　そのような文書での議論を経た上で，9月20日に全員が実際に集まって議論をする場を設け，10月30日の本番に備えた。

2　論　　点

　議論された論点としては，①国際経済法・国際取引法の定義，②研究のあり方，③教育のあり方，④国際経済法と国際取引法の関係，などであった。

(1) 国際経済法・国際取引法の定義

　国際経済法については，中川教授から，諸外国を見ても見解の一致はなく，経済に関する国際公法と国際経済に関する国内公法（対外経済法）の両方を合わせて国際経済法と捉える立場と，前者のみと捉える立場があることが紹介された。

　これに対し，米谷弁護士から，渉外法律実務の観点から，国際経済法実務において知識が必要になる法分野は，WTO協定や自由貿易協定のほか，各国の貿易救済法，安全保障・健康・環境・労働者保護などの観点からの貿易・投資規制法ないし貿易制限の効果を有する法，さらに，金融，海運・航空，国際通信などのセクター別の法制や，競争法，税法，知的財産法など枚挙にいとまな

く，何のための定義かによって決定するほかないとの指摘があった。

国際取引法については，柏木教授から，定義をすること自体，研究においても教育においても「蛸壺法学」を助長するだけで有害無益であるとされ，一般には，企業・個人が外国に関連した取引を行う場合に必要となる法であろうが，その力点はどのような取引をするかによって異なり，中国との取引をする企業であれば，中国の契約法・合弁法・外資法が含まれるであろうし，アメリカで現地工場を運営する企業であれば，アメリカのセクハラに関する法も含まれることになるであろうとされた。

これに対して，髙杉教授からは，国際取引法における外国法の位置づけについて，国際取引法に関係する法の枠組み全体から見れば，外国法は素材であって，それ以上のものではないのではないかとの指摘がなされた。また，私法と公法の分断はできるだけ避けるべきであるとされた。

(2) 研究のあり方

国際経済法について，中川教授から，日本では，アメリカやEUに比べて，国内法としての通商関係法の研究が手薄であることが指摘された。また，世界的に見ても，WTO法に集中する傾向があることは問題であり，国際投資，国際金融を含む全体を体系化する必要があるとされた。

国際取引法について，柏木教授は，価値があると研究者が考えるテーマを研究すればよく，議論の必要はないとされ，髙杉教授も同意見であった。

(3) 教育のあり方

国際経済法について，中川教授から，経済に関する国際公法に限定することによって，その規範の特性が明確になるとの指摘があった。そして，国内の通商関係法まで取り込もうとすると，その内容は各国で異なるので，限られた講義時間数の中では無理であろうとされた。

米谷弁護士からは，どのような法曹の養成を念頭に置くかで法科大学院で教えるべき国際経済法の内容は決まってくると考えるところ，必ずしも国際経済

法という科目においてである必要はないが，国内法としての通商関係法（関税法，貿易救済法，貿易規制法など）の教育抜きには経済に関する国際法の理解も不十分なものになってしまうであろうとの懸念が表明された。そしてさらに，政府や国際機関で活躍する法曹の育成という観点からは，政策論を行うための素養として経済理論，行政学，財政学などの隣接分野の教育も必要となってくるとされた。

　他方，国際取引法については，柏木教授から，法科大学院では時間の制約があるし，新司法試験対策との関係もあり，国際海上・航空運送と国際代金決済に関する法を含む国際動産売買に関する法を中心にすることになるとされ，国際動産売買法の具体例としては，コモン・ローの契約法の基礎，UCC 第 2 編の基礎，ウィーン国際売買条約，インコタームズなどに加え，アメリカの製造物責任法の基礎も含まれるべきであり，さらに余裕があれば，代理店・販売店法，国際合弁，国際ファイナンスなどにも及ぶべきであろうとされた。そして，新司法試験において国際取引法が国際売買，国際運送及び国際支払に関する日本の実定法としての私法に限定されたことを理由に(3)，仮に，それらの日本法に限定して教育していくことになれば，国際取引で真に活躍する法曹の育成は大変困難になるとの懸念が表明された。また，売買が国際取引に関わる日本の弁護士にとって必須の法分野かというと，実際の日本企業の売買は外国の子会社との間のものが多く，その重要性は決して高くないが，比較契約法の基本を教える材料としてはよい，との指摘もあった。

　以上に対して，髙杉教授からは，新司法試験において，国際取引法が国際売買，国際運送及び国際支払に関する日本の実定法としての私法に限定されたことが不適当なことである点では柏木教授と同意見であり，むしろ，「国際関係法（私法系）」から国際取引法は外した方が法科大学院教育における国際取引法は充実したものになるのではないかとの指摘がなされた。そして，その観点から，売買に関する法とは相当に性質の異なる企業経営（国際投資・金融など）に

関する法にも十分な時間を割いた教育を行うべきであるとされた。

(4) 国際経済法と国際取引法の関係

中川教授から、国際経済法を経済に関する国際公法に限定すれば、国際取引法との区別は明確にできるであろうとの指摘があった。そして、国内法としての通商関係法の重要性が増してくれば、教育の場では、これについて別の科目を作ることも考えられるとされた。

また、米谷弁護士からは、あるトピックがどちらの法分野に属するかよりも、両法分野の関係を学生に理解させることが重要である旨の指摘があった。

柏木教授からは、法科大学院教育では、私法的な分野を扱う国際取引法の担当者と公法的な分野を扱う国際経済法の担当者の間での調整が必要となるとの指摘がなされた。

髙杉教授からは、公法と私法の両方の問題が絡んでくるので、可能であれば、国際経済法と国際取引法は統合して一分野とすることが好ましいとの意見が表明された。

IV 結　語

以上のような事前準備を経て当日のシンポジウムは行われ、それを踏まえた論攷は本誌に掲載されている通りである。

ここでは、当日は十分に議論がされなかった論点について若干触れておきたい。それは、将来を睨んで、国際経済法・国際取引法の研究者をどのように養成していくのか、また、世界の状況を睨んで、日本の国際経済法・国際取引法の研究者はどうあるべきか、という問題である。

国際経済法も国際取引法も、旧帝国大学には講座が設けられていなかったこともあって、少なくとも、現在40～50代までの世代では、最初からこの分野で育ってきたという研究者は極めて少数であろう。現時点での国際経済法の研究者の多くは、国際公法の一分野として、GATT・WTOなどの経済的な問題を

研究テーマとしてきた国際法学者であり，他方，国際取引法の研究者は，国際私法や商法の研究者として出発し，国際取引に関する実質法をも研究しているというタイプか，あるいは，企業の法務部員や弁護士として国際取引に関する法に関係してきたことから，大学に移ってそれを専門とする研究者となったというタイプのいずれかに属する研究者であろう。では，今後はどのように研究者は養成されるべきであろうか。

　おそらくは，一つには，法学部や法科大学院を卒業後，博士課程等に進み，国際経済法・国際取引法の研究者となるコースであり，このようなタイプの研究者は徐々に増えつつあるように思われる。そして，いま一つは，法科大学院，司法試験を経て，弁護士や官僚等としての実務経験を積んだ上で大学に戻るというコースであろう。おそらく，この両者は関心の持ちようも研究スタイルも異なり，いずれか一方では足りず，両者が一定数存在することによってのみ健全に研究が行われることになろう。

　では，両コースを経由した優秀な研究者をバランスよく確保することはできるであろうか。社会的には国際経済法も国際取引法もその重要性は高まりこそすれ，低下することはまず考えられない。この点では明るい見通しがあるといえよう。しかし，それだけでは足りない。人材を確保するには，法学部，法科大学院に一定数以上のポストが確保されていることが不可欠であり，さらにそのためには，現実的な発想になってしまうが，司法試験科目として国際経済法・国際取引法が存在することが必要であろう。このことは，あまりに現実的過ぎるかも知れないが，おそらく事実であろう。

　他方，世界の中の日本の研究者という視点については，それ自体を目標とする必要はなく，一定数の有能な研究者を確保できれば，日本の国際経済法・国際取引法の研究者が国際的に活躍する場は自ずから開けてくるであろう（逆に，目標だけを掲げても実現できない）。

　以上のことから，将来の社会が必要とする国際経済法・国際取引法について

の知的サービスの供給のため,当面(必要悪としてであれ),われわれは法科大学院,司法試験への対処に誤りなきを期していかなければならない。

(1) 2004年11月に法務省が公表したサンプル問題においては,「出題は,国際法を中心とし,国際法の体系に含まれる範囲で国際人権法及び国際経済法を対象とする。」とされている。
(2) 2004年11月に法務省が公表したサンプル問題においては,「国際取引法については,主として国際売買,国際運送及び国際支払に関して日本において実定法としての効力を有する法令(私法)を中心として,国際民事手続法については,国際倒産以外の分野を中心として出題する。」とされている。
(3) 前掲注(2)参照。

(早稲田大学大学院法務研究科教授)

論　説　「国際経済法」・「国際取引法」のあり方を問い直す
　　　　——法科大学院発足・新司法試験開始を契機として

国際経済法の射程と研究・教育のあり方

中　川　淳　司

Ⅰ　はじめに
Ⅱ　国際経済法の射程
Ⅲ　国際経済法と国際取引法の関係
Ⅳ　新司法試験「国際経済法」の出題範囲と法科大学院における国際経済法教育のあり方
　1　新司法試験における国際経済法の出題範囲
　2　新司法試験で「国際関係法〔公法系〕」を選択する受験者数の見通し
　3　法科大学院における国際経済法教育の目標は何か
　4　法科大学院「国際経済法」で何を教えるか
　5　対外経済法を含めるか？
Ⅴ　国際経済法研究の課題
　1　理論的課題——国際経済法は国際法の一分野としていかなる特質を持つか
　2　研究対象の拡大——国際通商法以外の分野における展開のフォローと位置づけ

Ⅰ　はじめに

　本稿の課題は，法科大学院が発足後3年目の完成年度を迎え，第1回の新司法試験が実施される節目の年である2006年の時点で，法科大学院における国際経済法の教育，そして国際経済法の研究に何が求められているかを検討することである。

　筆者は国際法の立場から国際経済法学を研究してきた。特に，途上国の開発にとって国際法の果たす役割を模索するという観点から，主に国際投資や政府

開発援助，国際貿易や国際通貨金融システムに関わる国際法制度を研究してきた。国際経済法の研究者としての経験，また，法学部や大学院で国際経済法の教育と研究者の養成に従事してきた経験を踏まえて，本稿の課題に取り組むこととする。まず，国際経済法の概念ないし射程に関する筆者の考え方を述べ，それを前提とした場合に国際経済法と国際取引法の関係がどのようにとらえられるかを整理する。続いて，新司法試験における国際経済法の扱いについての現状を見る。その上で，法科大学院における国際経済法教育の現状と課題についての筆者の見解を述べる。最後に，筆者が今後の国際経済法の研究課題と考えている点を指摘して，本稿の締めくくりとする。

II　国際経済法の射程

国際経済法の概念ないし射程をめぐっては見解が一致していない。大別すると広義にとらえる立場（広義説）と狭義にとらえる立場（狭義説）がある。広義説は国際法，国内法を含めて国際経済活動に対する公法的規制の全体を国際経済法ととらえる。狭義説は国際経済活動に対する公法的規制の中で，国際法による規制だけを国際経済法ととらえる。

国際経済活動に対する公法的規制には，国内法による規制（いわゆる対外経済法）と国際法による規制が含まれる。対外経済法は各国がその経済政策に基づいて国内法として定立し実施するものであり，その内容や法形式は国によって異なる。

アンチダンピング税を例にとると，日本では関税定率法[1]が調査・賦課の手続や要件に関する基本的な規律を定め，調査・賦課手続と要件の詳細については政令である関税定率法施行令[2]と財務省令である関税定率法施行規則[3]が規定している。また，米国では1930年関税法の第7章がアンチダンピング税の調査・賦課手続について規定する。1930年法は制定以来何度も改正されてきた。1994年にはWTOアンチダンピング協定の受諾に伴い大幅な改正が行われた[4]。この

他に，ダンピング調査を担当する商務省と損害調査を担当する国際貿易委員会（International Trade Commission, ITC）は各々手続に関する詳細な規則（Regulations）を定めている。さらに，商務省の担当部署（International Trade Administration, ITA）はサンセットレビューに関する詳細な政策指針（Policy Bulletin）を作成し，それに基づいて実際の調査を行っている。

　日本の法制と米国の法制は大筋では共通するが，相違点も多い。例えば，米国では損害調査を担当する機関とダンピング調査を担当する機関が異なっているが，日本では財務省，経済産業省および対象産品を所管する省庁の担当者がチームを作って一元的に損害調査とダンピング調査を行う。また，サンセットレビューに関する米国ITAの政策指針に対応する詳細な手続の指針は日本には存在しない。

　これに対して，国際経済活動に対する公法的規制を目的とする国際法，すなわち狭義の国際経済法が存在する。例えばアンチダンピング税に関しては，1994年のGATT 6条およびいわゆるWTOアンチダンピング協定が，アンチダンピング税の調査・賦課手続に関して，WTO加盟国が遵守すべきルールを詳しく規定している。

　対外経済法は国際経済活動を直接に規律する。これに対して，狭義の国際経済法は国際経済活動を直接に規律するものではないことに注意する必要がある。狭義の国際経済法は，①各国が対外経済法によって規律できる対象（事物管轄，人的管轄，地理的範囲）を画定する，②各国の対外経済法の規律の抵触を調整する，③各国の対外経済法の規律内容を規制する，という3つの機能を果たしている。つまり，狭義の国際経済法の直接の規律対象は各国の対外経済法であり，その受範者ないし名宛人は対外経済法を定立する国家である。換言すれば，狭義の国際法は対外経済法を規律することを通じて国際経済活動に間接的な規律を及ぼしており，これを国際経済活動の側から見れば，国際経済活動に対しては対外経済法（直接規律）と狭義の国際経済法（間接規律）の重層的な規律が及

んでいるといえる。これは狭義の国際経済法が国際法であることに起因する規範的特性である。他方で，有力な国，例えば米国の対外経済法が狭義の国際経済法の定立や適用に影響を与える場合もある。[8]

対外経済法と狭義の国際法は定立の仕方にも違いがある。前者は国内法であり，国によってその法形式（法律，行政命令など）や定立手続はまちまちである。これに対して，狭義の国際経済法は国際法であり，すべての国家を拘束する一般国際法として定立されるものもあるが，[9]その中核は各国が二国間および多数国間の条約や行政取り決めその他の合意に基づいて定める国際法の規範である。

筆者は以下に挙げる理由から，狭義説の立場をとっている。[10]第一に，既に見たように狭義の国際経済法は各国の対外経済法の内容や適用範囲を規律するという規範的特性を持っており，それは狭義の国際経済法が国際法（国際公法）であることの帰結である。広義説のようにこれと対外経済法を一体として把握することは，狭義の国際経済法のこの規範的特性を曖昧にするおそれがあると考える。第二に，対外経済法が国によって異なる以上，広義の国際経済法の内容は，日本の国際経済法（日本に適用される狭義の国際経済法プラス日本の対外経済法），米国の国際経済法（米国に適用される狭義の国際法プラス米国の対外経済法）といった具合に，国によって異なることになる。そのため，教育の観点から見ると，限られた講義時間の中で広義の国際経済法を包括的に教えることはきわめて困難である。第三に，国によって広義の国際経済法の内容や規範的位置づけが異なる結果，同じ「国際経済法」について研究を進めていても，研究対象の比較検討や評価に当たっては，対象とする国による「国際経済法」の内容・規範的位置づけの違いを踏まえた慎重な判断が求められる。これを怠るならば研究面でも不都合が生じる可能性がある。[11]第四に，狭義説をとることで，国際経済法の射程を国際法の一分野として明確に画定することができる。

ただし，率直に言って，狭義説は学界の支配的見解ではない。日本でも，[12]世界的にも，[13]広義説がやや優勢かもしれない。それは，対外経済法と狭義の国際

経済法が相互に関連し合いながら国際経済活動に対して重層的に規制を及ぼしているという事実を重視するためであろう。

　筆者もこの事実自体を否定するものではない。しかし，先に挙げた理由から狭義説を支持する。ただし，そのことはもちろん，狭義の国際経済法が対外経済法と無関係であることを意味しない。狭義説の立場をとった上で，狭義の国際経済法と対外経済法がどのような関連を持っているかを明らかにすることは重要な研究課題であると考えている。

Ⅲ　国際経済法と国際取引法の関係

　国際経済法を狭義にとらえる場合，国際取引法との棲み分けは比較的容易である。国際経済法が国際経済活動に対する公法的規制の中で国際法のみを指すのに対して，国際取引法は国際経済活動に対する私法的規制，すなわち，国際経済活動の主体間の権利義務関係を規律する実体法及び手続法の総体を指すと整理することができる。この意味での国際経済法と国際取引法との間に抵触や重複が生じることはない。

　ただし，国際経済法の場合と同様に，このような国際取引法の定義がすべての論者に共有されているわけではない。広義の国際経済法，すなわち対外経済法と狭義の国際経済法を合わせた国際経済活動の公法的規制と，国際経済活動の私法的規制の両者を合わせて国際取引法と定義して，これらすべてを解説する教科書も多い。これは，法の性格や分類ではなく，規制の対象である国際経済活動ないし国際取引，およびそれに従事する民間企業を中心とする主体に注目し，国際取引に携わる主体にとって実務上重要となる関連法規を総合的にとらえようとするプラグマティックな立場に立っているためである。

　国際経済法と国際取引法の概念・射程と両者の関係についてはこれ以上立ち入らない。これらは，論者がそれぞれの理論的な立場，あるいは研究・教育なり実務上の必要や目的に応じて整理し決定する性格の問題であると考えるから

である。この点については，本稿の基になった日本国際経済法学会2005年度年次大会のセッションの他の報告者および討論者が執筆した別稿で各自の見解が展開されているので，参照されたい。

Ⅳ 新司法試験「国際経済法」の出題範囲と法科大学院における国際経済法教育のあり方

1 新司法試験における国際経済法の出題範囲

2004年8月に出された司法試験委員会の答申は，選択科目「国際関係法〔公法系〕」の出題範囲について，「国際法（国際公法），国際人権法及び国際経済法」を対象とすると述べるとともに，各科目における出題範囲についてはさらに検討するとした。そして，2004年12月10日，司法試験委員会は検討の結論として「国際関係法〔公法系〕」の出題範囲は「国際法を中心とし，国際法の体系に含まれる範囲で国際人権法及び国際経済法を対象とする」と述べた。それでは，国際経済法の出題範囲は具体的にはどこまでなのか。

この点を考えるに当たって参考となる材料が五つある。第一はこれまでに司法試験委員会が作成したサンプル問題（2004年12月），プレテスト（2005年8月）の問題，そして，2006年5月19日〜23日に実施された第1回の新司法試験の問題である。「国際関係法〔公法系〕」で合計6問が出題されたことになる。このうちでは，新司法試験の第1問が国内規制による投資損害に対する請求の国際法上の根拠を扱っており，国際経済法の分野からの出題である。この問題では，投資財産の収用・国有化に関する条約及び慣習国際法上の規則，二国間の投資保護協定が扱われている。ただし，投資財産の収用・国有化に関する国際慣習法上の規則の内容は問題文中に投資保護協定の条文の引用という形で紹介されており，収用・国有化に関する国際慣習法上の規則それ自体についての知識が問われているわけではない。また，投資保護協定についても，投資保護協定の内容そのものについての知識が問われているわけではない。署名済みで

はあるが国会承認という国内手続を相手国が完了していない条約（投資保護協定）を根拠として，相手国に国際法上の請求を行うことができるかどうかが問われている。出題の核心は条約受諾のための国内手続，国内手続未完了の条約の効力という国際法の一般的なテーマであって，投資保護協定はこれを考えるための素材に過ぎない。

　参考材料の第二は2005年8月に実施されたプレテストの第1問である。この問題は国際人権法の分野からの出題であり，県立高校における男女別学に関する事例に即して，女子差別撤廃条約の解釈と直接適用可能性が問われた。しかし，設問には女子差別撤廃条約の前文及び関連する条文が参照条文として添付されたほか，女子差別撤廃条約第10条(b)号の起草経緯が紹介されており，女子差別撤廃条約の内容に関する予備知識がなくてもこれらの資料を丁寧に読めば回答できるようになっている。国際人権法に含まれる女子差別撤廃条約を素材としながら，女子差別撤廃条約そのものについての知識ではなく，条約の解釈や条約の直接適用可能性に関する理解が問われているのである。先の新司法試験第1問の出題及びこの出題から推察すると，国際経済法の分野から出題される場合，国際法の一般的な体系についての理解・知識を問う出題の素材として取り上げられることがあるとしても，国際経済法分野の細かな知識が問われることはないということになる。そこには，「国際関係法〔公法系〕」の出題範囲を国際法の一般的な体系に限定し，受験者が「国際関係法〔公法系〕」を選択することにより，他の科目を選択した受験者との間で負担の不公平が生じないようにするとの配慮が働いているように思われる。

　参考材料の第三は新司法試験の受験生に会場で配布される法令集である。2006年3月29日に法務省が公表した「平成18年新司法試験用法文登載法令」によれば，「国際関係法〔公法系〕」関連の法令として，国際経済法関係では唯一「関税および貿易に関する一般協定」（GATT）が挙げられている。なお，国際人権法関係では「経済的，社会的及び文化的権利に関する国際規約」と「市民

的及び政治的権利に関する国際規約」が挙げられている。このことは何を意味するか。

先に「国際経済法分野の細かな知識が問われることはないだろう」と述べた。しかし，この例外として，1994年のGATTを中心とするGATT・WTO法についてはある程度のまとまった知識が問われる可能性があるのではないか。日本でも外国でも，国際経済法の教育においてGATT・WTO法を中心とする国際通商法が大きな比重を占めていることは周知の事実である。GATT・WTO法は国際経済法教育の共通の核となっており，その結果，新司法試験でも国際経済法分野からはGATT・WTO法についての出題が予定されているのではないか。法令集にGATTが収録されたことはそれを示唆しているように思われる。

参考材料の第四として，サンプル問題とプレテスト，新司法試験の出題形式が挙げられる。いずれも，国際法に関連する国内裁判と国際裁判の事例を想定した問題が1問ずつ出題されている。この点からも，国際経済法分野で出題されるとすれば，多数の紛争解決事例があるGATT・WTO法ということになるのではないかと推測する。その場合，GATT・WTO法についてどの程度系統的な知識が要求されるのか，特に，多数の紛争解決事例の知識が求められるのかが問題となる。国内裁判あるいは国際裁判という出題形式から判断すれば，WTOの紛争解決手続に紛争が付託される場合を想定した出題もありうるかもしれない。しかし，多数の紛争解決事例（パネル報告や上級委員会報告）を踏まえてGATT・WTO法についての系統的な知識を要求することは，他の選択科目との負担の公平という観点から見て困難であろう。出題範囲は，紛争解決手続を定めた紛争解決了解，そして1994年のGATTに限られるのではないかと推測する。

最後に，参考材料の第五として，2006年3月29日に司法試験委員会が公表した「新司法試験論文式試験における国際関係法（公法系）の出題のイメージ及

び出題の方針について」なる文書がある(26)。そこでは「国際法を中心とし，国際人権法及び国際経済法について問う場合にも国際法の理解を問う問題に限ることとする」ことが強調されている。

以上をまとめると，新司法試験「国際関係法〔公法系〕」で国際経済法分野から出題される場合，国際経済法の細かな知識が問われることはないだろう。あくまでも国際法の一般的な体系に関わる出題の素材として取り上げられるのではないか。しかし，1994年のGATTと紛争解決了解についてはある程度のまとまった知識が問われる可能性がある。

国際経済法の出題範囲に関するこのような予測が正しいとすれば，これと国際人権法を合わせた「国際関係法〔公法系〕」の出題範囲は国際法の一般的な体系の範囲内にほぼ画定される。これは他の選択科目に比べて格別広いとはいえないだろう。

2 新司法試験で「国際関係法〔公法系〕」を選択する受験者数の見通し

「国際関係法〔公法系〕」とそこにおける国際経済法の出題範囲が以上のようなものであるとして，新司法試験で「国際関係法〔公法系〕」を選択する受験者はどのくらいの数になるだろうか。

この点に関連して気がかりなデータがある。2005年8月7日に実施された新司法試験プレテスト（模擬試験）で「国際関係法〔公法系〕」を選択した受験者は1,874名の全受験者中44名と，8つの選択科目の中で最も少なかった。ちなみに，最も多かったのは労働法で617名，次いで倒産法の411名，知的財産法の308名の順であった。国際関係法（私法系）は110名であった(27)。

既に見たように，新司法試験の選択科目「国際関係法〔公法系〕」は，国際法を中心としながら，国際法の体系に含まれる範囲で国際人権法と国際経済法も対象とするとされている。そのため，学生はこの科目の出題範囲が他の選択科目，例えば労働法や倒産法に比べて広く，負担が大きいという印象を持って

いるのではないか。そのことがこの科目を選択する受験者数の少なさに現れているのだと思う。

　法科大学院の学生はとにかく新司法試験に合格しなければならないという強いプレッシャーにさらされている。学生が負担の大きそうな科目を敬遠して負担の小さそうな科目を選択するのは合理的な行動であり、そのことがプレテストの結果に現れたのだろう。

　学生が「国際関係法〔公法系〕」の出題範囲について持っているこうした印象は、実は教員にもかなりの程度共有されているのではないか。この推測を裏付けるデータとして、2005年10月9日の国際法学会秋季大会（北大）で配布された学会有志によるアンケート調査がある。それによると、「国際関係法〔公法系〕」の教育に当たり困っていることとして、①開講時間数（配分単位）が少なく、教えるべきことが十分教えられない（18名）、②国際法の未習者と既習者を同時に教育しなければならない（15名）、③司法試験の出題範囲が広すぎる（11名）、④法曹養成用の適当な教科書や教材がない（9名）といった声が寄せられている。教員の多くも「国際関係法〔公法系〕」の範囲が広すぎると感じていることがわかる。

　法科大学院の学生は「国際関係法〔公法系〕」の出題範囲が広く、負担が大きいという印象から選択を敬遠し、教員の多くもこの印象を否定できないでいる。現状のままでは、新司法試験でこの科目を選択する受験生の数は伸び悩む可能性が高い。実際、2006年4月10日に公表された第1回の新司法試験の受験予定者数集計によれば、受験予定者総数2,125人中、選択科目として「国際関係法〔公法系〕」を受験する者は48名に留まった。

　新司法試験の選択科目に関する2004年8月の司法試験委員会答申は、新司法試験を3回程度実施した後、その間の試験の実施状況（各選択科目の受験者数、難易度のばらつき、出題内容についての独自性の程度等）等も勘案して、選択科目の見直しを行うことが相当であるとしている。現状のままでは、3年後の見直

しで,「国際関係法〔公法系〕」は選択科目からはずされる可能性がある。これは憂慮すべきことである。

3 法科大学院における国際経済法教育の目標は何か

今回の司法制度改革における法曹養成制度改革の目的は,法学教育,司法試験,司法修習を有機的に連携させた「プロセス」として法曹養成制度を整備することであった。それは,難関の司法試験合格という「点」のために,学生の受験予備校への依存による「ダブルスクール化」,「法学部離れ」の状況が生じ,法曹となるべき者の資質確保に重大な悪影響が生じているという危機意識ないし反省に根ざしていたはずである。

ところが,新司法試験での出題範囲が明確でない,あるいは他の科目より範囲が広そうだという印象から,受験者が「国際関係法〔公法系〕」を敬遠するとすれば,これは,新制度の下でも新司法試験という「点」のために法科大学院の教育が歪められる状況が生まれていることを示すものである。

このような状況の原因が何かを論じようとすれば,新司法試験制度そのもののあり方や合格定員の問題などについても論じなければならないだろう。それは本稿の守備範囲を超えている。以下では,「プロセス」としての法曹養成制度整備という司法制度改革の目的を前提として,「国際関係法〔公法系〕」の受験者数が伸び悩むという予測の下で,法科大学院における国際経済法の教育が何を目指すべきかを論じたい。

「プロセス」としての法曹養成制度整備の目的は,司法が21世紀の日本社会において期待される役割を十分に果たすための人的基盤を確立することにある。「国際関係法〔公法系〕」は,法曹が今後期待される役割を果たすために法科大学院で習得すべき科目として,新司法試験の選択科目に加えられた。その際,特に二つの点が配慮された。第一に,グローバル化が進む21世紀の世界においては,国際社会との価値観の共有を深め,公正なルールに基づく国際社会の形

成，発展に向けて主体的に寄与することが重要となるので，法曹の国際的対応力を強める必要があることである。第二に，今後とも，各種領域において，国際的な法律問題が量的に増大し，かつ，内容的にも複雑・多様化することが容易に予想されるので，法曹養成段階における国際化の要請への配慮を進める必要性が大きいことである[34]。

　このような配慮とそれに基づく法科大学院における「国際関係法〔公法系〕」教育の必要性，そしてこの科目を新司法試験の選択科目に加えるという判断は正当である。法科大学院における「国際関係法〔公法系〕」教育の必要性は今後とも減じることはないと考える。この配慮を国際経済法に即して敷衍すれば，法科大学院における国際経済法の教育は，①自由で公正な国際経済秩序の形成，発展に向けて主体的に寄与できる法曹の養成，②国際経済法の分野で生じる複雑で多様な法律問題への対応能力を持った法曹の養成，の二つを目標とすべきである。

4　法科大学院「国際経済法」で何を教えるか

　それでは，具体的に，法科大学院の「国際経済法」で何を教えるべきか。大半の法科大学院が「国際経済法」に2単位を充てていると思われるので，まず2単位（90分×15回）の場合の教育内容・カリキュラムについてプランを提示し，次に4単位の場合のプランを提示したい。

　(1)　2単位（90分×15回）の場合──国際通商法主体の講義

　この場合，時間的な制約から，1994年のGATTとその他のWTO協定（紛争解決了解を含む）を中心とする国際通商法に対象をしぼらざるを得ないだろう。新司法試験の出題範囲に配慮すると，国際法の体系との関わりを明確にしながら，この分野についてある程度まとまった知識を習得させることが，この講義の目標となる。そこで，参考までに以下のシラバス案を提示する。

◉参考1　国際経済法（国際通商法）シラバス案（2単位）
第1回　国際経済法の構造　国際経済法（狭義）の定義，国際経済法（狭義）と対外経済法の関係，国際経済法と国際取引法の関係，国際経済法の構成要素（国際慣習法，二国間条約，多国間条約），最重要の法源としてのWTO協定
第2回　WTO協定の成り立ち　GATTからWTOへの展開，WTO設立協定と附属書の概要
第3回　WTOの組織と機能　WTOの3大機能（通商交渉のフォーラム，ルール策定，紛争解決），WTOの構成機関（閣僚会議，理事会，委員会等，事務局）とその役割
第4回　WTO協定の国内的実施効力と直接適用可能性　WTO協定の国内的効力と直接適用可能性に関する議論の整理，WTO協定の国内的実施，直接適用可能性とWTO紛争解決手続の関係，WTO協定の国内的実施と直接適用に関する各国の実行
第5回　WTOの紛争解決手続（その1）：制度の概要と位置づけ　WTO紛争解決手続の流れ，WTO紛争解決手続の性格（国際コントロールか加盟国間の利益の均衡回復手段か），WTO紛争解決手続における私経済主体の位置づけ（米国通商法301条手続，欧州委員会貿易障壁規則など），通商規律の立憲化（constitutionalization）とWTO紛争解決手続の正統性
第6回　WTOの紛争解決手続（その2）：WTO紛争解決手続における手続上の問題　WTO協定解釈上の原則（ウィーン条約法条約31条，32条），小委員会の付託事項，挙証責任，審査基準，義務的法令と裁量的法令の区別，勧告・裁定の実施，対抗措置の発動
第7回　貿易自由化の基本原則（その1）：無差別原則，関税譲許　最恵国待遇原則，内国民待遇原則，関税交渉と関税譲許
第8回　貿易自由化の基本原則（その2）：市場アクセス改善のしくみ，例外規定　関税関連規則（原産地規則，関税評価・関税分類），通関手続の簡素化，数量制限の一般的禁止，例外規定（一般的例外，安全保障例外，TBT/SPS協定）
第9回　通商救済制度に対する国際的規律　セーフガード（繊維協定を含む），アンチダンピング，補助金相殺関税。
第10回　WTO体制における通商規律の強化と拡大（その1）：農業協定と政府調達　農業協定（規律の概要，農業貿易自由化の枠組み，ドーハ開発アジェンダ農業交渉），政府調達（地方政府その他の公的機関による条約義務の履行の問題，国内的実施措置を含む）
第11回　WTO体制における通商規律の強化と拡大（その2）：GATSとTRIPS　GATS（規律の概要，サービス貿易自由化の仕組み（約束表），WTO発足後の

サービス貿易自由化の進展)，TRIPS（規律の概要，TRIPS 協定の国内的実施，TRIPS 協定と人の健康）

第12回　WTO 体制と非貿易的価値　　貿易自由化と環境保護の調整（多国間環境条約による貿易制限の WTO 協定適合性，環境保護のための一方的貿易制限措置の WTO 協定適合性（域外適用問題を含む）），貿易自由化と国際労働基準（社会条項），貿易自由化と文化的価値の保護（カナダ雑誌事件）

第13回　WTO 体制と途上国　　一般特恵制度（GSP），特別かつ異なる待遇（S&D），キャパシティ・ビルディング，ドーハ開発アジェンダと途上国問題

第14回　WTO 体制と地域経済統合の関係　　地域経済統合に関する WTO 協定の規律（1994年のガット24条），FTA（自由貿易協定）/EPA（経済連携協定）の流行とその背景，FTA/EP Aの紛争解決手続と WTO 紛争解決手続の関係

第15回　FTA/EPA の基本的規律　　日本シンガポール経済連携協定，日本メキシコ経済連携協定を取り上げ，その規律内容のポイントを解説する（原産地規則，通関手続簡素化，貿易の技術的障壁と相互承認，投資関係の規律，セーフガード，競争法・競争政策分野の執行協力など）

(2)　4 単位（90分×30回）の場合

(A案)　国際経済法の体系的講義

次に，4 単位が充てられるならば，A案として，(1)の参考 1 に示した国際通商法の講義 2 単位の他に，国際投資法，国際通貨・金融法，国際競争法，国際経済犯罪の取締りなどをカバーして，国際経済法を体系的に講義するというプランが考えられる。以下シラバス案を提示する。

◉参考 2　国際経済法の体系的講義シラバス案（4 単位）

第 1 回　国際経済法の概念と体系　　国際経済法の概念，国際経済法の対象（国際貿易，国際投資，国際通貨制度，国際金融，国際競争法，国際経済犯罪の取り締まり）

第 2 回　国際経済法の展開　　ブレトンウッズ・ガット体制の成立と変容，1970年代の動き（フロート制への移行，新国際経済秩序），1980年代の動き（債務危機の影響），1990年代以降の動き（グローバル化の進行，WTO の発足，通貨・金融危機，地域主義の台頭）

第 3 回〜第16回　　(1)の参考 1 に基本的に同じ（ただし，第 1 回と第 2 回をまとめて 1 回分で講義する）

第17回　国際投資法（その1）　　国際投資の保護と規制に関する伝統的な国際法制度（国際最低基準，外交的保護権，国家責任法，カルボー主義とカルボー条項）

第18回　国際投資法（その2）　　新国際経済秩序と国際投資の保護

第19回　国際投資法（その3）　　国際投資の保護と自由化をめぐる1980年代以降の動向（二国間投資条約（BIT）の急増，自由貿易協定（FTA）による投資保護，投資紛争仲裁の増加）

第20回　国際投資法（その4）　　国際投資の保護，規制，自由化に関する国際法制度の現状（内国民待遇と最恵国待遇，公正かつ衡平な待遇，収用・国有化に対する保護，パフォーマンス要求の禁止，投資紛争の解決手続，投資紛争仲裁の増加に伴う手続・実体法上の問題）

第21回　国際通貨法（その1）　　通貨主権，国際通貨制度の展開（金本位制度→ブレトンウッズ体制（ドル本位の調整可能な固定相場制）→主要国フロート制移行後の国際通貨制度）

第22回　国際通貨法（その2）　　国際通貨法の基本原則（IMF協定を中心に），地域統合と通貨制度（欧州共通通貨制度，宮沢イニシアティブから東アジア共通通貨制度構想へ）

第23回　国際金融法（その1）　　金融・資本取引自由化の進展（IMF協定8条，OECD資本自由化コード），国際通貨・金融危機への対処（IMFコンディショナリティ，金融安定化フォーラムとnew international financial architectureをめぐる論議）

第24回　国際金融法（その2）　　国際的に活動する金融機関（銀行，証券，保険）の規制監督に関する管轄権の調整と協力（バーゼル委員会，IOSCO，IAIS）

第25回　国際金融法（その3）　　国際的に活動する金融機関の自己資本比率規制（バーゼル合意，新バーゼル合意，金融活動評価プログラム）

第26回　国際競争法（その1）　　国際企業活動の展開と競争規制に関する伝統的アプローチ，効果理論と管轄権に関する合理の規則

第27回　国際競争法（その2）　　競争法の競合調整の試み（二国間競争協力条約を中心に），国際合併規制

第28回　国際経済犯罪の取締まり（その1）　　マネーロンダリング規制・テロ資金規制（40の勧告，新40の勧告，テロ資金供与に関する特別勧告，マネーロンダリングの犯罪化，金融機関の顧客確認と疑わしい取引の報告義務，国際司法共助）

第29回　国際経済犯罪の取締まり（その2）　　その他の金融犯罪（国際的インサ

イダー取引，国際電子商取引関連の詐欺罪，多国籍企業による横領・背任罪・粉飾決算と刑事管轄権・国際司法共助など）
第30回　国際経済犯罪の取締り（その3）　　外国公務員に対する贈賄の防止に関する条約

（B案）　国際通商法の講義と演習

あるいは，B案として，国際通商法の講義2単位に加えて，WTOの紛争解決の判例研究や模擬法廷の演習に2単位を充てるというプランも考えられる。カバーする対象はA案よりも狭くなるが，国際通商法に通じた実務法曹や企業法務担当者，通商政策を担当する公務員については一定のニーズが見込まれるところであり，このプランにも意義は認められるだろう。

⦿参考3　国際通商法の講義・演習（4単位）
第1回～第15回　（参考1）国際経済法（国際通商法）講義（2単位）に同じ
第16回　WTO 紛争解決手続の詳細
第17回　WTO 紛争解決手続参加国（申立国，被申立国，第三国）の役割と課題
第18回　WTO 紛争解決先例研究（その1）
第19回　WTO 紛争解決先例研究（その2）
第20回　WTO 紛争解決先例研究（その3）
第21回　WTO 紛争解決先例研究（その4）
第22回　WTO Moot Court Case (1) 1st Submission of the Parties
第23回　WTO Moot Court Case (1) 2nd Submission of the Parties
第24回　WTO Moot Court Case (2) 1st Submission of the Parties
第25回　WTO Moot Court Case (1) Report of the Panel
第26回　WTO Moot Court Case (2) 2nd Submission of the Parties
第27回　WTO Moot Court Case (3) 1st Submission of the Parties
第28回　WTO Moot Court Case (3) 2nd Submission of the Parties
第29回　WTO Moot Court Case (2) Report of the Panel
第30回　WTO Moot Court Case (3) Report of the Panel

5　対外経済法を含めるか？

法科大学院「国際経済法」の講義に対外経済法を含めるか。国際経済法の分

野で生じる複雑で多様な法律問題への対処能力を持った法曹の養成という観点からは，国際通商法の実務で扱われる対外経済法も講義でカバーすべきだという考え方も成り立つだろう。例えば，アンチダンピングその他の通商救済制度に関して日本法を取り上げる，あるいは輸出規制や政府調達に関する日本の国内法制を取り上げるといった扱い方である。

しかし，筆者は以下の理由で，法科大学院「国際経済法」の講義がカバーする対象は狭義の国際経済法に限るべきだと考える。第一に，新司法試験の選択科目「国際関係法〔公法系〕」の国際経済法の対象が国際法に限定されていることと整合的である。第二に，2単位という限られた講義時間で対外経済法も含めて講義することは実際上困難である。第三に，狭義の国際経済法は国際経済活動に対する公法的規制の中核的な部分であるから，これを法科大学院で学習し，法曹実務や企業実務あるいは官職に就いてから対外経済法を習得するという段階を踏むことには一定の合理性が認められる。その場合，必要に応じて日本法だけでなく外国法，例えば米国やEUあるいは中国の対外経済法などを習得することになるだろうが，狭義の国際経済法を学んでおけば，いずれの場合にも基礎知識として有益であろう。

V　国際経済法研究の課題

最後に，国際経済法研究の課題について簡単に述べたい。

1　理論的課題——国際経済法は国際法の一分野としていかなる特質を持つか

これは新司法試験における「国際経済法」の出題範囲にも関わる問題である。つまり，国際経済法の分野から出題される場合に，国際法の一般的な体系に関わる問題の素材として出題されると予想されるので，国際経済法，特に国際通商法の分野で国際法の一般的な体系に関連するどのような問題が存在するかを明確にすることが重要である。

しかし，新司法試験対策という狭い問題関心を別にしても，国際法の一分野としての国際経済法がどのような特質を持つかは，理論的にもまた実際的にも興味深い点である。ここでは国際経済法の実現における私経済主体の地位と役割という問題に触れたい。

　国家は国際経済法の受範者ないし名宛人であり，国際経済法上の義務の実現に責任を負う。他方で，国際経済法の中核的な機能は，国際経済活動に対する各国の規制権限の統制と調整を通じて国際経済活動の自由で公正な展開を保障することにあり，その主たる受益者は私経済主体である。したがって，私経済主体は国際法の確実な実現に強い利害関心を持ち，さまざまなルートを通じて国際経済法の実現過程に働きかけている。例えば，米国通商法301条のように，米国企業や米国産業が他国のWTO協定違反について米国通商代表部に是正のための交渉を申し立てる手続を設けている例がある。また，1996年に内閣府に設置された政府調達苦情検討委員会は，WTO政府調達協定に基づいて，日本の政府機関の調達に関する内外の私経済主体からの苦情を検討し，協定違反を認めた場合には適切な是正案を提案することになっている。[37]

　これらの例に見られるように，国際経済法の実現に当たって私経済主体に特別な役割が認められている場合がある。これは国際経済法に特有の現象であり，これらの事例の分析を通じて，私人の国際法主体性，外交的保護権の法理，あるいは条約の国内的効力や直接適用可能性に関する国際法の一般理論を再検討することには意義がある。

2　研究対象の拡大——国際通商法以外の分野における展開のフォローと位置づけ

　近年，国際通商法以外の国際経済法のさまざまな分野で注目すべき展開が見られる。しかし，国際通商法に比べると研究者の関心が低く，十分な研究が行われていない。ここでは，筆者が特に注目している研究分野とテーマを挙げるに留める。

まず，国際投資法の分野では，投資の保護と促進，自由化を目的とする二国間投資条約（BIT）が急増していること，さらに，貿易と投資の自由化の両方を射程に入れた自由貿易協定（FTA）や経済連携協定（EPA）の数も急増していることが挙げられる。そして，これらの条約に盛り込まれた投資紛争解決条項に基づいて，投資紛争がICSID（投資紛争解決国際センター）その他の仲裁に付託される事例が急増している。これらの条約の大半は二国間条約であり，これが直ちに投資の保護や促進に関する一般国際法の形成や変更をもたらすものではない。しかし，条約規定や仲裁判断例を仔細に検討するならば，投資の保護や促進，さらに投資紛争の解決手続やそこでの適用法規について，新たな慣行が形成されつつあることが指摘できる。

国際経済刑法の分野では，マネーロンダリング規制や外国公務員に対する贈賄の取締りに関して国際的な規制が整備されてきた。特にマネーロンダリング規制については，2001年の同時多発事件をきっかけに，テロ資金供与対策とも関連付けて国際的な規制の強化が図られている。

国際金融法の分野では，主要国金融監督当局の国際的な協議体であるバーゼル委員会やIOSCO（証券監督者国際機構）が，国際的に活動する金融機関に対する当局の監督権限の調整に関するルールや，金融機関の活動内容にまで踏み込んだルール，例えば，銀行の自己資本比率に関するバーゼル合意を策定し，その遵守を広く国際社会に求めてゆくという現象が注目される。この傾向は1997年のアジア金融危機をきっかけにいっそう強まった。今日では，IMFと世界銀行の金融セクター評価プログラム（Financial Sector Assessment Program, FSAP）を通じて，金融規制に関するルール，マネーロンダリング規制や外国公務員に対する贈賄の取締りに関するルールの遵守が世界のすべての国に求められ，モニターされるようになっている。アジア金融危機（1997-1998年）を契機として，金融市場機能の改善，金融安定維持を担当する当局（主要国およびIMFその他の国際機関）間の情報交換と国際協力の強化のため，1998年に主要

7カ国蔵相・中央銀行総裁会議（G7）の提唱で設立された金融安定化フォーラム（Financial Stability Forum）の活動も，金融規制の新たな国際的枠組として注目される。[39]

以上簡単に紹介したように，国際経済法のさまざまな分野で最近注目すべき展開が見られる。これを的確にフォローし，国際法の一般体系との関連に留意しながら国際経済法の全体像を正確に描き出すことが，国際経済法学に求められている。

(1) 明治43年4月15日法律54号。
(2) 昭和29年政令第155号。
(3) 昭和44年3月31日大蔵省令第16号。
(4) Title VII of the Tariff Act of 1930, as amended by Pub. L. 103-465 (Uruguay Round Agreements Act of 8 December 1994). [http://ia.ita.doc.gov/apo/title7.htm]（2006年5月22日アクセス）
(5) 例えば参照，アンチダンピングのダンピング調査に関するITA規則（19 C.F.R. 351 (U.S. Code of Federal Regulations, Title 19: Customs Duties, Chapter III: International Trade Administration, Department of Commerce, Part 351: Antidumping and Countervailing Duties.)) (As of 17 May 2006. [http://www.lexis.com/research/retrieve/frames?_m=5e83da530a87f6ce4db0e24ca1972eae&csvc=toc2doc&cform=&_fmtstr=FULL&docnum=1&_startdoc=1&wchp=dGLbVlb-zSkAk&_md5=784b2757c3e28a43ccc637c9c8274c6b]（2006年5月29日アクセス））、損害調査に関するITC規則（19 C.F.R. 210.1 (U.S. Code of Federal Regulations, Title 19: Customs Duties, Chapter II: U.S. International Trade Commission, Subchapter C: Investigations of Unfair Practices in Import Trade, Part 210: Adjudicative Procedures.)) (As of 17 may 2006. [http://www.lexis.com/research/retrieve/frames?_m=218a01763995f22ba379eafbcc67a7e9&csvc=toc2doc&cform=&_fmtstr=FULL&docnum=1&_startdoc=1&wchp=dGLbVlb-zSkAk&_md5=f57179d67454072047a267ae4674e877]（2006年5月29日アクセス））
(6) 参照，サンセットレビューに関するITA政策指針（Department of Commerce, International Trade Administration, Policies Regarding the Conduct of Five-year ("Sunset") Reviews of Antidumping and Countervailing Duty Orders; Policy Bulletin (F.R., Vol. 63, No. 73, pp. 18871-77 (16 April 1998). [http://ia.ita.doc.gov/sunset/bull98-3.txt]（2006年5月29日アクセス））
(7) Agreement on Implementation of Article VI of the General Agreement on Tariffs

and Trade 1994. [http://www.wto.org/English/docs_e/legal_e/19-adp.pdf]（2006年5月22日アクセス）

(8) 例えば，本文で例に挙げたアンチダンピングに関する関税と貿易に関する一般協定の規律，あるいはセーフガードに関する関税と貿易に関する一般協定19条の規律は，米国の国内法上の規律を基にして策定されたものである。

(9) 例えば，外国投資家の生命・身体・財産の保護に関して，慣習国際法上の最低基準（international minimum standard）が存在するといわれてきた。参照，M. Sornarajah, *The International Law on Foreign Investment, 2nd ed.*, Cambridge U. Pr., 2004, pp. 135-151.

(10) 中川淳司他『国際経済法』有斐閣，2003年，3-6頁（中川執筆）。

(11) もちろん，このことは，ある共通のテーマを取り上げて，各国の広義の国際経済法あるいは対外経済法を比較検討する研究の有用性を否定するものではない。

(12) 例えば参照，桜井雅夫『新国際投資法』有信堂，2000年，13頁（国際法・国内法の区別，公法・私法の区別，法分科論にとらわれない総合的なアプローチとして「国際投資法律研究」を提唱する。）；松下満雄『国際経済法〔第3版〕』有斐閣，2001年，5頁（「国際経済に関係する多様な法的素材の集積の実態からすると，国際法と国内法の双方を総合的に検討するほうが，真実の理解に資するところが大きいと考える。」）；柳赫秀「国際経済法序論」『法学教室』2003年8月号104頁（「国際経済現象を捉える際に，それに関わる各法分野を別々に切り離して考察することは許されなくなっていること，言い換えれば，国際法と国内法及び商慣習法のすべてを見る必要がある」とする。）。

(13) 例えば参照，John H. Jackson, William J. Davey & Alan O. Sykes, Jr., *Legal Problems of International Economic Relations*, 4th ed., West Group, 2002, p. iv（「国家の規制と国際法の統合（integration）」を指摘する。）; Ernst-Urlich Petersmann, *Constitutional Functions and Constitutional Problems of International Economic Law*, Univ. Pr. Fribourg, 1991, pp. 21-22（国際経済の法の多重的な構造を正確に理解するためには，私的経済主体間の法関係，国際取引に関わる国際法，国内法のすべてを有機的・包括的に考察する必要があると主張する。）。

(14) 前掲注(9), (10)およびそこで引いた文献を参照。

(15) 例えば参照，北川俊光・柏木昇『国際取引法〔第2版〕』有斐閣，2005年，6頁（国際取引法を「国際取引を規制する法である」と広く定義し，「国際取引の公法的側面」としてGATT・WTO法，外国公務員に対する賄賂の防止に対する条約，地域貿易協定などを取り上げる。）；松岡博編『現代国際取引法講義』法律文化社，1996年，14-20頁（「国際取引に対する公法的規制」として，条約による公法的規制（狭義の国際経済法），対外経済法，対外経済法の域外適用を取り上げて解説する。）；山田鐐一・佐野寛『国際取引法』有斐閣，1992年，9頁（「本書では，国際取引に関する法規制の全体像を理解するという観点から，国際取引に関連するこれらの法の全体を『国際取引法』と呼ぶことにする。」）。

(16) 北川・柏木（前掲注(15)）の次の一節は，このようなプラグマティックな考え方の典型である。「国際取引法の定義は，必ずしも法理論そのものからの推論または法理論としての整合性の追及というような考察からその解答を求めていけばよいというものではない。国際取引法の定義の前提としての国際取引が実際上どのようなものであるのかということの実証的な研究の中から探っていくことの方が妥当であるといえよう。そこでは多様な既存の法域との住み分けを考慮する必要はなく，むしろ既存の法域と重複していてもよいといえる。国際取引法が包含するいくつかの実体法の範疇についても格別の定義が現在，確立されているわけではなく，ここでは，国際取引という法は，『国際取引を規制する法である』と広く定義したい。」（5‐6頁）。

(17) 司法試験委員会「平成18年から実施される司法試験における論文式による筆記試験の科目（専門的な法律の分野に関する科目）の選定について（答申）」2004年8月2日。[http://www.moj.go.jp/SHINGI/SHIHOU/040802-3-1.pdf]（2006年5月23日アクセス）

(18) 「司法試験委員会会議（第14回）議事要旨」2004年12月10日，4頁。[http://www.moj.go.jp/SHINGI/SHIHOU/041210-2.pdf]（2006年5月23日アクセス）

(19) 新司法試験サンプル問題（国際関係法〔公法系〕）[http://www.moj.go.jp/SHIKEN/MON-KENTOU/SAMPLE/sample06.pdf]（2006年5月23日アクセス）

(20) 新司法試験プレテスト（模擬試験）論文式試験問題集〔国際関係法（公法系）〕。2005年8月7日実施。[http://www.moj.go.jp/SHIKEN/pretest02-07.pdf]（2006年5月23日アクセス）

(21) 法務省司法試験委員会，「平成18年新司法試験実施予定表」。[http://www.moj.go.jp/SHIKEN/SHINSHIHOU/shin02-01.pdf]（2006年5月29日アクセス）

(22) サンプル問題，プレテストおよび平成18年新司法試験「国際関係法〔公法系〕」のテーマは以下の通りである。
サンプル問題第1問―国家免除（所在地国国民である外交使節団職員に対する課税免除）。
サンプル問題第2問―海洋法（大陸棚に対する権利の内容と性質，大陸棚の境界画定）。
プレテスト第1問―条約の解釈と国内適用（女子差別撤廃条約の解釈と国内適用）。
プレテスト第2問―国家責任（請求原因の性質に応じた国家責任の解除方法の適合性）。
新司法試験第1問―国内規制による投資損害に対する請求の国際法上の根拠。
新司法試験第2問―テロ支援国へのODA供与に対する経済制裁ないし対抗措置。

(23) 同旨，小畑郁「国際関係法（公法系）」『法学セミナー』2005年10月号32-36頁，33頁（「国際人権法および国際経済法は『国際法の体系に含まれる範囲で』対象となるので，これらの分野の細かな知識は試験に際しては不要である」と述べる）。

(24) 「科目間の公平性」は，司法制度改革推進本部の法曹養成検討会がとりまとめた「司法試験に関する意見の整理」で挙げられた，選択科目のあり方についての5つの基本的な考え方の一つであった。参照，司法制度改革推進本部，法曹養成検討会「司法試験に

関する意見の整理」2003年12月9日。[http://www.kantei.go.jp/jp/singi/sihou/komon/dai18/18siryou5.pdf]（2006年5月23日アクセス）

なお，他の4つの基本的な考え方は以下の通りである。
1　選択科目は，実務的に重要であり，社会におけるニーズが高まっている分野の科目とすべきである。選択科目については，必要に応じて適宜見直すべきである。
2　法科大学院の独自性や法曹の多様性にかんがみ，多くの科目から出題すべきであり，その科目群については，類似科目を統合するなどの工夫をすべきである。
3　選択科目およびその試験範囲は法科大学院のカリキュラムや教育内容を踏まえたものでなければならず，選択科目とするには，当該科目の法科大学院における開設状況も考慮する必要がある。
4　選択科目は，その範囲が明確であることが必要であり，教育内容の体系化・標準化が進んでいる科目が望ましい。

(25) 法務省，「新司法試験用法文登載法令」2006年3月29日。[http://www.moj.go.jp/SHIKEN/SHINSHIHOU/shin02-12.pdf]（2006年5月29日アクセス）

(26) 法務省，「出題のイメージ及び方針」（国際関係法（公法系））。[http://www.moj.go.jp/SHIKEN/SHINSHIHOU/shin02-10.pdf]（2006年5月29日アクセス）

(27) 司法試験委員会「新司法試験プレテスト（模擬試験）短答式試験の結果」2005年9月22日。[http://www.moj.go.jp/SHIKEN/pretest63_01.pdf]（2006年5月23日アクセス）

(28) 新司法試験の合格率が20％から30％程度になるとの司法試験委員会の試算が公表されている。参照，司法試験委員会「併行実施期間中の新旧司法試験合格者数について」2005年2月28日。[http://www.moj.go.jp/SHINGI/SHIHOU/050228-1-1.html]（2006年5月23日アクセス）

(29) 「国際関係法（公法系）教育に関する話し合い」（呼びかけ人：松井芳郎，奥脇直也）資料，2005年10月9日，5頁。

(30) 司法試験委員会「平成18年新司法試験の受験予定者」2006年4月10日。[http://www.moj.go.jp/SHIKEN/SHINSHIHOU/shin04.pdf]（2006年5月29日アクセス）

なお，他の選択科目の受験予定者数は，多い順に次の通りである。労働法（692人），倒産法（465人），知的財産法（356人），経済法（212人），国際関係法（私法系）（135人），租税法（111人），環境法（106人）。

(31) 司法試験委員会「平成18年から実施される司法試験における論文式による筆記試験の科目（専門的な法律の分野に関する科目）の選定について（答申）」2004年8月2日。[http://www.moj.go.jp/SHINGI/SHIHOU/040802-3-1.pdf]（2006年5月23日アクセス）

(32) 司法制度改革審議会『意見書』2001年6月12日，61頁。[http://www.kantei.go.jp/jp/sihouseido/report/ikensyo/pdfs/iken-3.pdf]（2006年5月23日アクセス）

(33) 同前，63頁。

㉞ 司法試験委員会幹事,「新司法試験の選択科目候補の選定について」, 5 - 6 頁. [http://www.moj.go.jp/SHINGI/SHIHOU/040423-3-2.pdf] (2006年 5 月30日アクセス)

㉟ WTO 紛争解決先例研究で取り上げる先例は,後の Moot Court 演習で取り上げるテーマに関連するものを選ぶのが適切であろう。例えば,筆者が2005年度から東京大学公共政策大学院で実施している「事例研究 国際法Ⅰ」(WTO 紛争解決模擬裁判演習)では,人の生命・健康の保護や環境保護に関連する国内措置の WTO 協定適合性が争われた紛争解決事例(米国ガソリン事件(WT/DS2),EC 牛肉ホルモン事件(WT/DS26, 48),EC アスベスト事件(WT/DS135))を先例として取り上げ,Moot Court 演習では,同様に人の生命・健康の保護や環境保護に関連する国内措置・規制に関する想定事例を提示して,申立国意見書,被申立国意見書,第三国意見書,小委員会報告を英文で作成する演習を行っている。

㊱ 実際の WTO 紛争解決手続に即して Moot Court 演習を行う場合,①申立国第 1 回意見書(1st Submission)→②被申立国第 1 回意見書(1st Submission)→③第 1 回口頭陳述(Oral Submissions)と小委員会から当事国への質問→④申立国第 2 回意見書(2nd Submission)→⑤被申立国第 2 回意見書(2nd Submission)→⑥第 2 回口頭陳述・小委員会から当事国への質問→⑦小委員会報告,という手順を踏む必要がある。そのため,授業である事例を取り上げる第 1 回目(上の流れでいえば③に当たる)に先立って申立国,被申立国の役割を割り当てられた学生は第 1 回意見書を提出しておく必要がある。第 2 回目の授業(上の流れでいえば⑥に当たる)についても同様である。また,第 2 回目の授業と第 3 回目の授業(上の流れでいえば⑦に当たる)との間に小委員会の役割を割り当てられた学生は小委員会報告を作成しなければならないので,両者の間に 2 週間程度の間隔を空けることが望ましい。本文で示したシラバスでは,その点に配慮した時間割を盛り込んでいる。

㊲ 参照,政府調達苦情処理体制(Office for Government Procurement Challenge System, CHANS)ホームページ。[http://www5.cao.go.jp/access/japan/chans_about_j.html]

㊳ 参照,拙稿「金融規制の国際的調和」『貿易と関税』2004年12月号26-35頁, 28-29頁。

㊴ 参照,金融安定化フォーラムホームページ。[http://www/fsforum.org]

(東京大学社会科学研究所教授)

論　説　「国際経済法」・「国際取引法」のあり方を問い直す
　　　　──法科大学院発足・新司法試験開始を契機として

国際経済法の射程と研究・教育のあり方
　　──中川報告に対する実務家としてのコメント──

米　谷　三　以

　Ｉ　「国際経済法」に国内法を含める必要性
　Ⅱ　「国際経済法」の授業がカバーすべき範囲

　本稿の課題は、「国際経済法の射程と研究・教育のあり方」と題する中川教授のご報告（以下、「中川報告」という）に対して意見を申し述べることである。同報告は、理論的一貫性を重視する立場が強く出ていると考えるが、これに対し、本稿は、実際上の有用性という検討軸を強調する。法科大学院における「国際経済法」を中心に考える以上、検討の出発点を、実務家養成という法科大学院における教育の目的に置くべきであると考えるからである。したがって、問題へのアプローチの仕方は、「国際経済法」という学問領域（discipline）をいかに画するかではなく、国際経済法実務への導入編として学ぶべき知識は何か、そしてその中で他の授業で適切にカバーされないものは何かを問うという角度からになる。

　以下、いくつかの点についてより具体的にコメントする。なお、今後の研究課題についても検討すべき事項に含まれているが、本稿の議論の軸が実務家養成をいかにすべきかという点にあり、また研究の方向性については研究者それぞれの問題関心に委ねるべきと考えるために、本稿では論じていないことを予め申し上げる。

I 「国際経済法」に国内法を含める必要性

　中川教授は，「国際経済法」の射程を，「国際経済活動に対する公法的規制を目的とする国際法」である「狭義の国際経済法」に限定し，国内法たる対外経済法を含めないこととされている[1]。その理由として，対外経済法と「狭義の国際経済法」との規範的特性の違い，国ごとに異なる対外経済法について取り上げる範囲を画することの困難性などを挙げておられる[2]。

　上記における広義の「国際経済法」には国内法レベルのものと国際法レベルのものとがあり，それらに規範的に違いがあるとの点，さらに授業においては，これらの違いを理解させることが重要であるとの点については特段の異論はない。取り上げるべき対外経済法の範囲を確定しにくいという点も同意する。しかし，法科大学院の目的を考えてみると，これらは，対外経済法ないし国内法レベルにおける国際経済法を取り上げないほうがよいことの理由としては十分に説得的とはいえないのではなかろうか。

　法科大学院は，周知のように法曹養成を目的とし，したがって，その教育については，「法理論教育を中心としつつ，実務教育の導入部分……をも併せて実施することとし，実務との架橋を強く意識した教育を行うべきである」とされている[3]。国際経済法に対外経済法を含めるか否かは，理論的には重要な問題であるとしても，含めないとする場合に「実務への架橋」として十分かどうかを別途検討する必要があろう。具体的には，対外経済法を含めいかなる法律知識が国際経済法の実務への導入編として必要であるか，さらにそうした法律知識は，他の授業において適切に取り上げられているかどうかをまず問うてみるべきではあるまいか。

　かかる視点から，本コメントにおいてはまず，いかなる法的知識が国際経済法実務の導入として必要ないし有益かを検討することとする。結論的には，以下に詳述するように，国際法レベルの国際経済法のみでは足りず，対外経済法

はおろか国内法制度に関する幅広い知見が必要であるというのが筆者の認識である。ただし，この点についての分析は，客観的かつ包括的な事実調査に基くものでなく，筆者の個人的な経験に大きく依拠するものであることを明記しておきたい。筆者の経験は，日本における弁護士，日本政府の通商法担当部局勤務，及び国際機関であるWTOの法律部員としてのそれに限定されており，その長さにおいても限られている(4)。しかし，本稿の対象とする問題に多角的な光を当てるという観点から，上記限界について留保を付けた上で説明する価値があると考えた次第である。

　第一に，弁護士業務においては，国内法の知識が不可欠であることに疑いを容れる余地はない。弁護士として専門分野をいう際には，国際経済法（International Economic Law）という言い方はまれであり，通商法（Trade Law）というのが普通であるが，いわゆる通商法弁護士の業務としては，国内法に直接関わるものの方が相当多い。欧米においては，通商法を専門とする弁護士の業務として，WTO協定のほか二国間の自由貿易協定及び投資協定といった国際法レベルの案件が増えてきていることは事実であるが，比率から見るとまだまだ高いとはいえないと思われる。依然として多いのは，アンチダンピング関税・相殺関税といった特殊関税案件であり，これに安全保障の観点からの輸出貿易管理関係の案件及び各種通常関税の案件（原産地規則や関税分類など）などが次ぐと思われる。国際法レベルだけの実務を行っている実務家が皆無とはいえないが，ごく少数である。国際経済法の専門家の多くは，アンチダンピング関税を始めとする国際通商に関する国内法の実務を中心としているし，国内経済法の範疇に含められる競争法分野をも併せてプラクティスを行っていることも多い。

　また，確かに，欧米においては，国際法レベルの国際経済法実務の厚みが増しているように思われるが，これに比較して，日本においては，国際法レベルの国際経済法に関する弁護士業務は成長が遅れているといわざるを得ない。し

たがって国際法レベルの国際経済法に特化した科目は実務的にみて需要に乏しい。WTO協定上の紛争解決手続の利用についても日本政府は他の先進国と比較すれば慎重であると言わざるを得ず[5]，また二国間のFTAや投資保護協定における紛争解決手続の利用例も今のところないというのが現状である[6]。また米国通商法301条やECの貿易障壁規則[7]といった，かかる上記紛争解決手続の発動を要請する手続も整備されていない[8]。こうした現状が大きく変わらない限り，国際法レベルの国際経済法に関する実務だけを行う実務家が出現する可能性は事実上ないと言ってよい。実務的ニーズだけからいえばむしろ対外経済法の方が重要ともいえる。

またアンチダンピング関税などの対外経済法に関連しない国際法レベルの案件であっても，実務家としてアドバイスする場合，国際法としての国際経済法の知識だけで十分でないことがむしろ通常であろう[9]。たとえば，ある外国の措置について，WTO協定に違反するかどうかのアドバイスを求められたと仮定しよう。一見したところでは，WTO協定の解釈・先例に通じてさえいれば十分なアドバイスができるようにみえるが，これは正しくない。対象措置の法的意味を明らかにするためには，国内法に関する知見が必要だからである。実際，対象たる政府措置の意義が重要な争点になることは少なくない。たとえば，日本—フィルムのケースにおいては，様々な行政指導が対象措置となり，その法的性格が争われた[10]。また米国—通商法301条のケースでは，対象の法令の解釈における立法資料の意味が問題となった[11]。こうした問題に正確に答えるには，措置国の行政法の知識が必要である。むろん，日本の法曹が外国の行政法についてまで正確な知識を有していることを期待するのではなく，措置国の専門家と共同作業を行えばよいのだが，さりとて，行政法について何の知見もなければ外国の専門家に対して適切な質問を発することも難しいであろう。自国の行政法について知見があればそれなりに対処できるであろう。つまり，法解釈適用の前提となる事実の認定において国内法とくに行政法の知見が必要になるわ

けである。

　またある政府措置の撤廃改正を求める場合，WTO協定その他国際法レベルの国際経済法だけが唯一の救済ルートではないことがむしろ通常であろう。たとえば自社の輸出品に対してアンチダンピング関税が課された場合，当該輸入国の国内法上の救済を求めることもできるし，輸出国政府をしてWTOの紛争解決手続を通じた救済を求めてもらうというルートもある。WTO協定や二国間の投資協定の内国民待遇義務の問題となるような内国税や規制についても同様であり，国内での憲法訴訟又は行政訴訟といった救済方法も利用できる可能性がある。弁護士に求められるのは，違反が認定される可能性の評価のみならず，得られる救済方法の違い，時間やコストなどを総合判断して最善の道をアドバイスし，依頼者の選択に沿って結果の実現を図ることである。かかる役割を十分に果すためには，国際法レベルでの国際経済法に通じているだけでは足りない。対外経済法のみならず，広く国内法の知見が必要になると考える。

　第二に，政府職員として国際経済法実務に従事する場合にも，国内法の知識が不可欠である。この場合には，国際法レベルの国際経済法を解釈して国内法措置に適用するという場面と並んであるいはそれ以上に，国内措置を前提に組み立てざるを得ない交渉が重要だからである。

　前者の場合つまり国際経済法の解釈適用という局面であっても，国内法の知識が必要であることは弁護士業務に関連してすでに述べた。後者の場合つまり国際経済法の形成という局面においても，国際法レベルの知識と並んで国内法制度に関する深い知識が必要となることが多い。確かに，WTOの下で又はFTAを締結するための関税水準の交渉のように，枠組みが確立され相当定型化された交渉においては，国内法の知識がそれほど必要ではない可能性もある。たとえばどの分野の関税率をどこまで引き下げるかというだけであれば，対象分野の国内法制度についての理解よりも，WTO協定における関税譲許の文言がいかに解釈されるかなど国際法レベルの国際経済法に通じていることが重要

かもしれない。

　しかし，関税関係であっても，関税水準でなく，それ以外の国内制度に関わる交渉，たとえばFTAのための特恵原産地規則の交渉においては，関連する国内法・制度すなわち関税法その他に関する知識の重要性が高くなると考える。WTOのアンチダンピング協定など特殊関税に関する交渉においても国内の特殊関税に関する法令つまり関税定率法や不当廉売関税に関する政令などの知識はきわめて重要である。さらに，いわゆる対外経済法と分類される国内法のみならず，純然たる国内法制度の理解も必要である。WTO協定だけ見ても，SPS協定やTBT協定，さらにGATSやTRIPS協定など，関税や通関など輸入に関する法制度にとどまらず，国内法制度を対象とする規律が含まれており，これらについての交渉をする場合，対象たる国内法制度とりわけ自国の国内法制度の理解なしに交渉できるはずがない。

　こうした国内法制度に関する知識が必要な理由はいくつもあるが，まず，そうした知識がなければ，対象たる自国制度及び他国の制度の現状が分からず，交渉テキストが自国または他国にとってどのような意味を有するかを理解できないということが挙げられる。この点は，国際法としての国際経済法の解釈適用の場合と類似するが，交渉においては，それ以上に国内法の知識が必要になる。なぜなら，交渉においては，自国の政府措置をなるべく変更しないで済むようにしつつ，他国に対してその政府措置を適切に変更するよう求めようとするのが通例の交渉ポジションであり，そのための理論武装として，当該国内法制度がいかにあるべきかを議論できることが必要だからである。自国法制度について十分な知識がなければ，対象たる法制度がどのようなものであるべきかを考える具体的材料を荷せず，したがって有効な提案を行うことは難しいし，相手方の提案に対しても説得的な反論を行うことも難しい。

　たとえば，他国のアンチダンピング関税制度の特定の問題点を改めさせるべくWTOのアンチダンピング協定の改定交渉を行う場合を考えてみる。協定

を改定する場合，どこを改正すべきかでは足りず，どう改正すべきかまで議論できなければ，改定テキストを提案できないし，さらにどう改正すべきかの議論のためには，当該点について自国法がどのように対処しているかを知悉している必要がある。また当該問題点を改めないことの不当性が誰の目にも明らかであるという場合はともかく，通常は，他国の側においてもそれなりに正当化理由があるはずであり，したがって，対応する国内法制度に関する深い知識・経験がなければ説得的な反論は困難である。対外経済法以外でも事情は同じである。FTAなどで相手方の行政手続の透明性を高めるためのルールを導入しようとすることを考えたとしよう。この場合，ルールのモデルを求めるとすれば自国の行政手続法であろうし，また行政手続法に関する理解がなければ説得的な議論ができるとは思えない。

　第三に，国際機関において国際経済法実務を行うことを考えてみる。この場合にも，国内法制度の知識や理解が重要性を失うことはないと考える。一見すると，国際公務員は，出身国の枠を超えた普遍的な知識を求められているかのようにも思えるし，たとえばWTOで勤務するためにはWTO協定の知識が重要であり，国内法の知識はそれほど重要でないかのように見える。確かに，国際機関においては，国際法としての国際経済法の知識の重要性が相対的に高いであろう。しかし，国際公務員に求められているのはそうした普遍的な専門知識だけではなく，出身国の価値観や伝統に裏付けられた法的思考・考え方をもって議論に参加する能力でもあるはずである。国別のクォータという発想のないWTOであっても，職員採用において地域的多様性は考慮されている。単なる政治的配慮とするシニカルな見方もあろうが，WTO協定の法解釈及び交渉において多様な文化・価値観等を反映するという積極的な意義をもったものと捉えるべきではないかと考える。

　理念としてのみならず，実践として考えても，WTO協定その他国際法レベルでの国際経済法の解釈においては欧米の法律的考え方が反映されているもの

が多く、日本法その他の考え方からの見直しが必要ないし有益な問題も少なくないのではなかろうか。たとえば、WTOの紛争解決手続における立証責任を考えてみる。WTOの先例は、申立国が一応の立証を行うと被申立国に反証の責任が生じるという、英米法上の立証責任に近い考え方を採用しているが[13]、こうした場合、日本法における立証責任の論理（とりわけ、行政訴訟におけるそれ）を知らずして日本人として意味のある貢献はできるか疑問である。英米法の土俵において議論している限り、そうしたバックグラウンドを有する人々のほうが有効な議論ができるのではないかと考えるからである。共通した合理性のレベルでの知的貢献が重要であることはいうまでもないが、たとえば上記場合には、英米法の論理が見落としているものを指摘できるところが、英米法系でない国の出身者の存在意義として大きいのではなかろうか。

以上、筆者の経験では、実務家である限り、弁護士、政府職員または国際機関職員いずれにおいても、国際法レベルでの国際経済法の知識だけで十分であることはあり得ず、対外経済法はもとより関連する国内法の知識が必要であり、かつ国内法に関する深い知識が有益であった。かかる現状に鑑みると、国際経済法の実務家のための教育としては、国際法レベルの国際経済法に限定せず、国内法を広くカバーする必要性があるように思われる。

II 「国際経済法」の授業がカバーすべき範囲

以上から、筆者は、国際経済法の実務家教育としては、国際法レベルの国際経済法のみならず、国内法制度さらに政策について広く学ばせることが必要であると考えている。しかし、いうまでもなく、国際経済法以外の授業において十分に取り扱われているものを国際経済法に含めて授業を行う必要はない。したがって、以下ではまず、知見が必要と思われる法分野を列挙し、その後に、他の科目において取り扱われていないものを取り出すことにする。

まず法分野で列挙するならば、まず特殊関税を含む関税に関する法令や安全

保障貿易管理その他の輸出入制限を規定する外国為替及び外国貿易法（「外為法」）のほか，知的財産権侵害品の輸入を差し止める関税法上の水際措置の規定，さらに国内行政法についての一般的な理解が必要であろう。これに加えて，実体法でいえば，行政法各論で取り扱われるような薬事法・食品衛生法その他規制法，環境法，金融法，通信法などの行政法令，消費税法その他税法，知的財産権法，不正競争防止法や競争法など国内経済法が挙げられるし，手続法としても，行政救済法（国際法レベルの救済手続との比較考量が必要である）や行政手続法についても知識が必要である。また，米国通商法301条のように外国政府の措置に対してWTOにおける紛争解決手続の利用などのアクションをとることを自国政府に要請する手続[14]への言及も考えられてよい。会社法や倒産法などが，投資保護協定やGATSなどにおいて問題になることもある。経済活動に関わる国内法において知識が不要な法分野はないといってよい。法律分野ではないが，政策論を取り扱う行政学や経済学・政治学などの知見もあったほうが望ましい。これは，国際経済法の実務においては国際交渉が重要な局面の一つであるためである。

　この意味では，授業としての「国際経済法」においては，広義の「国際経済法」つまり「国際経済活動に対する公法的規制を目的とする」法に対象を限定する必要さえアプリオリにはないのではないか。「国際経済活動に対する公法的規制を目的と」しないが「国際経済活動に対する公法的規制」を効果として有している法，たとえば製品規格に関する知識も，国際経済法実務の導入編としては必要であるが，こうした国内又は国際を問わず「経済活動に対する公法的規制を目的とする」法は，行政法，環境法その他の授業において何らかの形で取り扱われるし，またそれで足りるというに止まる。

　次に，「国際経済法」以外の科目で取り上げられない分野はどこかを考えると，国内法においては，関税関係法や外為法が残る可能性が高い。行政法，環境法，金融法，通信法，租税法，知的財産権法，競争法などは独立の科目にな

っており，そうした科目で取り上げるほうが当然適切であって，「国際経済法」においてわざわざ取り上げる必要性は小さい。たとえば先例において問題となった措置に即して議論すれば足りるであろう。

これに対して，国際経済法以外で関税関係法や外為法を取り上げる授業はほとんどないのではないか。これらは，企業取引においても重要性が高いため，科目としての「国際取引法」において取り上げられる可能性はある。しかし，他の授業において取り上げられないのであれば，通商法を専門とする弁護士の業務としてこれらの法令の知識が重要であることに鑑みると，「国際経済法」の科目において取り上げる意義は大きいであろう。特に，アンチダンピング関税・相殺関税など特殊関税は，business tort の救済措置でなく政策的措置と位置づけるべきであるから，どちらかといえば「国際経済法」で取り扱うほうが適切に思える。安全保障貿易管理についても，核拡散防止条約などの条約に加え，化学兵器・生物兵器の輸出管理に関わるオーストラリアグループにおいて形成される紳士協定などが国際ルールとして存在することに着目して，そこでのルールメイキングにも焦点を当てるとすれば国際公法の色彩の強い「国際経済法」のほうがなじむともいえる。

むろん，これらの法律は技術的性格が強いため，法科大学院よりは実務において学んでいくべき部分の方がはるかに大きい。しかし，実務的重要性から見て，基本的事項は知っておくべきと思われるし，またそうした知識は，国際法レベルの国際経済法を理解する上でも必須ないしきわめて有益である。たとえば，関税に関しては，通常の関税の種類や賦課手続（米国法は特異な方法を採っている）のほか，特殊関税制度の概観をたとえば実体ルールの特徴，調査機関の組織的特徴や徴収手続の違いを理解していれば，関税交渉やアンチダンピング協定の理解にきわめて役に立つ。外為法についても，安全保障貿易管理に関わる外為法25条・48条のほか，輸入規制に関する52条などについても触れる価値が大きいと考える。

以上が取り上げるべきと考える国内法の範囲であるが，国際法レベルでの国際経済法についても簡単に見ておこう。強制管轄を有する紛争解決メカニズムを備えた WTO 協定の重要性はいわずもがなであるが，FTA や投資保護協定の実務的重要性が高まっているのでここまでは当然に含めるべきであろう。このほか，特定の政策分野に関わるものであるが国際通商に大きな影響を及ぼす国際法つまり国際環境条約や知的財産権に関する条約なども重要であり，また ISO や ITU などにおける国際標準の採用手続なども重要であろうし，国際金融の分野における BIS や IOSCO などが策定する取り決めも重要であろう。ここでも，実務家教育としては，「国際経済活動に対する公法的規制を目的とする」法にアプリオリに限定する必要はなく，他の授業との棲み分けの問題としたほうがよいと考える。たとえば，国際環境条約及び知的財産権に関する条約（パリ条約など）は，国際経済法の実務のためには学んでおいたほうがよいが，それぞれ環境法・知的財産権法の一部として取り扱われるほうが自然であろうし，国際金融法は，国際経済法実務との重なりがほとんどないので別の括りにするほうが効率的であるが故に，「国際経済法」に含めないでよいと考えるわけである。

　以上結論としては，国際経済法の実務家のための教育ということを中心に考えると，WTO 協定や FTA 及び投資保護協定といった狭義の国際経済法に限らず，特殊関税を含め関税に関する法令及び安全保障貿易管理を含む輸出入制限に関する法令といった対外経済法の概観，加えて，国際環境法や行政法といった隣接分野と国際経済法との接点における諸問題（手続法としての外国政府の措置に対する救済申立制度を含む）といった事項をカバーすることが望ましいのではなかろうか。一般論として，実務家として，特定の法でなく関連あるすべての法の総体を前提に，具体的問題において望ましい解決を提示し，かつそこに導いていくことが求められるのであり，その前提として，具体的な問題に様々な法がいかに関わっているかを理解する必要がある。個別の法律に関する

知識をばらばらに有していても意味はなく，それらが有している有機的なつながりを理解している必要がある。「国際経済法」の教育において，たとえば狭義の国際経済法の解釈論という個別の discipline の範囲におけるスタティックな理論研究に基づく教育が重要かつ不可欠の出発点であることに全く異論はない。しかし，法科大学院における教育が「実務への架橋」を目指しているものである点を強調するならば，そこに止まるべきではない。具体的事件の解決においては，性格の異なる様々な法に関する知識を総動員して検討し判断する必要があることに鑑みれば，個別の discipline ごとに編成された学問的知識同士の有機的つながりを明確に意識させることが必要ではなかろうか。国際経済法の場合にはとりわけ，国際法と国内法との間の相互作用すなわち国内法を基礎として又は制限要素として国際法が発展し，発展した国際法によって国内法が規律され，さらにその適用をめぐる議論から，国際法が一層の発展を遂げるという循環的ダイナミクスが国際経済法実務を動かしていることを体得させることが重要であると思われる。

(1) 中川報告，II章。なお本稿においては，「対外経済法」「狭義の国際経済法」の用語については中川報告の用語例に倣っている。ただし，国内法と対比する意味で，「狭義の国際経済法」とほぼ同義で「国際法レベルの国際経済法」という用語を用いる。
(2) 同上。
(3) 司法制度改革審議会「司法制度改革審議会意見書」平成13年6月12日，第III章第2，2「法科大学院」（2）エ　教育内容及び教育方法を参照されたい。　http://www.kantei.go.jp/jp/sihouseido/report/ikensyo/index.html
(4) いずれも4～5年間である。
(5) 数え方にもよるが，日本が不服申立を行った件数は，米国又はECの数分の1である。WTOのホームページによれば，日本が提起した complaints の数は12であり，米国及びECはそれぞれ82及び72である。http://www.wto.org/english/tratop_e/dispu_e/dispu_by_country_e.htm
(6) 近時締結されたシンガポール，マレーシア及びメキシコとの経済連携協定は，当事国政府の措置が協定違反である場合に，当該政府に対する紛争解決手続を企業が直接に利用することができるようになっているが，本稿の執筆時点まででは先例はない。
(7) これらの制度については，松下満雄『国際経済法〔第3版〕』（有斐閣・2001）169頁

及び182頁以下。
(8) 経済産業省には、「外国政府による不公正な貿易措置に関するホームページ相談窓口」があるが、受付後回答までの期間が明示されていないなど大きく改善する余地があろう。http://www.meti.go.jp/policy/trade_policy/wto/compliance/soudan.html
(9) これは、国際経済法のみならず、あらゆる法律科目に当てはまることである。実務においては、「〜法」の事件は存在せず、適用あるあらゆる法律に目配りできなければ適切なアドバイスはできない。
(10) Panel Report on *Japan-Measures Affecting Consumer Photographic Film and Paper*, WT/DS44/R, 31 March 1998, paragraphs 10.43-10.51 を参照されたい。
(11) Panel Report on United States - Sections 301-310 of the Trade Act of 1974, WT/DS152/R, 22 December 1999, paragraphs 7.110-7.113 を参照されたい。
(12) たとえば、日本政府が米国のアンチダンピング措置を WTO の紛争解決手続に持ち込んだ米国−熱延鋼板 AD (United States-Anti-Dumping Measures on Certain Hot-Rolled Steel Products from Japan, DS184) の件では、対象たるアンチダンピング措置の調査について、米国国際貿易裁判所 (Court of International Trade) に対していくつも不服申し立てがなされている (たとえば *Nippon Steel Corp. v. United States*, 118 F. Supp. 2d 1366, 1369-72 (Ct. Int'l Trade 2000))。さらに、同裁判所の判決に対しては連邦裁判所に控訴できることになっている (たとえば、*Nippon Steel Corp. v. United States*, 337 F.3d 1373, 1384 (Fed. Cir. 2003))。その他、行政見直しやサンセット見直しの手続もある。たとえ、WTO の紛争解決手続が利用されても、それは救済手続の一つに過ぎず、他の手続が止まってしまうわけではない。
(13) 米谷三以「WTO の紛争処理手続き」松下満雄編『WTO の諸相』(南窓社・2004) 第2章、45頁。なお、国際的裁判手続においては一般的に、英米法でなく、大陸法の立証責任の考え方が採用されているという指摘もある。Mojtaba Kazazi, Burden of Proof and Related Issues : A Study on Evidence before International Tribunals (Kluwer Law International 1996), pages 31-32.
(14) 日本では法令としては未整備である。注(8)を参照されたい。
(15) 筆者においては、租税法における租税と課徴金との区別など、WTO 協定の解釈において考慮すべき点を取り上げるに止まっている。
(16) たとえば、「担税力」に応じた課税という租税法の考え方が、GATT/WTO では、何ら正当化根拠として受け入れられなかったことに関連して基本的意義を確認する、といったようなことである。See GATT Panel Report on *Japan-Customs Duties, Taxes and Labelling Practices on Imported Wines and Alcoholic Beverages*, adopted 10 November 1987, 34 Supp. BISD 83, paragraph 5.13.
(17) これに対して、知的財産権侵害品に対する水際規制は、私権の救済という色彩が強いともいい得るので、知的財産権法の授業に委ねるという考え方もあろう。
(18) 中川教授は、狭義の国際経済法たとえばアンチダンピング協定の知識が、各国の対外

経済法たとえばアンチダンピング法の習得において役に立つであろうとの点を，「国際経済法」の対象を狭義の国際経済法に限定する理由の一つとして挙げておられる。中川報告，Ⅳ章5。しかし，狭義の国際経済法は，しばしば妥協の産物であって，一貫した論理をもった標準的ルールではなく，また争いのある点のルールは曖昧になっている傾向が強い。したがって，各国法の理解にそれほど役に立つかどうか疑問がある。たとえば，米国のAD実務にかつて存在したunitary approachとbifurcated approachの違いは，アンチダンピング法のメカニズムを理解する上できわめて重要であるが，WTOのアンチダンピング協定上はほとんど議論されていない。上記については，たとえば，John H. Jackson et al, International Economic Relations (3rd ed. 1995), Section 15.3を参照されたい。とくに，WTO協定の条文は，特定の外国の法制度を念頭において交渉されていることが多く，むしろ，代表的な各国の法制度を理解して初めて意味がわかる場合も多いのではないか。ここまで授業で取り扱うべきかそもそもの疑問はあるが，たとえば，知的財産権侵害製品の輸入を税関において差し止める水際措置に関するTRIPS協定51条以下は，米国の通商法337条とECの水際措置の違いに関する知識なしに理解できるであろうか。

(19) 外為法52条に基づく輸入規制を概観すれば，GATT11条の理解に役立つ（水産物など輸入割当対象品の場合）し，国際環境法とWTO法との接点（ワシントン条約対象の産品など）を考えさせるきっかけになる。

（法政大学法科大学院教授・西村ときわ法律事務所弁護士）

論　説　「国際経済法」・「国際取引法」のあり方を問い直す
　　　――法科大学院発足・新司法試験開始を契機として

国際取引法の教育のあり方と射程

柏　木　　　昇

　Ⅰ 「国際取引法」の定義についての確認
　　1　研究との関連での「国際取引法」の定義
　　2　国語辞典的「国際取引法」の意味
　　3　法学部での教育との関係での「国際取引法」
　Ⅱ　法科大学院での教育との関係での「国際取引法」
　　1　法科大学院教育での「国際取引法」の内容の基本的考え方
　　2　国際取引法の総論
　　3　国際取引法の各論
　Ⅲ　国際取引契約ドラフティングの教育
　Ⅳ　国際経済法と国際取引法の関係
　Ⅴ　新司法試験の「国際取引法」の出題範囲と国際取引法教育の問題

Ⅰ　「国際取引法」の定義についての確認

1　研究との関連での「国際取引法」の定義

　最初に私に与えられた報告の題は「国際取引法の研究と教育の射程」であった。しかし，「国際取引法」の射程すなわち「国際取引法」の定義については，どのような目的のために定義するのかによって内容も異なるはずである。したがって，定義の目的をまず考える必要がある。おそらく，国際取引法の研究との関連では定義を設ける意義あるいは目的はほとんど考えられない。研究は，個々の研究者が研究する価値があると考える対象を研究すれば良く，それが「国際取引法」の範囲に入るか否かは問題とならない。ある研究を「国際取引

法」の研究と名付けるかどうか，すなわち「国際取引法」の研究の範囲に含めるかどうかはラベリングの問題にすぎない。また，私は，研究との関係で「国際取引法」の定義をすることにはむしろ害すらあるのではないかと考えている。日本の法学の研究状況を見ると，閉鎖的蛸壺的な状況に見える。閉鎖的蛸壺的研究を助長しているのが，学問の定義ではないかと感ずることがある。昔は法学部での講義の最初に学問としての「○○法」の内包と外延を説明することが多かった。ある教授は講義で，このような議論をする目的はその学問の独自性を確立するためだ，と説明した。今になって思えば，なぜ学問として独自性を確立する必要があるのか，ということまで考えるべきであるように思われる。むしろ，私は今ではこのような学問の独自性は無意味であるし，研究との関連でも教育との関連でも，蛸壺法学を助長するものとして，害すらあると考えている。

　ある研究がどの学問領域に属するか，ということは足かせ以外の何の意味も持たない。ということで，「国際取引法」の研究の射程についてはとくに射程を決めるべきではないという立場である。

2　国語辞典的「国際取引法」の意味

　国語辞典的に，どのような範囲の法が「国際取引法」と呼ばれているか，ということを考えると，これはあまりはっきりしない。学者の「国際取引法」と名付けられた教科書あるいは研究書を見ると，国際私法を専門とする学者の書いた本では，抵触法の問題や国際民事手続法の問題が中心に論じられ，国際取引に適用される実体法にはあまり触れられない。他方，実務家出身の著者が書いた教科書あるいは研究書では，著者の経験に影響をうける。商社出身なら，国際売買，国際合弁，ファイナンス，プラント輸出などが中心となり，メーカー出身であれば，プラント輸出，製造物責任，ライセンス契約，独占禁止法，輸出入規制，ダンピング，セーフガードなどが中心となる。銀行出身の場合に

は，シンジケート・ローンなどのファイナンス，信用状取引などが中心となる。さらに，これらの「国際取引法」として書かれている対象になにか最大公約数のような共通の性質があるか，と問われればあまりなさそうである。

　北川俊光教授と私が共著で書いた『国際取引法〔第2版〕』(有斐閣，2005年)では，国際取引に従事する日本の企業向けに「国際取引法」の内容を考えてみた。そう考えても，内容はなかなか限定できない。たとえば，中国取引を専門とする渉外弁護士にとっては，中国の契約法や合弁法や外資法も「国際取引法」の中に含められるであろう。また，アメリカに現地法人による工場を持ちこれを運営する日本企業にとっては，アメリカのセクハラに関する法律の研究も純粋にアメリカ国内法問題かもしれないが，アメリカに進出する日本企業にとってはニーズがあり国際取引法の研究対象となろう。アメリカの製造物責任法はアメリカの国内法の問題であるが，日本のメーカーにとっては研究のニーズが非常に高い分野である。その対処の仕方を誤れば，企業の存立をも脅かしかねない。このように対象は，国際取引の相手国の国内法に拡散することになる。日本企業や個人が行う国際取引の進展とともに，この意味での国際取引法の内容も拡散する傾向にある。北川教授との共著では，国際取引法の範囲を，二人の実務経験から，国際取引に従事する企業にとってのニーズの強さから範囲を限定した。したがって，アメリカの製造物責任法も，301条問題も，アメリカの国内法の問題ではあるが，それが日本の企業の取引活動に大きな影響を及ぼしているので，詳しく論じている。総合電機メーカーと商社という二人の著者の経験からみたニーズは日本全体の企業のニーズの平均値とそれほどずれはないのではないか，と期待している。国語辞典的にみれば，国際取引法の名称も，実務の必要から，国際取引を行う企業が，国内取引に必要な法知識を超えた部分の法に便宜的につけた名前ではなかろうかと考える。このように，現実のニーズから法律分野の名前が付けられている例はアメリカに多い。例えば，アメリカでのエンターティンメント法，Oil and Gas 法，エイズ法，政府契約

法，証券ブローカー・ディーラー法，老人法，スポーツ法，マスコミ法，水法，Health Care Law などがある。

　以上のように，国語辞典的「国際取引法」の範囲は，相手国の国内法にも及ぶし，場合によっては国際経済法の分野も含むから，どんどん拡大する。大学の学部での国際取引法の講義でも，オムニバス形式で「国際取引法」を教えているところもあり，また，教科書・参考書でも共著が多い。このように「国際取引法」という言葉で，一般的にどのような内容が含まれていると理解されているか，という国語辞典的な定義を考えると，非常に曖昧である。

3　法学部での教育との関係での「国際取引法」

　法学部・法科大学院教育との関係からみた「国際取引法」の内容についてもそれぞれの教育の目的との関係で内容を決めればよい。法学部の学生は一学年で約45,000人いるといわれている。法科大学院の一学年の定員が約6,000人であり，その内の一部が他学部出身者であることを考えると，法学部学生の約9割が企業や官庁や地方公共団体などに就職するということになる。その主要な部分は企業への就職であろう。そのような前提で，法学部の「国際取引法」の講義でなにを教えるか，ということになれば，卒業した学生が日本の多くの企業で遭遇する国際取引に関連する法律を教えるのが最も合目的的である，ということになる。そのようなものとしてもその範囲は企業活動いかんによって異なる。総合電機メーカーと商社の経験から出した一つの回答が，前述の北川教授と私の共著である『国際取引法』である。

　さらに，「国際取引法」の講義内容は大学毎の特色を出してもよいと思われる。たとえば，ある地方では精密機械産業が盛んで，その多くは中国向け輸出であり，地場産業の多くは中国との合弁事業の当事者であるような場合には，その大学の法学部での「国際取引法」の講義内容は，中国法にシフトしたものとなるべきだろう。

II 法科大学院での教育との関係での「国際取引法」

1 法科大学院教育での「国際取引法」の内容の基本的考え方

　大学学部レベルの国際取引法の教育の目的の中心が、企業で国際取引に従事する人たちのための教育であるとすれば、法科大学院の教育の目的は、国際取引に関する法律業務を処理する法曹を養成するための法学教育ということになろう。国際取引の紛争解決を専門とする裁判官や検察官というものはないだろうから、法曹といってももっぱら弁護士が対象となる。国際業務に携わる弁護士の仕事も多岐に亘る。たとえば、日本にいる出稼ぎ外国人労働者のための仕事をしようとすれば、身分関係の国際私法や、国籍法などが重要となろう。あるいは国際人権問題を扱う弁護士や、発展途上国の法整備支援に携わる弁護士など、それぞれ必要とする法分野が異なるだろう。その中で「国際取引法」は、国際取引に従事する企業を相手に、国際取引から発生する問題の相談と処理の仕事をする弁護士に必要な教育をすることが、その中心的な目的となろう。

　まず、「国際取引法」を学ぶ前提として、国際民事訴訟法と国際私法を履修させておくことが望ましい。渉外弁護士にとってはこの二つの分野の理解は必須である。とくに、国際取引紛争に関しては、国際民事訴訟法の持つ重要性は非常に大きい。アメリカのカリフォルニア州の州裁判所で闘うか、カリフォルニアにある連邦地方裁判所で闘うか、あるいは日本の裁判所で闘うかということは、日本企業が被告になるにしても、原告になるにしても、勝敗に大きな影響力を及ぼす。一般的に法廷地漁り（forum shopping）はその名のニュアンスが示すとおり学者からは歓迎されないが、渉外弁護士としてはどこの裁判所で闘うことが最も依頼人に有利になるか、という事を正確に判断できることは基本中の基本である。準拠法の確定も、判決の予測にとって不可欠である。国際取引の契約設計でも、また紛争の解決についても、準拠法の確定は大前提として重要である。

全国区の法科大学院にとっての「国際取引法」は，大都会の渉外弁護士やその他国際問題を扱う弁護士の共通のニーズをさぐり，そのような法曹を育てるために何を教えればよいか，と言う観点から範囲が決められることになろう。もちろん，他の科目（たとえば国際経済法，国際私法，国際民事手続法，英米法，租税法，知的財産法，独占禁止法など）でカバーされる領域との関係で「国際取引法」の範囲を調節する必要があろう。また，4単位で教えるのか，2単位か，授業時間数との関係もある。

　以下の意見は，法科大学院で上記各科目の講義がなされ，その中で国際に関する問題（たとえば租税法の講義のなかで国際課税に関する問題）も教えられている，という前提で議論することとする。

2　国際取引法の総論

　国際取引を巡る法律問題の主要部分が，国際取引契約の設計，交渉，ドラフティング，契約紛争から成ることを考えると，国際取引契約法が「国際取引法」の総論の部分になるだろう。もちろん国際取引契約法という法はないから，その内容を確定する必要がある。これは，契約法以外の法分野が無関係という訳ではない。国際取引に関連して，製造物責任のような不法行為も問題となるし，信託法もおおいに利用される。代理理論も重要である。契約法の重要性は相対的なものである。それでも，限られた時間のなかで国際取引に関する法を教える場合には，契約法を中心にすることが妥当だと考える。

　国際取引では，事実上多くの場合，英語で契約書が起草され，英語で交渉される。英語で起草される以上，その準拠法のいかんに係わらず，英語の意味内容を確定する必要がある。そのためにはコモン・ロー契約法の理解が不可欠となる。私の経験でも，中南米諸国でスペイン語が使われることが多かった以外は，英語が主流であった。中南米取引でも，英語が使われるケースが増えてきている印象である。

また，国際契約書のドラフティング技術がアメリカからきている面が多いこともコモン・ロー理解の重要性を高める。たとえば，日本国内でも企業買収契約などで普及しはじめた表明と保証条項なるものがある。これはrepresentations and warranties 条項の日本語版である。国際契約でもこのようなrepresentation and warranties 条項が入る事が多い。また，完全合意条項もentire agreement clause の焼き直しであり，そのオリジンがコモン・ローの parol evidence rule をベースとしていることを理解しておかなければ十分な法律サービスの提供はできないであろう。これらの条項のみならず，基本的な契約書のドラフティング技術に関して，コモン・ローの弁護士の技術は圧倒的影響力を世界に及ぼしている。準拠法の如何に関わらず，彼等らのドラフティング技術は世界の各地で重用されている。

英米契約法の講義を別に行っている法科大学院ではこれらの科目の担当教員と内容の調整が必要であろう。私の場合は，英米契約法は別の講義に任せており，次に述べる各論の国際売買から入ることにしている。しかし，売買と書面の要件（詐欺防止法），書式合戦の法律問題やレター・オブ・インテントの法律問題は，国際売買に関連して説明している。

また，現代型国際取引類型の多くがアメリカ発である。前述の企業買収の法的技術も契約書技術もアメリカの影響を受けている。デューデリジェンス（取引前の取引対象の精査作業）などという言葉も日本ではやっと使われるようになってきたが，これもアメリカ発である。プロジェクト・ファイナンスの手法もアメリカが開発した。ノン・リコース・ローンや劣後融資もアメリカ発である。レベレッジド・リースも同様であり，LBO や MBO も同様である。日本でも行われだした DIP ファイナンスも，1980年代後半にコンチネンタル・イリノイ銀行の融資部長だった女性が開発した。その他，アメリカ発の現代型取引類型や手法は枚挙にいとまがない。イギリスでは，国際建設請負契約の基本類型であるICE 約款がある。また，海運や保険で使用される約款もほとんどがイ

ギリス発である。国際的な銀行取引の世界でも英法の理解は不可欠である。

このように，国際取引に利用されるこれらの近代型取引の基本にあるのはコモン・ローの契約法である。大陸法の日本法を学んだ法科大学院学生が，渉外弁護士になろうとした場合に必要な一般的知識はまずコモン・ローの契約法である。そこで，渉外弁護士になろうとする若い弁護士は，ほとんどがアメリカのロースクールか，イギリス等のコモン・ロー国の大学に留学することになる。

コモン・ロー契約法の次に必要な知識は比較契約法である。日本の法律常識は必ずしも世界の法律常識ではない。これは，他の大陸法に属する国の契約法を理解する上でも重要である。しかし，大陸法に属する主要な世界各国の契約法を全て理解することは難しい。法科大学院では，契約法に関しては発想の柔軟性を確保するために，コモン・ローの他にもう一つの契約法を学んでおくことが望ましい。おそらく，それはUNIDROIT国際商取引契約原則あるいはウィーン売買条約ということになろう。あるいは，中南米の契約法の理解を促進する目的で，フランス契約法もよいだろう。ウィーン売買条約は売買契約の基本原則であるが，売買契約は有償契約の基本として汎用性が高い。なお，地方区の法科大学院では，アジア契約法や中国契約法を取り込むことも考えられよう。

3　国際取引法の各論

総論が，コモン・ローを含む比較契約法であるとして，各論は日本の典型契約のように，国際取引でよく利用される取引類型に関する法ということになろう。その第一に挙げられるべきは，国際売買に関する法であろう。国際売買法に関しては，問題がない訳ではない。渉外弁護士の仕事として国際売買に関する仕事はほとんどないという事実である。これは企業法務でも同じであり，国際売買がこれほど盛んに行われているのに，実際の法律問題が少ないということは不思議なことであるが，現実のようである。しかし，売買法は，有償契約

の基本として，国際取引契約を理解する上では不可欠の法律知識であり，渉外弁護士の基礎教育として欠かせない。さらに具体的には，コモン・ローの売買法の代表として米国統一商事法典の第2編の主要部分を教えることになろう。米国統一商事法典の考え方は，世界の実務に大きく影響を及ぼしている。さらに，日本はまだ，批准していないがウィーン売買条約も重要である。ウィーン売買条約は約70国が批准をしており，先進国で批准をしていない国は日本とイギリスだけという状況である。国際売買法のグローバル・スタンダードを理解する上でも，その理解は必要であろう。

　国際運送契約と国際決済に関しては，国際売買契約との関係から簡単に触れるだけでよい。国際運送契約は，現在では航空貨物の運送の占める比重が大きくなっているが，航空運送契約については，大きな法律問題はあまりない。また国際海上物品運送に関しては，非常に長い歴史を持ち，国際海上物品運送法の内容は非常に豊かであるものの，最近の科学の発達とともに海上危険は小さくなり，海上運送をあつかう maritime lawyers は特殊な専門領域と化している。法科大学院では，詳しい海上運送法の教育は国際取引法としては不要である。国際的支払に関しては，渉外弁護士の基本としては，信用状の法律関係が中心となろうが，信用状取引も減少傾向にあり，国際取引法の講義では簡単に解説するだけで十分であろう。

　国際貿易条件に関するインコタームズについては，日本で比較的よく利用されるFOB，CIF，EXW程度で十分であろう。その他の条件については，その都度インコタームズを参照すればよい。

　売買以外の各論については，いろいろ意見が分かれそうだが，私の考える各論は次の通りである。まず，国際的な代理店・販売店法がある。これは，日本の企業が海外に市場を開拓しようとする場合にまず代理店・販売店を起用してこれを行おうとするからである。そして，市場が成熟してくると，これらの代理店・販売店を解約し，現地法人が現地での販売を統括するに至り，次に現地

生産に移行する，というのが多くのパターンである。そして，既存の代理店・販売店を切ろうとするときに，現地で訴訟が起きることになる。ヨーロッパをはじめとして代理店・販売店を保護する法律を持っている国は多い。このような代理店・販売店保護法と独占的販売店契約の独占禁止法問題を簡単に解説する必要がある。

次が合弁事業に関する法である。とくにアジアを中心に，日本の企業が現地に会社を設立して事業を行おうとする場合には，現地規制上単独投資は許されず，現地資本と合弁事業を行わざるを得ない場合が多い。従来は，上記のように現地生産は，海外市場進出の最終段階であることが多かったが，中国を中心とするアジアでは日本の製造業者が現地での販売活動を行う目的ではなく，日本など従来からの市場での競争に勝つためにコストの安い国で製品を生産をし，これを日本に持ってきて販売する目的で，はじめから海外での製品生産に乗り出すことが多くなってきた。いわゆるトランス・プラントである。大手流通業者も，同様にコストの安い海外での生産を始めるケースも多い。このような場合にも外資に対する現地投資規制から合弁事業の形態を取らざるを得ないことが多く，渉外弁護士としては合弁契約を含む合弁事業の法律問題の知識が必要となる場合が多い。アメリカでは，合弁事業が partnership の形式を取って行われる事も多い。そこで partnership を利用した合弁事業の解説も行う必要がある。

日本の渉外弁護士の仕事のかなりの部分は，海外の依頼者のための日本企業の買収，あるいは，日本企業のための海外企業の買収問題がある。これは，基本的には日本あるいは海外企業が設立されている国の国内法の問題であるが，アメリカの企業買収が長い歴史と圧倒的な実務の積み重ねからアメリカのM＆Aの手法と法律問題を理解することは日本の渉外弁護士の必須の素養となるだろう。ポイゾンピルなどの買収防衛策が日本でもやっと議論されだしたが，まだ企業買収の法的スキルに関してはアメリカの企業買収の専門弁護士と日本

で企業買収を手がける多くの弁護士の間には雲泥の差がある。これも，商法の教員が演習などでアメリカのM&Aの手法を教える場合が多くなり，そうであれば国際取引法の講義からは除いてもよいだろう。

　国際ファインナンス契約も各論としては必要であろう。日本の伝統的金銭消費貸借の実務と法律では，国際ファイナンスの処理は不可能である。プロジェクト・ファイナンスまで解説できれば理想的である。

　国際ライセンス契約も，知的財産権関係の講義で取り上げないのなら，国際取引法の講義の中で取り上げる必要は高いだろう。

　各論を並べ出すときりがないが，以上が渉外弁護士の基礎教育として必要な範囲となろうか。

Ⅲ　国際取引契約ドラフティングの教育

　国際取引法の講義に関連して，渉外弁護士の基礎教育として行う必要が高いのが，国際ドラフティングの技術である。商社の法務部では，法務部員が英語の契約書の原案を作り，それを携えて営業担当者と海外に交渉のため出張し，契約の交渉を営業担当者とともに行い，1日の交渉が終わった段階でその結果を契約書草案の改定に反映させ，その結果を次の日の交渉の開始に先立って交渉当事者に配布して確認してもらう，という作業が一応できるようになって初めて一人前の法務部員となる。契約書のドラフティングと国際契約交渉は，渉外弁護士にとっても必須のスキルである。これらの技術を法科大学院でマスターすることはできないが，その入り口程度のところまでは教育することが望ましい。英文法律文書作成の講義あるいは演習を用意している法科大学院も多い。「美しい手紙の書き方」的に例文の真似をさせるのではなく，背景にある法理と結びつけて法的効果を考えさせながらドラフティングを教えることが必要である。

IV 国際経済法と国際取引法の関係

　おそらく，公法的色彩の強い分野は伝統的に国際経済法で扱われてきているので，まず，国際経済法で扱うのが適当であろう。この国際経済法の講義と国際取引法講義の内容の問題について，一つの法科大学院の中で，国際経済法の教員と国際取引法を教える教員とが話し合って決めればよい。取引に関する「法」を教育しようとすると，公法も絡んでくるので，法科大学院での教育に当たって国際公法の担当教員との連携が必要である。たとえば，国際販売店契約を教えようとすると，アメリカとEUの垂直的取引制限に関する独占禁止法に触れざるをえない。また，国際合弁では，各国の事前届出制度と合弁に関する独占禁止法の適用を教えなければならない。資源開発契約を教えようとすれば，国有化の問題に触れざるを得ない。これを国際取引法の講義で教えるか国際経済法の講義で教えるかは，各法科大学院の担当教員で適宜割り振ればよい。一人で両方カバーできればさらに良い。

V 新司法試験の「国際取引法」の出題範囲と国際取引法教育の問題

　現状で，法科大学院での国際取引法の講義での最大の問題は新司法試験との関連をどうするか，という問題である。新司法試験の国際関係法（私法）の中に国際取引法も含められたが，その試験範囲は「主として国際売買，国際運送及び国際支払に関して日本の実定法としての効力を有する法令（私法）を中心として……出題する」こととなっている。ところで「国際売買，国際運送及び国際支払に関して日本の実定法としての効力を有する法令（私法）」は具体的には何だろうか。国際海上物品運送法がこのような実定法に当たることは間違いなかろう。それ以外は何だろうか。サンプル問題ではインコタームズ2000が引用されている。インコタームズは日本の実定法としての効力を有する法令とは言えないだろうから，「主として」が含意する周辺領域ということになるの

であろう。そのような周辺領域の問題であるとの遠慮があったのかどうかわからないが，FOB条件の解釈に関するプレテストの問題は，極端にやさしい問題となっている。この例から見ると，恐らく信用状統一規則も「主として」から外れた周辺領域に入ると予想される。プレテストの国際取引法に関する問題は，事例は国際取引に関する事例であるが，解答は日本の民商法の理解だけで解答ができる問題であり，実質的には国際取引法の問題になっていない。問題の乙国を福島県，乙の港を小名浜港としても，解答の実質はなんら変わりはない。

　すなわち，新司法試験の国際取引法の範囲は，前記のような渉外弁護士の基礎教育として行うことが望まれる総論各論の教育とはほとんどオーバーラップしない。すなわち，将来の渉外弁護士の基礎教育としてはほとんど役に立たない対象がその範囲として指定されている。国際海上物品運送法や，サンプル問題程度の貿易条件や，信用状統一規則も渉外弁護士の基礎教育の効果を試す問題としては的はずれに等しい。前記のように渉外弁護士の必須の基礎知識と基礎スキルは，コモン・ローとアメリカ法を中心とした比較契約法と個々の取引類型の法律構成と問題の学習である。だからこそ，渉外弁護士を目ざす若い弁護士はこぞってアメリカやイギリスなどコモン・ロー国に留学するのである。なぜ，国際取引法の試験範囲を主として日本の実定法に限定しなければならないか，理由はよく分からない。

　このような新司法試験の範囲の設定は，法科大学院の学生が上記のようなコモン・ローや比較契約法や，英文法律文書の講義を受ける意欲を阻害している。これらの渉外弁護士となるために必要な知識とスキルを法科大学院で学習することは，新司法試験の受験にはほとんどプラスにならないからである。しかも，予想外に厳しい合格率の新司法試験を前に，退路を断たれて弁護士になるしかない法科大学院学生は，ますます司法試験対策の勉強に傾斜している。多くの法科大学院で，意欲的に英語で行う科目などを設定しても，司法試験にプラス

にならないという理由で，受講生がいないなどの現象が起きている。司法制度改革審議会の意見書が，随所に日本の法曹の国際化を強調しているにも拘わらず，新司法試験の国際関係法（私法）の出題範囲は，国際的な法曹の誕生を応援しているどころか，足を引っ張っているように見受けられる。

　もちろん，新司法試験の国際取引法の出題範囲を変更しただけで，問題が解決するものではない。司法制度改革前の法学教育の問題の根源は，極端に難しい司法試験とその司法試験を突破しようとする人たちの受験技術偏重傾向にあった。司法制度改革後は，司法試験合格率は若干緩やかになったとはいえ，やはり学生にとってはきびしい試験である。司法制度改革前は，学生はいざとなったら企業や官庁に就職するという逃げ道があった。法科大学院学生にとっては，司法試験受験開始年齢が24歳であり，5年間に3回の受験制限ぎりぎりまで受験すると29歳となり，就職もむずかしい，という状況になる。しかも，学生の多くは，一旦就職した企業などを退職して来ている。学生たちの退路がたちきられている。そのため，司法制度改革前の司法試験を受験しようという学部学生よりも，法科大学院生に対する司法試験の圧力は高い。そこで，彼等の生活の全てが司法試験対策に向いてくることになる。選択科目の一部としての国際取引法の内容をどう変えたところで，当分の間は受験生にとっては勉強しづらい科目となることであろう。しかし，国際取引法が形式だけでも新司法試験の選択科目の一部となったことは国際的な法曹を養成しようとする社会の動きとニーズは追い風になる。関係者が，より合理的な国際取引法の試験範囲を定着させることにより，問題は時間とともに解決するだろう。

　重要なことは，渉外弁護士の基礎教育としてどのような内容の教育が必要か，ということをもう一度白紙に戻して検討し，その基本的な目的に適合するような内容を新司法試験の国際取引法の試験範囲とすることである。それには，「国際取引法」や「国際経済法」や「国際私法」などの学問分類のレッテルにとらわれることなしに，また，日本法にかぎらず，渉外弁護士として当然に知

るべき外国法，あるいは国際機関の制定した規則や原則なども取り込み，場合によっては英語などの外国語で試験問題を作成することも検討されてよい。そのような司法試験は逆に強く法科大学院の国際取引法の教育を望ましい方向に導くことになる。員数合わせのような目先の技術的問題にとらわれるべきではない。そうすれば司法制度改革審議会が狙っているような法曹の国際化の推進が大きく進むことになろう。もちろん，このような試みは最初は大きな困難がともなうことと思われる。しかし，国際的な法曹に必要な知識とスキルをしっかり見据えるならば，長期的には法科大学院の国際的法曹養成教育は正しい方向に向くだろう。

　新司法試験は，法科大学院が行っている教育を検証するためである，という消極的な態度が見られる。しかし，現実は，司法試験が法科大学院を支配していることは，誰の目にも明らかである。建て前論ではなく，現実を見据えた対策が必要である。法科大学院の教育も，司法試験のやり方も，国際取引に強い法曹を育てるためにはどのような教育をすればよいか，という観点から設計することが肝要である。

　現在まで，日本の渉外弁護士の専門的な教育と訓練はアメリカのロースクールやイギリスなどのコモン・ロー国の大学に委ねているのが現状である。新司法試験の内容を見ると，このままではこの状態が改善される可能性はなく，日本が国際的法曹養成を放棄している状況が当分継続することになるであろう。

（中央大学法科大学院教授）

論　説　「国際経済法」・「国際取引法」のあり方を問い直す
　　　――法科大学院発足・新司法試験開始を契機として

法科大学院と国際取引法の教育・研究
――柏木報告に対するコメント――

髙　杉　　　直

　I　はじめに
　II　「国際取引法」の定義
　III　「国際取引法」の教育のあり方
　　1　法科大学院における教育
　　2　新司法試験のあり方
　IV　「国際取引法」の研究のあり方――結びに代えて――

I　はじめに

　本稿の目的は,「国際取引法の研究・教育に何が求められているのか」という問題について, 柏木教授の報告に対するコメントを行うことである。

　この問題に対する柏木教授の回答は, 筆者の理解に誤りがなければ, 次のように要約できよう。①国際取引法の研究については,「個々の研究者が研究する価値があると考える対象を研究すれば良く,…とくに射程を決めるべきではない」。②国際取引法の教育については,「教育の目的との関係で内容を決めればよい」のであって, 法学部では「卒業した学生が日本の多くの企業で遭遇する国際取引に関連する法律を教えるのが最も合目的的」であり,「企業で国際取引に従事する人たちのための教育」を行うことである。これに対して, 法科大学院の教育の目的は,「国際取引に関する法律業務を処理する法曹を養成す

るための法学教育」であって，「国際取引に従事する企業を相手に，国際取引から発生する問題の相談と処理の仕事をする弁護士に必要な教育をすることが，その中心的な目的」である。換言すれば，いわゆる渉外弁護士に必要な教育であって，渉外弁護士の必須の基礎知識と基礎スキルである，「コモン・ローとアメリカ法を中心とした比較契約法と個々の取引類型の法律構成と問題の学習」が重要である。③新司法試験については，国際取引法の範囲が「渉外弁護士の基礎教育として行うことが望まれる総論各論の教育とはほとんどオーバーラップしない」点で問題がある。

　このような柏木教授の見解に，筆者も基本的に賛成であって，特にコメントを付する必要を感じない。しかし，筆者に与えられた役割（バック・グラウンドの異なる者の視点からコメントを行うこと）に鑑み，あえて問題提起という意味で，特に②の法科大学院における国際取引法の教育を中心に，瑣末な点であるかもしれないが論者によって見解の分かれる可能性のある事項につき，若干のコメントを行うことにする。

II　「国際取引法」の定義

　「国際取引法」につき，厳密な定義を行う意義があるとは考えない。端的に「国際取引から生じる法律問題を規律する法である」との定義で十分であろう。そもそも国際取引法という単一の法体系も統一的な原理も存在していない。「大切なのは，むしろ現実に生起している国際取引から生じる重要な法律問題がどのようなものであるかを発見・観察し，その相互の関連に注意しつつそれらの問題が既存の法原理によってどのように解決されるか，また解決されるべきかを探究することであろう」[3]。

III 「国際取引法」の教育のあり方

1 法科大学院における教育

多くの法科大学院において，「国際取引法」やこれに類する名称の授業科目が開設されている。しかし，その教育内容・射程は必ずしも一致していない。学者の間で国際取引法の範囲・対象自体に関する共通理解が存しないこともその大きな要因の一つであろう。また，各々の法科大学院において開設されている他の授業科目との関係，授業時間，授業担当者の属性や，当該大学院の置かれた位置づけ・環境，その教育方針などの影響もあろう。

このような国際取引法の教育内容・射程が法科大学院によって異なる現状に問題はないか，その標準化が必要か。この問いに対する回答は，法科大学院の目的と「国際取引法」科目の設置目的いかんに依るであろう。法科大学院は，専門職大学院（いわゆるプロフェッショナル・スクール）であって，「高度の専門性が求められる職業」である「法曹」を養成するための教育を行うことを目的とする。そして，「法曹の養成は，国の規制の撤廃又は緩和の一層の進展その他の内外の社会経済情勢の変化に伴い，より自由かつ公正な社会の形成を図る上で法及び司法の果たすべき役割がより重要なものとなり，多様かつ広範な国民の要請にこたえることができる高度の専門的な法律知識，幅広い教養，国際的な素養，豊かな人間性及び職業倫理を備えた多数の法曹が求められていることにかんがみ，国の機関，大学その他の法曹の養成に関係する機関の密接な連携の下に，……行われ」，法科大学院は「法曹の養成のための中核的な教育機関として，各法科大学院の創意をもって，……将来の法曹としての実務に必要な学識及びその応用能力……並びに法律に関する実務の基礎的素養を涵養するための理論的かつ実践的な教育を体系的に実施」するとされている。

このような法科大学院の目的に照らすと，「国際取引法」科目の設置目的としては，次の2つのものが考えられよう。その1は，「国際的な素養」を備え

た多数の法曹の養成である。国際的な素養の涵養のための科目としての国際取引法である。その2は、「高度の専門的な法律知識」を備えた法曹の養成である。国際取引法務に精通したいわゆる渉外弁護士（ただし、弁護士に限定されない）の養成のための国際取引法である。「法曹の国際化」に関して前者がボトム・アップ（＝裾野の拡大と底上げ）を図るのに対して、後者はトップ・アップ（＝一層の高度化・専門化）を図るものである。

ただし、前者の「国際的な素養」の涵養は、必ずしも国際取引法のみに委ねられる訳ではない。国際私法、国際民事手続法、英米法その他の外国法などの関連科目もその役割を果たす。その意味で、これら関連科目を多く開設している法科大学院（一部の大規模な法科大学院や国際法務に注力する法科大学院が多い）は、一般に、国際取引法の設置目的として、国際的な素養の涵養だけでなく高度の専門的な法律知識の習得（渉外弁護士の養成）を目指していると推察できよう。また他方で、後者の「渉外弁護士の養成」は、必ずしもすべての法科大学院に要請されるものではない。「各法科大学院の創意」によって、各法科大学院が得意とする法分野は、自ずと異なるであろう。

国際的な素養の涵養を主目的とする法科大学院においては、開設されている関連科目が少ないこともあって、国際私法、国際民事手続法、英米法その他の外国法、統一私法条約などについても国際取引法の中で扱わざるを得ないであろう。これに対して、渉外弁護士の養成を主目的とする法科大学院においては、開設されている関連科目が多いことから、たとえば英米契約法・比較契約法などは独立の科目とされ、国際取引法に残されている内容は少ない。このような他の関連科目で扱われていない範囲の国際取引法問題について詳細な検討を行うことも考えられる。しかし、このように対象範囲を過度に絞った場合にも「国際取引法」の名称を付するとすれば、受講者に誤解を与えることになる[13]。誤解を避けるためには、むしろ「国際取引法」とは別の名称が付されるべきであろう。また、仮に対象範囲を絞った場合でも、後述の通り、具体的な事案の

処理を念頭においた実践的な教育を行う際には，国際私法，国際民事手続法，外国法，統一条約などにも触れざるを得ないはずである。結局，渉外弁護士を主目的とする場合であっても，「国際取引法」という名称を用いる際には，一定程度の範囲の国際取引類型を扱わざるを得ず，また，既存の関連科目の内容ともオーバーラップせざるを得ないであろう。

では，既存の関連科目と国際取引法の相違点はどこに求められるのか。これに関連して忘れてはならないのは，法科大学院が専門職大学院であって実務家法曹の養成を目的とする点である。「法曹としての実務に必要な学識及びその応用能力」並びに「法律に関する実務の基礎的素養」を涵養するためには，既に多くの科目で行われているのと同じく，具体的な事案に対し，専門家としての分析を行い，一定の（複数の）解決策を提示できる能力を培う訓練を行うことが重要であろう。この点は，国際的な素養の涵養を目的とするか，渉外弁護士の養成を目的とするかで違いはない。国際取引法との関連で敷衍すれば，国際取引の実態の理解，現在の法状況の認識，法的問題の発見・分析，解決方法の検討・提示という訓練を行うことが要求されよう。(14) 結局，法科大学院における国際取引法の教育は，具体的な国際取引を例として，国際私法，国際民事手続法，外国法，統一条約などの素材を用いて，その処理方法・処理枠組み・パターンを理解・検討するということにならざるを得ないと考える。(15)

法科大学院における国際取引法の教育内容を以上のように捉えると，その射程範囲についても，あえて限定する必要はないことになろう。実務上問題となり得る多数の国際取引類型を題材として取り上げることが望ましい。伝統的な売買・運送・支払などの貿易関連取引のみならず，投資（代理店，合弁，M&Aを含む），金融，技術移転（ライセンス契約を含む）などの国際的な事業活動・企業経営に伴う取引についても題材とすべきである。また，これらの国際取引から発生する法律問題であれば，私法とか公法とかの区別を設けずに，できる限り有機的・統一的に扱うことが，実務的な分析という観点から望ましいのでは

なかろうか。すなわち，国際経済法と国際取引法の分断についても，できる限り避けるべきである。

2 新司法試験のあり方

新司法試験では，選択科目「国際関係法（私法系）」の一部として，国際取引法が試験範囲とされた。ただし，国際取引法の全範囲でなく，「主として国際売買，国際運送及び国際支払に関して日本において実定法としての効力を有する法令（私法）を中心」に出題される。

しかし，このような出題範囲の限定は，実務家である法曹の養成という目的に照らしてきわめて遺憾である。第1に，日本法への限定によって実践的な問題の作成がきわめて困難になる。法科大学院における国際取引法の教育目的が，国際取引から生ずる法律問題の適切な認識・分析と外国法等の取り扱いによる解決策の提示の訓練であることを前提とすれば，新司法試験にもこれを反映させるべきである。第2に，売買・運送・支払への限定も大きな問題である。実務において重要な，投資・金融・技術移転などの国際事業展開に伴う取引が出題範囲とされていないからである。

このような中途半端な形での出題は，法科大学院における国際取引法の教育に悪影響を与えるおそれがある。むしろ将来的には，新司法試験「国際関係法（私法系）」の試験範囲から国際取引法の部分を完全に削除するか，あるいは，出題範囲の限定を外した上で（さらに実務的観点から言えば，国際経済法と合わせた上で）単独の選択科目とすべきであろう。単独の科目とする際には，試験問題の内容も，実務的・実践的な事例に基づくものとすべきである。

IV 「国際取引法」の研究のあり方——結びに代えて——

上記の通り，法科大学院における国際取引法の教育は，実務家である法曹の養成を目的とする。実務家を養成するためには，法的知識のみならず，実務に

関する知識や法的判断を行う前提としての実務的・経営的な視点・発想の習得も重要となる。当然のことながら，法科大学院における国際取引法の教育担当者は，理論だけでなく実務にも明るくなければならない。実際，比較的多くの法科大学院において，いわゆる実務家教員が国際取引法を担当している。もっとも，私見においてもいわゆる学者教員による国際取引法の担当を否定するものでは全くない（筆者自身も実務家教員でない）。ただ，自戒も込めて敢えて言うならば，とくに学者教員には，少なくとも実務的・実践的な情報・知見を求める不断の努力が必要とされよう（逆に実務家教員には理論的アプローチからの研究が要求されよう）。そのような（相互の）研鑽の場として，各法科大学院での内部における協働や，実務家・学者による共同研究が重要な役割を果たすであろう。

　また，国際経済法と国際取引法の分断をできる限り避けるとの私見によれば，国際取引法の教育担当者は，国際取引をめぐる公法と私法の双方に明るい必要がある。ここでも，国際経済法学者と国際取引法学者の両者が，交流および研究を深める必要がある。このような場として「日本国際経済法学会」は重要な役割を果たし得るであろう。

　以上のように，国際取引法の研究者は，理論のみならず実務にも精通し，かつ，国際経済法についても研究する必要がある。教育は研究のアウトプットであり，「研究なくして教育なし」だからである。このような共同研究の機会を増やすためにも，各地域において，企業実務家，法律実務家，国際経済法学者および国際取引法学者等を構成員とする研究会などを定期的に開催する必要があろう。[20]

　(1)　本稿は，2005年10月30日に京都大学で開催された日本国際経済法学会第15回研究大会の報告原稿に加筆・修正を施したものである。座長の道垣内正人先生をはじめ，貴重な御意見を賜った会員の方々に御礼申し上げたい。
　(2)　柏木教授の御厚意により，原稿を事前に拝見させていただいた。心より厚く御礼を申

し上げたい。
(3) 松岡博編『現代国際取引法講義』(法律文化社, 1996年) 2頁。
(4) ただし, 必修科目ではなく, 選択科目として開設されていることが多い。
(5) これは, 多数出版されている「国際取引法」という名称の教科書等の内容を比較すれば明白である。たとえば, WTOや競争法の域外適用問題などの国際取引に関する公法的な規制 (=国際経済法) をも含むと考える立場 (広義の国際取引法), 国際取引に関する私法的な規制に限定する立場 (狭義の国際取引法), 国際民事手続法・国際私法などの抵触法を除外した実質法に限定するという立場 (最狭義の国際取引法) などがある。また, 最狭義の国際取引法の立場であっても, コモンローなどの外国法を含むか否か, 貿易売買に限定するか否かなどの点について見解の相違が見られる。松岡博編・前掲書3頁以下, 高桑昭『国際商取引法』(有斐閣, 2003年) 4頁などを参照。
(6) とくに国際経済法, 国際私法, 国際民事手続法, 英米法・外国法などの科目と関係するであろう。
(7) 実務家教員 (弁護士, 企業実務経験者) か学者教員か, 国際私法・民商法・英米法などの関連法分野のいずれに最も強い関心を有するかなど。
(8) 主に念頭に置くべき取引の相手先国 (米国か中国かなど), 取引主体の業態 (商社か製造業か銀行かなど), 取引類型 (伝統的貿易売買か国際事業展開かなど) などは, 科目担当者の属性のみならず, 法科大学院の置かれた環境によっても一定の影響を受けよう。
(9) 新司法試験との関係をどの程度重視するかによっても影響を受けよう。
(10) 専門職大学院は, 一般に「高度の専門性が求められる職業を担うための深い学識及び卓越した能力を培うことを目的」とする (学校教育法65条2項)。
(11) 専門職大学院設置基準18条は,「……専ら法曹養成のための教育を行うことを目的とするものを置く専門職大学院は, ……法科大学院とする」と規定する。
(12) 法科大学院の教育と司法試験等との連携等に関する法律2条。
(13) たとえば, 仮に, 国際的な代理店や合弁事業の問題しか扱わないにもかかわらず,「国際取引法」という名称を付することを考えよ。
(14) このような, 実務家である法曹養成のための実践性・応用性が, 学部段階での国際取引法の教育との相違であろう。
(15) その意味では, 国際取引法を履修する前に, 国際私法, 国際民事手続法, 英米法その他の外国法などの関連科目を履修・習得しておくこと (渉外弁護士養成型の国際取引法の場合), あるいは, 国際取引法の授業の中で, これらの関連科目の内容を解説・再確認すること (国際的素養を備える法曹養成型の国際取引法の場合) が望ましい。
(16) 柏木教授も,「国際販売店契約を教えようとすると, アメリカとEUの垂直的取引制限に関する独占禁止法に触れざるをえない。また, 国際合弁では, 各国の事前届出制度と合弁に関する独占禁止法の適用を教えなければならない。資源開発契約を教えようとすれば, 国有化の問題に触れざるをえない。」と指摘されている。

(17) 司法試験委員会「平成18年から実施される司法試験について，論文式による筆記試験の選択科目の選定に関する意見募集の実施結果について」(平成16年年7月9日付) によれば，「国際取引法は，対象とする範囲が明確でないので，試験範囲から外すべきであり，そうでなければ，対象法令や対象となる契約類型を限定するなどして，その範囲を明確にする必要がある」との意見や，「国際取引法について，出題範囲を明確化するためにも，伝統的分野であり，今後も中核的分野であり続けるであろう貿易取引を対象とすべき。またそれを明らかにするため『国際動産取引法』または『貿易取引法』との呼称を用いるのが適当である」との意見が多数寄せられたとのことである。このような意見を受け，出題範囲の限定・明示がなされたようである。

(18) 新司法試験においては，「法科大学院における教育との有機的連携の下に，裁判官，検察官又は弁護士となろうとする者に必要な学識及びその応用能力を有するかどうかの判定を行うこと」(法科大学院の教育と司法試験等との連携等に関する法律2条2号) とされている。

(19) 司法試験委員会・前掲注(17)においても，既に同様の意見が寄せられていた。

(20) 地域の研究会は，大学院生に研究発表の機会を提供する場でもあり，研究者の継続的な育成という観点からも重要である。

(同志社大学法学部教授)

論　説　「法と経済学」の諸相

座長コメント

根　岸　　　哲

　1960年代に米国に登場した「法と経済学」は，主としてミクロ経済学・ゲーム理論の道具を用いて，法や慣習などの社会的なルールを分析する学問分野であり，今日，急速に進展している。

　日本における「法と経済学」も進展を見せており，「法と経済学」は，本来，法律家と経済学者の協力が不可欠の分野であるが，あくまで経済学であって，法律家における受容には，一般的にまだ遠いものがある。従来，伝統的な法律家は，個別の事件や問題の解決に向けた当事者間の利益衡量に基づく現にある実定法の解釈論に力を傾注してきた。しかしながら，近年の法改正ブームは，伝統的な法律家の苦手な立法論の重要性を飛躍的に高めることとなった。法改正においては，それによってどのような効果，直接的効果のみならず間接的効果，が社会に発生することになるのかについて十分に予測し検討することが必要となる。このような予測と検討においては，「法と経済学」が大きな有用性を発揮する。一方，解釈論においても，本来，一定の解釈論が社会に及ぼす直接的効果と間接的効果とを予測し検討することが必要であったのであり，「法と経済学」は，立法論だけでなく解釈論においても必要かつ有用であることが認識されることになる。

　法律家が一般に「法と経済学」に食わず嫌いのアレルギーを持っているのは，あるいは，「法と経済学」は，効率のみを重視し，法学において重視される正義や公正を軽視ないし無視しているのではないか，合理的個人を仮定している

が現実の人間は非合理な存在ではないか，現実に適合しない仮定に基づく数式を用いたモデル分析ばかりではないか，などと考えているからかもしれない。しかしながら，例えば，正義や公正を価値判断基準として，当事者の限定合理性を仮定した現実説明力のある経済モデルや経済分析も存在し得るのであり，「法と経済学」を法律問題の検討に生かして行く余地は，今後，ますます拡大して行くものと考えられる（「法と経済学」に必ずしも明るくない私のような伝統的な法律家にとっては，まず，松村敏弘「法と経済学＞＞中『事前問題』体系的に分析」日本経済新聞社2005年1月25日付け「経済教室」と柳川範之「法と経済学＞＞下『法改正の影響分析に有効』」同26日付け「経済教室」を読み，その後，宍戸善一＝常木淳『法と経済学―企業関連法のミクロ経済学的考察』（有斐閣　2004）または細江守紀＝太田勝造編著『法の経済分析―契約，企業，政策』（剄草書房　2001）を読むのが「法と経済学」を理解する一つの有効な方策である）。

　「法と経済学」の専門家である松村教授は，「法と経済学」に対する法律家の「誤解」について，つぎのように，丁寧に解きほぐされた。「法と経済学」が効率性を重視するのは，経済学が事前の問題を体系的に分析する学問であることの結果であり，法学が正義や公正を重視するのは事後の問題を事前の問題と同様に重視する結果にすぎない。「法と経済学」が事前の問題を考えてはじめて意味をなす効率性の分析に，伝統的な法学よりも比較優位を持つために，まず効率性の分析をしているのにすぎない。「法と経済学」も，事前の観点から，すなわちルール変更後の変化に即した正義や公正を考えることは可能であり有用でもある。また，人間の合理性を仮定するのは，シンプルでトラクタブルであるから，人間は多くの人が誤解しているほどには非合理ではないから，間違って非合理な行動をしても徐々に修正するはずであるから，ベンチマークとして重要であるから，である。「法と経済学」が仮定のモデル分析を行うのは，現実はあまりに複雑で何らかの抽象化をしなければ予想は不可能であり，本質的な部分を見抜き，それ以外は大胆に簡略化するためであり，数式を用い

るのは，基本的に結果が正しいか否かを客観的に確認できるから，仮定が妥当か，結果をどう解釈すべきか，といったより本質的な問題に集中できるから，であり，「法と経済学」の良い論文は，自然言語による説明だけで論文の全体像が分かるようになっており，数学の素養がなくとも理解できるように書かれている。

　このような松村教授の解きほぐしによって，伝統的な法律家は，「法と経済学」へのアレルギーから解放され，「法と経済学」に対する参入障壁を克服できるであろうか。

　ここから法律家の登場となる。日本国際経済法学会の会員は，経済法，国際経済法を含めた国際法（公法），国際私法，知的財産法，税法などの専攻者から構成されるが，今回は，前三者の分野から，それぞれ「法と経済学」との係わりにつき報告がなされた。知的財産法や税法と「法と経済学」との係わりは，前三者の分野と少なくとも同等以上のものがあり，今後の取り組みにおいては，知的財産法や税法と「法と経済学」との係わりについても取り上げられ論じられることが期待される。

　川濱教授が取り上げた独占禁止法の分野は，すでに「法と経済学」が用いられてきた先行分野である。米国では，独占禁止法（反トラスト法）は，経済学とともに歩んできた法分野である。特定の行為の市場支配力分析が中心であり，市場を画定し，画定された市場において当該特定の行為が価格支配力を形成・強化することになるか否かを問題とするのであり，そこでは経済分析アプローチが採用され，ある意味では経済学そのものとさえ言えるほどである。経済分析アプローチは，近年，EC独占禁止法（競争法）においてもほぼ全分野において基本的に採用され，米国法を母法とする日本の独占禁止法にも企業結合規制をはじめとして徐々に浸透しつつある（柳川隆＝川濱昇編『競争の戦略と政策』（有斐閣　2006）は，日本における経済学者と法律家の共同作業の数少ないレベルの高い成功例である）。しかしながら，米国では，かつては効率性と公正性とを目的

としてきたが，近年では，効率性を唯一の目的とするに至っているのに対し，ECと日本では，今日においても，依然として，効率性だけではなく，公正性，すなわち公正な競争条件の確保と公正な取引の確保も重要な目的の一つとしている点で異なっており，今後，日米欧において収斂して行くことになるのか否か興味のあるところである。

　阿部教授が取り上げた国際法の分野でも，近年，徐々に「法と経済学」の分析手法が用いられつつある。とりわけ国際経済法の分野では，GATT/WTOルールの経済合理性に係る経済分析，セーフガードやダンピングの発動要件である損害と因果関係に係る計量経済学モデルおよび非計量経済学モデルを用いた手法を含む経済分析，紛争解決手続における「利益の無効化または侵害の程度」に係る経済モデルに基づく算定，紛争解決機関の履行勧告問題に係るゲーム論分析（例えば，日本での試みとして，阿部克則「セーフガード協定における因果関係要件」荒木一郎＝川瀬剛志編著『WTO体制下のセーフガード』（東洋経済新報社2004）99頁，久野新「WTO紛争解決制度における対抗措置の法と経済分析」川瀬剛志＝荒木一郎編著『WTO紛争解決手続における履行制度』（三省堂　2005）65頁，飯田敬輔「DSB勧告履行の国際政治経済学的分析」同107頁）などがすでにある。松村教授によれば，国際法の文脈では，法・契約をエンフォースしてくれる超国家的な機関の力が弱いことから，他の法学の分野以上にゲーム理論が重要である。たしかに，国際慣習法の実効性につき囚人のジレンマや繰り返しゲーム論を用いて分析する試みが重ねられつつある（ゲーム論一般につき，松井彰彦「ゲーム理論，現実に応用」日本経済新聞2005年10月1日付け「経済教室」）。国際人道法の分野でも「法と経済学」を応用できる領域が存在することを指摘し，違反に対してどのような執行ルールを策定することが望ましいのかにつき費用・便益分析を試みるものがある。

　野村教授が取り上げた国際私法の分野では，全二者の分野に比較して，「法と経済学」の人気は著しく低い。その原因は，必ずしも明らかではないが，準

拠法を定めるのみの間接法規性にあるからかもしれない。それほど多くはないものの，米国では効率的な準拠法選択理論など国際私法に係る「法と経済学」の先行研究があるが，米国の国際私法は独自性が強く，国際的なスタンダードとはなり得ないからかもしれない。しかしながら，国際私法の分野が性質上「法と経済学」になじまないわけではなく，当事者による準拠法選択が拡大するなど「法と経済学」に親和的な事情もあり，将来，国際私法の分野にも「法と経済学」が用いられる余地は十分あるものと考えられる。国際私法に関連する国際仲裁の分野では，経済学的見地から仲裁にアプローチする先行研究が相当蓄積され，当事者が自主的な紛争解決に向けて歩み寄りやすくするための仕組みがいくつか提案されており，このうち例えば最終提案仲裁（Final-Offer Arbitration）は，様々な国際的な紛争事案において実際に活用されている（曽道智＝中野俊一郎「最終提案仲裁(Final-Offer Arbitration)とその経済学的分析」JCAジャーナル53巻6号2頁）。

ところで，「法と経済学」に基づく経済分析には，規範分析，理論分析，実証分析というそれぞれ性質の異なるものが含まれており，「法と経済学」という場合に，このうちどれを問題にしているのかにつき注意することが必要である。また，法学分野といっても，立法論，解釈論，違法か否かを争訟手続を通じて判断する場面における具体的な違法要件の充足認定など，それぞれ性質を異にしているのであり，このうちどの局面を問題としているのかにつき注意することが必要となる。したがって，「法と経済学」に基づく経済分析のうちいずれの分析を，法学分野におけるどの局面で用いられるのかにつき注意することが必要となる。さらに，「法と経済学」に基づく経済分析は，当然のことながら，客観的に唯一正しいものが一つだけ出てくるわけではなく，複数の異なるものがあり得るし，なかには信頼性の疑わしいものが登場することもあり，時間の経過によって変化し得るものでもある。したがって，その信頼性や安定性を十分に審査できる仕組みやルールの構築を検討することが必要となるので

あり，例えば，違法要件充足認定においては，経済分析は主として経験則として利用されることになるが，経験則として利用できるに足りるものか否か厳密な審査が必要となる。

　シンポジウム「『法と経済学』の諸相」は，極めてチャレンジングな試みであり，単発で終わらせるのではなく，今後も，時期をみてさらに知見を深めかつ広げる機会を設けることが期待される。その際には，私自身の反省も含め，法律家は，「法と経済学」につき，単に外在的に批判することに終始するのではなく，内在的な批判ができる程度に習熟度を高めておくことが期待される。

（甲南大学法科大学院教授）

論　説　「法と経済学」の諸相

法と経済学の基本的な考え方とその手法

松 村 敏 弘

I　序
II　ミクロ経済学の体系
　1　基本的な手法と定理
　2　市場の失敗と情報の経済学
　3　ゲーム理論
　4　現代のミクロ経済学の柱
　5　コースの定理
III　法と経済学の基本的な発想と手法
　1　なぜ経済学者は経済効率性ばかりを重視し，より重要な厚生を軽視するのか？
　2　なぜ経済学者はやたらと非現実的な仮定を置いた上でモデルを使いたがるのか？
　3　なぜ経済学者は合理性の仮定にこだわるのか？
　4　なぜ経済学者はやたらと数式を使いたがるのか？
　5　なぜ経済学者は普遍性にこだわり，文化や歴史的背景を軽視するのか？
　6　存在するものは合理的である？
IV　終わりに

I　序

　法と経済学（法の経済分析）とは，法・制度・慣習などの様々なルールを，ミクロ経済学及びゲーム理論の道具を使って分析する学問分野である。この分野の性格から，法学者と経済学者の協力が不可欠な分野でもある。ミクロ経済学及びゲーム理論の分析道具は汎用性が高く，その限界さえわきまえれば，広範な法分野の分析に役に立つ。法と経済学の数十年の研究の蓄積は，既存の法

体系の機能の解明や,望ましい法体系を明らかにする点で有用であることを証明してきた。にもかかわらず,日本の法学分野においては,体系的な法と経済学の教育・研究は必ずしも十分には浸透していない。

　この理由が,経済学の(細かな分析道具ではなく)基本的な発想や特徴,体系を理解した上で,「有用ではない」と判断された結果であるとすれば,やむを得ないことかもしれない。しかし,原因が経済学の体系や発想に関する根本的な誤解から生じているとするならば非常に残念なことであり,その社会的な損失は大きい。仮に後者が原因であったとしても,その責任の多くは経済学者にある。経済学に不慣れな,あるいは経済効率性を重視する経済学に敵意さえ抱いている一部の法学者に対しても,法と経済学の有用性を伝える工夫が,法と経済学の研究者(とりわけ我々経済学者)に不足していたことが根本的な問題であると考えている。効率性という評価基準で(全てではないにしろ)主要な議論が完結する経済学の議論と異なり,基本的な人権の尊重や弱者保護等の様々な価値観がぶつかり,公正や正義の観点が重要となる法学の議論の整理は遙かに難しい。これをわきまえないで,闇雲に効率性という価値基準を押しつけたり,あるいは,正義・公正の問題を,単なる所得分配の公平性の問題にのみに還元する一部の経済学者の悪癖が,一部の法学者に法と経済学に対する不必要な嫌悪感や無関心を生んだのではないかと懸念している。

　本稿では,法と経済学の分析手法の基礎をなすミクロ経済学の体系を概観し,その基本的な発想を説明することを通して,法と経済学に対する誤解を少しでも減らすことを目標としている。このような目標で文章を書くのは全く無意味であるかもしれない。私の希望は,法と経済学に対して全く無関心であるかあるいは嫌悪感を持っており,経済学について知る必要を感じていない異分野の研究者に対して,もしその原因が経済学に対する誤解から生じているとすればその誤解を少しでも解きたいというものである。しかし,そのような潜在的な読者はそもそも「法と経済学の基本的な考え方とその手法」というタイトルの

論文に関心を持たないかもしれない。逆に経済学に関心のある潜在的な読者には既に知っている当たり前の事実を繰り返すことになるだけかもしれない。つまり，本稿は誰にとっても役に立たないものなのかもしれない。しかし結果的に無意味になったとしても，このような努力を経済学者は常に続ける責務があると私は考えているので，あえて学会での報告を再現・補足する形で議論を進めたい。

II　ミクロ経済学の体系

1　基本的な手法と定理

ミクロ経済学の最も基本的な考え方は，「個々の経済主体の意思決定の結果として社会全体の構造が決まる」というものである。大げさにいうと方法論的個人主義ということになる。しかし，一般に個々の経済主体にとっての意思決定は社会全体の構造に依存する。研究者の間で必要な情報を全て電子メールで連絡する習慣が定着したのは多くの研究者が電子メールを使うことを選択した結果である。しかし，電子メールを使うようになった理由は，「みんなが使っていて自分だけ使わないと不便だから」という者が少なからずいるはずである。つまり，個々の経済主体の意思決定は社会全体の構造（この場合は電子メールの普及率など）に依存している。個々の意思決定は社会全体の構造に依存し，社会全体の構造が決まらないと決められない。社会全体の構造は個々の意思決定の結果であるとするならば，個々の経済主体の意思決定が決まらないと社会全体の構造が決められない。典型的な「鶏が先か卵が先か」の議論になって分析ができなくなってしまう。ミクロ経済学では，この問題を，個々の意思決定と社会全体の構造の同時決定という発想で解決する。つまり，ミクロ経済学では，個々の経済主体の意思決定を出発点にするが，個々の経済主体の行動が社会全体の構造に依存する可能性を否定するものではない。

ミクロ経済学では原理的にあらゆる意思決定（選択行動）を分析できるが，

その第一歩として，各経済主体が何をどれくらい生産し販売するか，何をどれぐらい購入し消費するか，その行動の結果社会全体で何がどれくらい生産・消費されるかを分析する。個々の消費者の購買パターンを分析するのが消費者の理論，生産者の生産パターンを分析するのが生産者の理論，同時決定の体系を閉じて，社会全体の構造（社会全体での生産・消費パターン）を分析するのが市場均衡の理論である。いうまでもなく，同時決定であるので，社会全体の構造と個々の意思決定は相互に影響しあうことになる。

この市場均衡に関して最も重要な定理が厚生経済学の第一定理である。市場均衡は(a)完備市場，(b)完全競争，(c)完備情報の3つの条件を満たすときにはパレート効率的になる，というものである[1]。あらゆるものに対して市場が存在し，その市場で全ての経済主体が価格受容者（自分の行動が価格に影響を与えないと考えている経済主体）で，経済主体間に情報の格差がない（全ての経済主体が同じ情報を持っている）のであれば，市場均衡はパレート効率的な資源配分をもたらす。逆に言うと，これら3つの条件のうち少なくとも1つが満たされなければ市場均衡は非効率的になる可能性がある。この問題を扱うのが市場の失敗の議論である。

2　市場の失敗と情報の経済学

(a)の条件が満たされないことによる市場の失敗の典型的な例が外部性である。外部性の例としては公害などが挙げられる。経済法の文脈では「ネットワーク外部性」の例の方が有名かもしれない。外部性が存在する状況で，ある経済主体の行動が別の経済主体に直接影響を与えるのに，それを評価し取引・補償する市場が存在しないために，効率性の問題が発生する。

(b)の条件が満たされない市場の失敗，不完全競争による市場の失敗は経済法の文脈ではよく知られている現象である。基本的には価格と限界費用が乖離して過少生産・消費による厚生の損失が発生する[2]。

(a), (b)の条件が満たされないことに伴う市場の失敗は比較的古くから知られていた。これに対して(c)の条件が満たされないことの市場の失敗の意味が十分に理解され，広く普及するようになったのは比較的最近（1970年代以降）である。情報の不完備性に伴う市場の失敗とその市場の失敗への経済主体の対応を認識することを通して，古典的な経済学では理解できなかった様々な現象が理解・分析できるようになった。そのインパクトは経済学の革命といっても差し支えない程大きなもので，後にこの分野の研究は「情報の経済学」と呼ばれるようになった。情報の経済学は近年急速に発展した「契約理論」や「組織の経済学」の母体となり，また「企業金融」「産業組織」「公共経済学」「国際経済」など国際経済法とも関連の深い経済学の既存分野の内容をも大幅に書き換えるインパクトを持った。

3　ゲーム理論

　最近の多くのミクロ経済学の教科書では1章かそれ以上のスペースを割いてゲーム理論を解説している。これはゲーム理論がミクロ経済学の一部であることを意味しない。ゲーム理論は，元々は，相互依存関係にある意思決定主体の合理的な選択の結果として実現する状態を分析する学問で，経済学だけでなく他のあらゆる社会科学の諸分野に応用可能な一般的な分析道具である。とはいえ，ミクロ経済学の方法論的個人主義の発想はゲーム理論と共通しており，両者の基本的な発想は極めて近い。

　ゲーム理論の発展に伴い，ミクロ経済学は強力な分析道具を手に入れ，経済学の発展に大いに貢献した。現代の経済学の多くの論文はゲームの言葉で記述・分析されるようになるほど，ゲーム理論は経済学の中で完全に定着した。前述の契約理論や組織の経済学のような新しい経済学は，ゲーム理論の利用が不可欠な分野となり，また経済法の分野と関連の深い「産業組織」はゲーム理論が盛んに応用されるようになる以前とは全く姿を異にするものとなった。お

そらく1980年代以前に産業組織を学んだ者とそれ以降に学んだ者ではイメージする「産業組織」がまるで違うものになっていることがしばしばあるが，これはゲーム理論のこの分野への急速な導入が最大の原因である。言うまでもなく，法と経済学の分野でもゲーム理論は盛んに利用されている。

同時に，ゲーム理論の発展に多くの経済学者が貢献し，また経済学の分野に広く応用されることを通じてゲーム理論の有用性が証明され，更に発展するという好循環を形成した。この結果経済学を学ぶためにはゲーム理論の初歩を学ぶことが不可欠になっている。

4 現代のミクロ経済学の柱

現代のミクロ経済学は，
(1) 消費者・生産者の理論
(2) 市場均衡の理論と厚生経済学の第一定理（ないし部分均衡分析を使った余剰分析）
(3) 外部性や不完全競争などの古典的な市場の失敗の議論
(4) 情報の経済学
(5) ゲーム理論

の5つの柱からなっている。これらを学ぶことを通じて経済学の基本的な発想と分析手法を学べば，後はその応用として多くの専門的な議論も理解できる。法と経済学についても例外ではなく，ミクロ経済学の基礎を一旦学べば，専門的な議論もかなり正確に理解できるようになる。この意味では，ミクロ経済学を学ぶことは，投入時間とその理解に関して収穫逓増（規模の経済性）の働く分野であるといえる。

5 コースの定理

さて，この節を締めくくるのに，法と経済学にとって最も重要な定理の一つ

であるコースの定理について簡単に議論しておきたい。コースの定理とは「権利の帰属が明確で，情報が完備で，交渉費用がかからなければ，交渉を通じて資源配分が効率的になる」というものである。権利の帰属が明確であるとは，交渉が決裂したときに適用されるルールがはっきり決まっているということである。ミクロ経済学の標準的な教科書では，コースの定理は「外部不経済」を議論するときに，極端な議論として少しだけ触れられることが多い。公害のような外部不経済の問題があっても，当事者の話し合いによって効率的な資源配分が達成され，市場の失敗は起きないという文脈である。しかしコースの定理はもっと基本的な，（3つの条件さえ満たされていれば）あらゆる交渉に適用できる強力な定理である。

古典的な市場観，厚生経済学の第一定理が前提とするような市場観では，多数の売手と多数の買手が一堂に会して財を取引する，ある意味で集権的・集中的な取引の場を市場と考えていた。このような市場は株式市場等の金融・商品市場や野菜・花卉などの卸売市場で見られるものの，大多数の財・サービスにはこのような市場は存在しない。しかしコースの定理は，相対取引の積み重ねが，集中的な市場と同様の役割を果たすこと，市場メカニズムの機能する領域が従来考えられたものよりも遙かに大きいことを明らかにし，経済学における市場観を革新する役割を果たした，経済学全体の中でも重要な定理である。同時に，この定理は，任意規定の重要性を明らかにし，法と経済学の出発点の一つになった。この定理が明らかにした強行法規の弊害は，法と経済学で現れる諸問題を考えるときに，常にベンチマークとして重要な役割を果たしている。[3]

Ⅲ　法と経済学の基本的な発想と手法

本節では，典型的な法と経済学（あるいはミクロ経済学）の発想を簡単に説明する。本節の目的は経済学に対する典型的な誤解を解くことにある。もちろん経済学（法と経済学）に対する批判の多くは的を射たものであり，この分野の

研究者はそれらを真摯に受け止め，研究の更なる改善を図るべきである。しかしごく一部には，単なる誤解に基づく批判も存在する。誤解が経済学嫌いを生んでいるとすれば社会的にも大きな損失であり，これを少しでも回避するのが本節の目的である。

1 なぜ経済学者は経済効率性ばかりを重視し，より重要な厚生を軽視するのか？

　経済学者が政策評価をするときには主に効率性の観点からの評価になる。また厚生経済学の第一定理が経済学の最も基本的な定理であることからも判るように経済学における重要な価値判断基準（評価基準）は「効率性」である。このことから，法学と経済学の本質的な違いは，前者が正義ないし公正を，後者が効率性を第一義的に考える点にあると考える者もいる。私はこれが 2 つの学問の本質的な違いではないと考えている。経済学が効率性を重視するのは，経済学が事前の問題を体系的に分析する学問であることの結果で，法学が正義を重視するのは事後の問題を事前の問題と同様に重視する結果にすぎない。

　事前・事後の問題とは何を指すかを理解するために，次の事例を考える。甲は飲酒運転で事故を起こし乙に損害を与えた。（甲が乙に対して賠償義務を負うのは当然として）甲の資力が不十分で乙の損害を賄えなかったとする。このとき乙は甲に酒を飲ませた飲食店主丙に対して，店の駐車場に自家用車を停めた甲が明らかに飲食後運転して帰宅すると判っていながら（あるいは知り得たのに），大量の酒類を甲に提供した過失があるとして，損害賠償を請求したとする。従来の類似事件に対する判例では，飲食店主に対する過失を認めてこなかったとする。この裁判で，判例を変更して丙に賠償責任を命じるルールに変更すべきなのか，あるいは従来の判例を踏襲すべきなのか，という問題を考える。

　判例を変更すれば，被害者の乙が救済され，丙は甲に酒を売って僅かな利益を得たばかりにとばっちりを食うことになる。逆に判例を変更しなければ，被害者乙は泣き寝入りをすることになる。どちらが望ましいのであろうか？　こ

の問題を考えるのが事後の問題である。

　仮に判例を変更したとする。この判例変更が世に広く知られることとなったとする。このとき，多くの飲食店主はドライバーに酒を出すことのリスクを認識し，今まで以上に運転して帰る可能性のあるドライバーに酒を出さないように注意するか，あるいは店に駐車場を用意するのを止めるかもしれない。この結果飲酒運転が減ることになるかもしれない。つまり，判例の変更（ルールの変更）は，経済主体の行動の変化をもたらす。この効果を分析するのが事前の問題である。

　時間的には事後が事前より先に来ることになり，言葉遣いとして違和感を感じるかもしれない。この場合の事前とは，「ルールの変更時点ではまだ行動がなされていないことを前提とする問題，これから行動がなされることによって発生する問題」という意味で，一方事後とは「ルールの変更時点では既に行動が終わっている問題」である。

　法と経済学は（ミクロ経済学と同様に）「事前の問題」を重視する。ルールの変更が人々の行動をどう変え，その結果社会全体にどんな影響を及ぼすのかに焦点を絞り，この問題を体系的に分析してきた学問分野である。それに対して伝統的な法学の発想は，両方の問題をにらんでいるものの，基本的には「事後の問題」を重視し，かつ2つの問題を必ずしも明示的に区別した体系的な議論をしてこなかった。

　経済学で通常使われる「効率性」は「パレート効率性」と呼ばれる概念である。まず「パレート改善」という概念を確認しよう。現在の公共政策の体系Aと代替的な別の公共政策の体系Bがあり，AからBへの変更を検討している。Aがより望ましい者はおらず，Bが望ましい者が少なくとも1人はいたとする。このときAからBへの変更を「パレート改善」という。パレート改善とは，社会の変化によってより不幸になる人は1人もおらず，少なくとも1人の人がより幸せになる変化を指す。経済学者でなくても，多くの人は「パレート改善」

は望ましいと同意するだろう。パレート効率的な状態とは，パレート改善が不可能である状態である。つまり誰も不幸にすることなく誰かをより幸福にする事が不可能である状態である。パレート非効率的な状態は，パレート改善の余地が残っているのにも拘わらずそれがなされないで放置されている状態であるから，「望ましくない」ことになる。ある状態がパレート効率的であることは，それが望ましい状態であるための必要条件と考えるのが自然である。

　パレート効率的な状態とは，社会が保有する資源を無駄なく使っている状態である。世のすべての人をより幸福にできる機会があるのにも拘わらずそれが実現されていないということは，人をより幸せにする手段である社会的な資源が，社会厚生の改善のために十分に有効に活用されていないことを意味する。この意味で効率的な状態とはあらゆる資源が人々の幸福のために最も効率的に無駄なく使われている状態である。社会的なある種の無駄を減らすことが効率性の改善である。

　もちろんこの価値基準はあくまで「必要条件」を与えるだけで，どのルールが望ましいのかを最終的に判断する価値基準としては万能ではない。パレート効率的な状態は1つであるとは限らない。この価値基準では，パレート効率的な公共政策の体系Cと別のパレート効率的な公共政策の体系Dのどちらが望ましいかについて，何の評価基準も与えてくれない。この問題を考えるには，法学者が（もちろん一部の経済学者も）長年議論してきた「公正・正義」の視点がより重要になる。

　さて，経済学はより効率性を重視し，法学は「公正・正義」を重視するのは，例で説明した「事前」と「事後」のどちらを重視するかという問題と関連している。前述の例を使ってこれを説明する。

　もし世の中に事後の問題しかないとする。現行の飲食店主の責任を認めないルールから責任を認めるルールへの変更は，被告の丙には不利で原告の乙には有利な変更となる。ルールの変更によって所得が丙から乙に賠償金額だけ移転

することになるが，言うまでもなくこれ自身がパレート改善であることはない。したがって，事後の観点からは，「どちらのルールが効率的か」という議論をする意味がない。この例に限らず損害賠償を扱う問題で事後の問題を考えるときには，効率性を議論する意味がない。したがって評価基準は，必然的に効率性以外の「公正・正義」が重視されることになる。

　逆に「事前の問題」に絞って考えよう。ルールの変更は，人々の行動に影響を与えることになる。このルールの変更を期に，仮に飲酒運転が減ったとすると，全ての人の経済厚生を改善する可能性がある。潜在的な加害者を含めて全ての人は潜在的な被害者でもあり，自分や家族のことを考えれば，多少の不便はあっても飲酒運転の少ない社会の方が全ての人にとって望ましい社会であるかもしれない。つまり，事前の問題を考えれば，効率性を議論する意味が出てくる。

　経済学者が伝統的に効率性を重視してきたのは，経済学者がより「事前の問題」を重視してきたことの結果である。つまり，「事前の問題」と「事後の問題」の区別の方が「効率性」と「公正・正義」の区別よりも本質的である。法と経済学が経済学の手法を使って法を分析する学問であるから，法と経済学の分析では必然的に「事前の問題」を重視することになる。「事前の問題」の分析における主な評価基準が「効率性」にあるとしても「公正・正義」の問題を考えるのに経済学の手法が役に立たないわけではない。効率性の観点からルールの変更を評価する際には，ルールの変更が経済主体の行動をどう変えるのかをまず分析し，次に，その変化が経済効率性を改善したか否かという議論がくることになる。ルールの変更が経済主体の行動をどう変えるのかという分析は，その変化が公正であるのか，正義にかなうのか，という議論をするときにも役に立つはずである。経済学の分析手法は「事前の問題」が重要である限り（経済効率性の観点からの評価を切り離しても）有用で，経済学者が効率性の観点から出す結論に賛成できないという理由で，結論の前提となる分析まで捨てるのは

誤りである。法と経済学の手法を用いて分析し、「ルール1からルール2への変更は経済厚生を改善する（あるいは総余剰を増加させる）ので望ましい」という結果を導いたとする。この結果の背後にはルール1の下で何が起こり、ルール2に変えると何がどう変わるか、という経済学的な分析があるはずである。仮に「経済厚生を改善するので望ましい」という結果・価値判断を受け入れないとしても、ルール1の下で何が起こり、ルール2に変えると何がどう変わるかに関する分析は依然として有用である。また、後述するように、法と経済学の論文では、記述的な分析にとどまり、規範的な分析（どんなルールが望ましいのか）にまで踏み込まないものも多い。これは、記述的分析は規範的分析の前提となるからである。正確な記述的分析のない規範的分析は無意味で、そのための first step として記述的分析が不可欠だからである。

　上記の例では金銭的損害賠償の例を使い、事後では経済効率性は問題にならないと述べた。しかしこれは全ての訴訟問題、紛争事例で成立する事実ではない。次のような架空事例を考えよう。甲は乙に自社の信託部門を売却すると約束したが、気が変わって丙に信託以外の部門もまとめて売却することにしたとする。乙は甲が丙に全部門を売却するのを差し止め、信託部門をあくまで乙に売却するよう訴えたとする。この問題は本質的には「特定履行」と同じ構造の問題で、法と経済学の分野でも盛んに研究されている。[4]

　この事例で次のような分析をしたとしよう。甲と乙が統合する社会的な利益と甲と丙が統合する社会的な利益を比べて後者が十分に大きければ、差し止めを認めるのは非効率的である。甲と乙の間では既に信頼関係が損なわれており統合しても大きな統合利益は得られないので、両者の合併は非効率的である。したがって差し止めは認めないで、後は金銭賠償で乙が被った損失を補填してやればよい。この分析には一応「経済効率性」が出てくるので、この類の分析がまさに法と経済学的な分析だ、と勘違いしている人は多い。これはあくまで事後の問題であって、このルールが定着した後の「事前」の問題を考えていな

い。したがって法と経済学の分析としては不十分である。差し止め請求が認められなければ、今後の類似ケースでの交渉に影響を与え、当事者の行動を変化させるはずである。当事者はこの判例を読み込んだ上であらかじめ契約を作ることになる。これがまさに「事前」の問題で、ここまで考えないと complete な分析とはいえない。この例から判るように、効率性を扱うという視点よりも「事前」の問題をシステマチックに扱うのが法と経済学の本質である。

2 なぜ経済学者はやたらと非現実的な仮定を置いた上でモデルを使いたがるのか？

経済学者が非現実的な仮定を置き、訳のわからないモデルを使って分析をすることに嫌悪感を抱く者が少なからずいるようである。それではなぜ経済学者はやたらとモデルを使いたがるのか。法と経済学の分野でモデルを使って分析するのは、複雑な現実をモデルを使って抽象化して、ルールの変化が社会にどんな影響を及ぼすのかを予想し、分析するためである。現実はあまりにも複雑で、現実をそのままモデル化することは不可能だし、仮にできたとしても複雑すぎて予想・分析できない。したがって、考える問題に対応してその本質的な部分を見抜き、それ以外は大胆に簡略化してモデルを作ることが分析には必要不可欠である。モデルとして抽象化・簡単化して、その上でルールの変化の影響を予想し評価するのに際して置かれた仮定が非現実的なのは当然である。現実との齟齬が全くない現実をそのまま記述したモデルはできないか、できたとしても使えない。それは1／1の地図がほとんど使えないのと同じである。どんなモデルにも現実には完全に対応しない部分は存在する。したがって、モデルに対して「仮定が非現実的だ」という批判はどんなに考えの浅い人間にでもできる非生産的な批判なのである。

もちろん「仮定が非現実的」と批判することが常に無意味なわけではない。例えばモデル1で仮定Aの下で結果Bを導出し、それに基づいてルール1がより効率的であると判断したとする。これに対して仮定を変えたモデル2で、仮

定Cの下で結果Dを導出し，それに基づいてルール2がより効率的であると結論づけたとする。仮定Cの下で作られるモデル2は仮定Aの下で作られるモデル1よりも現実的でかつ同じぐらい明確な分析ができるとすれば，「仮定Aより仮定Cの方が現実的」という批判は，単に「仮定Aは非現実的」と批判するのと全く異なり，生産的な批判である。これは，よりよいモデル，よりよい仮定（簡単でかつ現実の説明力の高いもの）を探索していく上で不可欠な議論である。自力で代替モデルを提示することはできなくても，最終的にそれにつながるような批判は建設的であり得る。いずれにせよ，モデル分析には非現実的な部分を必然的に含んでおり，非現実的な仮定を含んでいるという理由だけでモデル分析を嫌うのは，モデル分析に対する単なる誤解である。仮定を非現実的と批判する者は，前述の愚かな批判をしているのか，後述の建設的な批判をしているのかを自問する責務を負っている。

3　なぜ経済学者は合理性の仮定にこだわるのか？

　経済学の（全てではないが）多くの論文では人間の合理性が仮定されている。経済学を学んだ多くの人が最初に思う疑問・批判は「人間は経済学が想定するほど合理的か？」というものである。合理的な人間を仮定する理由は，(1)人間は多くの人が誤解している程には非合理的ではない，あるいは，(2)人間は間違って非合理的な行動をしたとしても徐々に修正するはず，と経済学者が信じているから，という2点も無視できない。しかし最も基本的な理由は，(3)「合理性の仮定はベンチマークとして重要」だからではないかと私は考えている。

　合理的な人間の行動はピンポイントで予測しやすい。逆に人間は非合理的であると仮定したとしよう。すると人間のおよそどんな行動もこの仮定と矛盾しない。これは，人間が非合理的であると仮定するだけでは予想可能性がほとんどないことを意味する。重要なのは「人間が非合理的である」と主張することではなく「どう非合理的なのか」をきちんと考えることである。仮にエレベー

タの設計で，大人の体重を70kgと仮定し，定員を5人と表記することにしたとする。この仮定をやめ，大人の体重は70kgではないと仮定したとする。この仮定は現実の人間を見ればおそらく確率1で正しいが，しかし分析の出発点としては全く無意味な仮定である。人間は合理的でないという批判は，前項の議論と同様に，どんな愚かな人でもできる批判だが，それだけでは全く無意味なのである。合理性の仮定の下で人間の行動が特定できれば，実際の人間の行動と合理的な人間の行動の乖離にどのような傾向があるかを議論・分析することができる。実際にこの発想は行動経済学という名で経済学に急速に取り入れられつつあり，「限定合理性」という考え方が法と経済学の分野でも応用されはじめている。しかしこれらの分析も，合理性の仮定の下での行動がベンチマークとして存在していてはじめて意味をなす議論で，この意味でも合理性の仮定は重要である。

4 なぜ経済学者はやたらと数式を使いたがるのか？

経済学を嫌いになる大きな原因の一つに（同時に好きになる大きな理由の一つでもあるのだが），「やたらと数式が出てくる」というものがある。実際，数理経済学の論文でなくとも，法と経済学の論文を含めて多くの応用系の経済学の論文でも数式が使われている（私は例外的に数式を使わない部類に属する経済学者ではあるが，それでも現時点で英文査読誌に掲載あるいは掲載予定の33本の論文全てで複数の数式が出てくる）。なぜ経済学者はこうも数式を使いたがるのだろうか？既に説明したように経済学の分析ではモデルを使う場合が多い。一定の仮定を置き，そこから必然的に導かれる結果を導出することになる。私は，このプロセスをすべて自然言語で語り，すべての人が内容を正確に理解し，全ての人が（仮に賛成ではないとしても）その論理に納得するのが理想的な姿だと思っている。これが常に可能であれば，経済学の論文であっても数式などいらない。しかし実際に込み入ったモデルになると，自然言語だけでこれを達成するのは難

しい。

　仮定→結果のプロセスが全て自然言語で書かれる場合に，論理が破綻している（その仮定からその結果は出てこない）のにもかかわらず，本人がそのことを理解できない，論理が破綻しているのにもかかわらず，巧みなレトリックで聞いている人がみんな騙される，あるいは，論理が破綻していないのにもかかわらず，いつまでたってもそれを理解できない人がいる，といったことが起こりえる。更に最後の可能性を完全に避けるために丁寧に説明していけば，議論がまどろっこしくなって多くの読者にはむしろ分かりにくいものになってしまう。これに対して，仮定→結果のプロセスが全て数学言語で書かれていれば，基本的には結果が正しいか否かを客観的に確認できる。その結果，仮定が妥当か，結果をどう解釈すべきか，といったより本質的な問題に議論を集中することができる。これが応用系の経済学の論文ですら数式が多用される理由である。

　既に説明したように，多くの応用系の経済学の論文は，論理的な破綻・誤りがないことを示すために数式でモデルを記述し，結果を証明している。しかし同時に，なぜその結果が得られるのか理解できるように，自然言語で直観も説明している。理想的には，自然言語による説明だけでも論文の全体像を多くの人が理解できるように書かれているのが応用系の良い論文とされている。したがって，経済学者が書いた法と経済学の専門論文を読む際にも，数学の素養がある方が有利だが，なくても理解できるように論文は書かれている（はずである）。法と経済学の議論を理解するのに数学に不慣れなことは大きな障害にはならない。

5　なぜ経済学者は普遍性にこだわり，文化や歴史的背景を軽視するのか？

　経済学の論文はしばしば文化的・歴史的背景を無視して，何でも一つのモデルで説明したがる，という批判的な感想を述べる者も多い。しかし，経済学者は歴史的背景を無視しているわけではない。現に，経済史の研究が経済理論に

影響を与えた例は多い。ただ,経済学者は相対的に「文化」や「歴史」の違いで現実を説明するのを好まない傾向があり,この点では上記の批判は的はずれとは言えない。

例えば米国の訴訟率は日本のそれよりも大きいという事実が確認されたとする。これを出発点にして起こる典型的な研究の発展として,以下のような3つのパターンがしばしば見られる。(a)これが本当に事実かデータを使って検証する。(b)米国や日本以外がどうなっているのか周辺の事実をデータで探る。(c)なぜ訴訟率に差が出るのかの理由を探る。ここでは3番目の研究を考えてみる。

なぜ訴訟率に差があるのかに対する最も手っ取り早い説明は,日本と米国では文化が違うからという説明である（文化説）。日本人は争いごとが嫌いだから,裁判沙汰にするのを好まないから訴訟率が低いという主張である。仮に21世紀後半に日本の訴訟率が急上昇したとする。これに対しては「日本人の文化が変わったから」と説明できる。文化が違うという説明は,一見事実を説明できているように見えるが,この説明は全くナンセンスである。文化による事実の説明は,事後的にどんな事実でも説明できる単なるトートロジーにすぎない。経済学者はこの手の安直な説明をすごく嫌う。その結果,他の説明のできる仮説をたて,モデルを作り,最も説明力の高いものはどれかを巡って理論の競争が起きる。単なるトートロジーを嫌うだけで,経済学者が文化の違いの存在を無視しているわけではないのである。

6 存在するものは合理的である？

法と経済学の論文では「長く存続している,一見不合理あるいは非効率的な特定のルールが,実は合理的で効率的である。」事を証明することを目的としている論文が存在する。この背後には「存在するものは合理的である」という発想がある。私は,ルールとして定着し一定期間以上影響力を与えている判例は,(全てでもなくほとんどでもないとしても) 多くの場合経済学的に見て正当化

できる効率的なものであると考えている。現実に日本において裁判官が経済学をよく学び，経済学の道具を使いこなして判決を書いていると考えているからではない。理由は以下の3つである。

(1) 非効率的な判例は多くの紛争と裁判を誘発し，判例変更へのプレッシャーがかかるので，おかしな判例の規範効果は長続きしない。

(2) 非効率的な判例は法改正へのロビーイングの誘因を増し法改正によって判例が無意味になる。

(3) 弊害の大きな判例は，その判例が適用されないような契約の作成などのイノベーションを促し，その結果判例が無力化され影響力がなくなる。

一言で言うと，ひどい判例はそのうち淘汰されルールとしての機能を果たさなくなるということである。

いうまでもなく，存在する判例・ルールが全て合理的で効率的とはじめから決めつけたら法と経済学が存在する意味がない。実際，非効率的なルール・状況が存続し続ける様々なメカニズムが存在することが知られている。[8] 一見変に見える判例・ルールも，ここまで長く存在してきたからには何か合理的な根拠があるかもしれないと考え，まず最初にこの合理的な根拠を探り，その上で代替案と比較し，もしより効率的なルールが存在することが判明すれば，なぜそれが普及しないのかを考えるというのが標準的な法と経済学の論文のスタイルで，その結果として，合理的な根拠を探る段階の論文が多くなる。この手の論文が多いからといって，この分野の研究者が「存在し続けてきたルールは合理的である」と決めつけているわけではない。

Ⅳ 終わりに

本稿では，ミクロ経済学の体系をごく簡単に概観し，引き続いてその基本的な発想を説明した。本稿の最大の目標は，法と経済学に対する誤解を少しでも

減らし，経済学への不信感をなくすことにある。これに本当に成功したかどうかは心許ないが，うまくいかなければ何度でも例を変え，説明の仕方を変えてこの問題に取り組む責務が経済学者にはあると思っている。更に私の切なる願いは，日本中の法学部の専門科目にミクロ経済学の講義が組み入れられ，ミクロ経済学の基本的な道具が4単位かそれ以上の時間を使って教えられ，法学教育を受けたすべての学生が，経済学的な発想に適切に触れる機会を持つようになることである。私の生きている間にはとても実現しそうにないが，もし実現したとすれば今度は教える者も相当な覚悟を持つ必要がある。経済学を専門としない学部の教育で，ミクロ経済学の全体像を説明することなく，いきなり無差別曲線を書き始めたり，費用関数，生産関数の微分を始めたりという旧態依然の教育を始めたら，経済学嫌いを量産するだけの結果に終わるであろう。「法学者はもっと経済学を学ぶべきである」と声高に主張する前に，我々経済学者は貴重な機会が与えられたときにどのように対応するのかをきちんと考えておく必要があるのかもしれない。

(1) パレート効率性については後述する。
(2) 経済学者の多くは「独占禁止法はこの種の不完全競争に伴う非効率性の問題に対応するため（だけ）の法律である」と思い込んでいるので，この分野の法学者の議論の大半を，その出発点から理解できないという悲劇的なことが起こる。
(3) この傾向が比較的はっきりしている教科書として Easterbrook and Fischel (1991) が挙げられる。
(4) Aghion et al. (1994) 等を参照されたい。
(5) ほんの一例として David (1985), Gorton and Mullineaux (1987), Greif (1993) などがある。
(6) 日米の訴訟率の差を巡る分析については例えばラムザイヤー（1990）の第2章を参照されたい。
(7) 実際に歴史上の些細と思えるルールとその変化に注目する論文は存在する。例えば Matsumura and Ryser (1995) を参照されたい。
(8) 有名な例はネットワーク効果，coordination failure と呼ばれる議論である。Matsumura and Ueda (1996), 藤田・松村（2005）及びそこに引用されている論文を参照せよ。

引用文献

Aghion, P., Dewatripont, M. and Rey, P. (1994) "Renegotiation Design with Unverifiable Information." *Econometrica,* 62 (2), 257-282.

David, P. (1985) "CLIO and the Economics of QWERTY." *American Economic Review,* 75, 332-337.

Easterbrook, F.H. and Fischel, D.R. (1991) *The Economic Structure of Corporate Law.*

Gorton, G. and Mullineaux, D.J. (1987) "The Joint Production of Confidence : Endogenous Regulation and Nineteenth Century Commercial-Bank Clearinghouses," *Journal of Money, Credit and Banking,* 19, 457-468.

Greif, A. (1993) "Contract Enforceability and Economic Institutions in Early Trade : The Maghribi Traders' Coalition" *American Economic Review,* 83, 525-548.

Matsumura, T. and Ryser, M. (1995) "Revelation of Private Information about Unpaid Notes in the Trade Credit Bill System in Japan," *Journal of Legal Studies,* XXIV (1), 165-187.

Matsumura T. and Ueda, M. (1996) "Endogenous Timing in the Switching of Technology with Marshallian Externalities," *Journal of Economics (Zeitschrift für Nationalökonomie),* 63, 41-56.

藤田友敬・松村敏弘(2005)「社会規範の法と経済―その理論的展望」『ソフトロー研究』59-104.

マーク・ラムザイヤー(1990)『法と経済学―日本法の経済分析』(弘文堂)

(東京大学社会科学研究所助教授)

論　説　「法と経済学」の諸相

独禁法における「法と経済学」

川　濱　　　昇

I　序　論
　1　独禁法における経済学の利用の現状
　2　実定法学と法と経済学の関係
　　　——法の内的視点にとっての「法と経済学」
II　独占禁止法における経済分析の特徴
　1　利用の形態——司法事実レベルでの有用性
　2　立法事実レベルでの経済学利用
　　　——他の法分野に比べて特に有用なのはなぜか？
III　反トラスト法における経済分析の受容のプロセス
　1　最近の経済分析の利用の拡大の経緯
　2　法廷経済学の重要性
　3　理論か事実か
　4　経済的経験則の位置づけ
IV　ケーススタディ——不当廉売を例にとって——
V　結　語

I　序　論

1　独禁法における経済学の利用の現状

　経済法の中核である独禁法に経済学が影響するのは当然のように思われるかもしれない。経済学の一分野としての産業組織論の主たる研究対象は独禁法の規制対象でもある。そもそも，産業組織論という分野が1940年代から50年代にかけて定着する原動力となったのも独禁法（反トラスト法）への公共政策的な関心からであったではないか。[1]「ゲーム理論による静かなる革命」[2]を経た今日

では，伝統的な産業組織論の対象の多くは，標準的なミクロ経済学の教科書の話題となっている。理論的産業組織論や新経験的産業組織論の活発な研究を見ると，それらが影響しないはずがないと感じられるかも知れない。

実際，独禁法の法実務での経済学の利用は，米国では非常に盛んである。特に1980年後半以降，反トラスト法における経済学の利用はめざましいものがある。シカゴ学派「法と経済学」の代表者R・ポズナー判事は，「反トラスト法は応用経済学の一分野」になったとまで極言する[3]。逆に，シカゴ学派批判で有名なL・サリバン教授でさえ「今日では，反トラスト法に関心のある者は経済的な考察を行わなければならない。有能な反トラスト法律家は経済学の強さとその多様性とその一定の限界を理解しなければならない[4]」としている。独禁法における経済学の利用は，その目的をもっぱら効率性と考えるのか社会的目的を含むと考えるのかといった価値の問題とは無関係に当然のことと考えられるのである。

EU競争法でも経済分析の重要性は高まっている。垂直的制限，非ハードコアカルテル，合併規制等の分野で顕著な影響を与えているし，従来経済分析が十分におこなわれてきたとはいい難い82条の分析にも影響を与えはじめている[5]。競争法実務を念頭においた経済学的なテキストも増大している[6]。

わが国でも経済分析の重要性は広く認識されている。ただし，法実務で明示的に経済学的議論がなされることは少ない。これは，いまだに正式事件が入札談合のようなハードコアカルテルに偏っていることの反映なのかも知れない。しかし，事前相談事例やガイドラインなどで経済学的に周到な議論を展開したことを伺わせる例も増えつつある。なによりも，経済学的分析が明示的に行われていない場合であっても，なんらかの経済学的な経験則が利用されている例が多いことは明らかである[7]。

ここまで，経済学の独禁法への影響という表現を，その意味を確定することなく用いてきた。法外在的な研究が，法にどのような形で影響するのかを明確

に示す必要がある。特に，他の「法と経済学」の部門では法実務への影響はあまりなさそうだし，そうすべきだという議論もさほど有力ではなさそうである[8]。独禁法は，経済に関する法律なのだから経済学が影響するのは当然だと素朴に理解する向きもあろうが，まず2で実定法学と法と経済学の関係を眺め，その上で，独禁法の特異性をIIで概観する。

2　実定法学と法と経済学の関係——法の内的視点にとっての「法と経済学」

　法と経済学は最大公約数でとらえるなら，経済学の手法で法的制度の解明を行う一連の研究と言うことになろう[9]。経済学の手法でというのは，制度に関与する主体が合理的選択を行うという前提で，法の機能や法律制度の生成などを分析することを基本的な手法としていることを意味する。このような，法と経済学が，法学研究者や実務家にとって意味あるものと言えるのは，一つには，法の規制対象たる生活事実への「理解」の一手段としてであるが，より重要なのは，法と経済学が規範定立のための目的＝手段連関のための知識を与える点である。法と経済学を法学にとって重要と考える論者は究極的には後者を重視しているはずである。

　解釈によって準則や基準を導くにあたって社会全体に与える影響を考慮して一定の帰結をもたらすことが意図されるべき場合に，目的＝手段的分析は不可欠である。法と経済学の実践的関心の中心は，準則定立にあたり，体系的に帰結の予測を与えることを意図した作業にある。目的手段的分析を前提にした規範形成を行うにあたって，いわゆる立法事実（legislative facts）が不可欠である。立法事実はわが国では憲法訴訟のコンテクストで注目される傾向があるが，狭義の立法にかかわらず，規範形成のための前提事実一般を指す[10]。すなわち「ある法命題を，それが妥当しあるいはしない場合に生ずる副次的効果を斟酌することを含めた，広い意味での目的手段連関において根拠付けあるいはその逆に働く事実命題[11]」のことを言う。

しばしば，法と経済学はせいぜい立法論にかかわるに過ぎないといった評価を耳にする。このような誤解を避けるために確認しておくが，上述のように立法事実は立法の際に前提とされた事実だけを意味するのではない。法の継続形成が行われる際に，目的手段図式にしたがった考慮がなされる場合には，必要とされるのである。[12]

　法の継続形成において，目的手段連関の分析が必要となるのはいかなる場合であるかは分野において異なっている。さらに，とりわけ法と経済学が重視している効率性を目的に法の継続形成が行われるのは限定的な場合ではないかというのが法学における法と経済学への懐疑的な立場の重要な論拠とされてきた。効率性を重視する論者が法と経済学を標榜する論者に多いことは確かだが，そのような立場に限定されるわけではない。もっとも，経済分析が効率性の観点からの評価に親和性があることは否定しがたいことではあるが。

　さて，独禁法への経済学の影響はこの立法事実レベルでの影響を念頭において語られることが多いが，実はそれにとどまらない。Ⅱで，独禁法における経済分析の特徴を概観し，Ⅲで米国を素材に，利用の実際を見ることにする。

Ⅱ　独占禁止法における経済分析の特徴

1　利用の形態――司法事実レベルでの有用性

　経済学の利用に関して，独禁法が他の法律分野と大きく異なるのは，具体的な争訟の場での立証に経済学の知見が必要な場合が多いことである。特に，独禁法で規制される行為は通常それらが競争へ悪影響をもつ場合に規制される。ある行為が法の要求する反競争効果をもつか否かを判断するには，経験則に依拠せざるを得ない。かような経験則は経済学に裏打ちされたものである必要がある。例えば企業結合が「一定の取引分野における競争を実質的に制限することとなる」か否かを判断する場合を考えよう。これは，市場支配力が形成・維持・強化されるかという問題である。また，市場支配力とは競争状態に比べて

自己に有利に価格その他の取引条件を設定する地位のことである。このような，市場支配力の形成・維持・強化がありそうか否かを，結合当事会社の状況，市場の諸条件といった具体的な事実から判断するには，合理的な経済的経験則に依拠せざるをえない。他の法律分野で「法と経済学」が法的実践と関わりを持つのは多くの場合は立法事実レベルでの話であるが，独禁法では要証事実を認定する際の経験則として経済学が重要な意味を持つ。

　ここで経済学的な経験則といっても特に専門的な場合もあれば，ごく常識的な場合もある。たとえば企業は多くの場合は利潤を最大化するべく行動するとか，市場シェアがごく小さい企業は特段の事情がない限り市場支配力を有することはないといったものである。ごく初歩的なものであれば，取り立てて経済学の専門的知見を意識する必要はない。わが国の正式事件の多くは，価格協定や入札談合を中心とするいわゆるハードコアカルテルであり，それが反競争効果をもつことを判断するには，特に専門的な経済学的知見を必要とするわけではない。ただし，その場合も判断の背景に経済的な経験則が関与しているのである。ごく常識的なものであっても経済学的知見を抜きにして，行為の評価を行うのは困難である。企業が利潤を追求するという経験則から，ある事件でのかかる行為はこのような効果を持つはずだとか，あるいは他の企業の反応はこうなるはずだから競争への影響はこうなるといった推測がなされるのである。司法事実レベルでの利用は，問題とされている行動の結果として反競争効果が発生しているか否かの立証やその前提としての関連市場の画定にのみかかわるのではない。たとえば，ある慣行が私的独占の排除行為と評価されるべきか否かを判断する際には，当該排除行為が，競争秩序の観点から見て正常な（効率に基づいた）排除といえるのか，それとも反競争的なものか否かといった問題がかかわる。それには経済学的知見が必要な場合も少なからずある。さらには，不当な取引制限における共同性の立証に際して経済学の利用が図られることもあり得る。当事者の行為が共同性を前提にしないとおよそ合理性がないの

か，それとも単独であってもあり得る行為であったかということに関してゲーム理論家の専門家証言が用いられた例も見られる。また，最初に述べた欧米の独禁法運用における経済学の活発な利用も，そのかなりの部分は司法事実のレベルでの専門的な知識の提供にある。

2 立法事実レベルでの経済学利用──他の法分野に比べて特に有用なのはなぜか？

独禁法では，規制対象となる行為の概念を非常に広範にとらえ，反競争効果で絞り込むという方式がとられている。かような一般条項型規範においては，個別的に反競争効果を認定するとともに，それらを分節化した準則を定立していくことが法解釈の任務となる。したがって，裁判所を通じた法創造機能が発揮される余地が大きい。米国では反トラスト法の法発展をコモンローと同視し，裁判所の法創造機能が重視されてきたことは周知の通りであるが，同様の展開はEU競争法の歴史においても見られる。私的独占，不当な取引制限，事業者団体規制のような行為要件が民法709条に比すべき一般性をもっている条項のみならず，比較的詳細に行為が定義されているように見える不公正な取引方法においても，それぞれの条項で潜在的に包摂可能な行為は非常に広範であり，審決・判例による準則形成が期待される。かような準則の定立に当たっては，それが現実にもたらす効果についての理解が重要な意味を持つ。特定の行為類型について，追加的にどのような要素があれば，一定の状況下で反競争効果が発生しそうか，あるいは逆に追加的にどのような要素があれば反競争効果が発生しそうにもないかについての，経験的知識に依拠して，一定の推定則なり，一般条項のもとで分節化された準則を定立していき，法の細部を明確にすることは，判例ないし審決例に期待される機能である。このように，不確定・抽象概念の補充における法の継続形成による規範形成においては，立法事実レベルでの経験則は重要な意味を持つ。[13]

例えば，東洋精米機事件で東京高裁が排他条件付取引に関して示した立証ルールを例にとろう。そこでは，「一般に一定の取引分野において有力な立場にある事業者がその製品について販売業者の中の相当数の者との間で排他条件付き取引を行う場合には，その取引には原則的に公正競争阻害性が認められるものと見て差し支えない」とした上で，「既に各販売事業者が事実上特定の事業者の系列に組み込まれており，その事業者の製品だけしか取り扱わないという事態になっているなど特段の事情が認められる場合は，排他条件付き取引に公正競争阻害性が認められないとされる余地がある」とする，ここで示された評価根拠事実と障害事実の割り振り方については強力な異論が存在するが，このような判断をするには何らかの経済的経験則が背景に存在するはずであり，これへの異論は経済的経験則を明示して論じるべき事柄となるのである。

　さて，独禁法における法の継続形成において，その評価基準は経済学と親和性をもつことは明らかであろう。反競争効果としての市場支配力の形成・維持・強化は，経済学分析になじみやすい。また，効率性が独禁法の唯一の目的であるか否かは諸外国でも争いはあるし，わが国では否定的に解されるのが通例であろうが，それは独禁法によって達成される重要な目的の一つであろう。さらに消費者の利益が，独禁法が達成すべき最重要の目的であることについては，わが国でも異論は少ないものと考えられる。これらのいずれもが，経済学的評価と親和性をもったものである。

　また，一見経済学的評価になじみにくい価値が評価基準になっている場合でも経済学的分析は有益である。法的介入がもたらす帰結の予測がそのような目的達成に介入が有効か否かを判断するのに有益なのである。例えば，米国で，垂直的制限の規制の目的について，中小企業の自律性の確保が重要な目的だとされていた時代があった。その場合，かような規制が結果として中小企業の自律性を促進するのか，かえって大企業の垂直的統合を促進するのかは，経済的な分析によって評価することが可能である。

法の継続形成において経済分析が重要な役割を果たすとしても，その知見はどのように獲得されるのだろうか。裁判所に積極的な法創造機能を期待する場合，これが常にボトルネックとなるが，独禁法の場合は，先に述べたように，「一定の取引分野における競争の実質的制限」をはじめとして司法事実のレベルで経済的経験則が必要であり，それによって経済的知識が独禁法のコミュニティにとって共有され，法の継続形成に必要な立法事実レベルでの経済学的経験則が蓄積可能になるのである。

独禁法における経済学利用のこれらの特色が，現実にどのように絡み合っているのかを米国反トラスト法を材料に検討しよう。

Ⅲ 反トラスト法における経済分析の受容のプロセス

1 最近の経済分析の利用の拡大の経緯

米国反トラスト法における，1970年代半ばからの傾向は，行為の外形から反競争的と断定される当然違法原則の領域が縮減し，合理の原則の適用領域が広がったことである。垂直的非価格制限への合理の原則の適用，当然違法となる垂直的価格制限の領域の縮減，さらに抱き合わせ取引や共同の取引拒絶における当然違法となる領域が縮減されたことなどがすぐに思いつく。また，合併規制においても，集中度とシェアに基づく推定則の射程が縮減してきた。排他条件付取引における量的実質性基準の後退も同様である。

これらの慣行の多くについてシカゴ学派から「当事者の合理的選択を仮定すると反競争的となりえない」という主張や，合併規制についてはそれが依拠するかつての構造・行動・成果パラダイムに十分な経験的根拠がないという批判がなされてきた。これらの批判を受ける形で多くの慣行について，個別的に反競争効果の立証を要求する合理の原則が採用されることになったのである。当然違法原則は，いうまでもなく「その性質及びそれから必然的に生じる影響が反競争的である蓋然性が極めて高く，そのため事業について詳細な吟味を行う

事なく違法とできるもの」に関するものである。裁判所は，経験によって，ある種の制限を合理の原則により違法と確信をもって予測できるようになったときには，そうした制限を反論の余地を与えず不合理と推定してきた。当然違法原則がいったんある領域について確立すると，当該領域についてはもっぱらその原則の妥当する行為類型に該当するか否かが争点となり，法廷における経済学の利用はそれほど重要ではなくなる。しかし，合理の原則のもとでは，関連市場が何であり，そこで反競争効果が生じるかどうかが重要な争点となる。それだけ，法廷における経済学の利用が強化されるのは当然のことであった。専門家証言の利用などを通じて司法事実レベルでの経済学の利用が拡大されるのは必至である。これは，いわば判例法の変化にともなう，需要サイドの変容であるが，判例法の変化した1980年代は，供給サイドである経済学でも法廷での利用に都合の良い形で技術革新が行われた。合理の原則は，市場の具体的コンテクストで反競争効果の立証を必要とする。この時期に発展してきたゲーム理論を利用した新産業組織論は，このような具体的コンテクストで個々の慣行がもたらす効果の理論的予測を行うのに適している。また，新経験的産業組織論と呼ばれる産業組織論の実証面での展開は，計量経済学の技術革新を利用して，具体的なコンテクストで市場支配力の直接的測定や需要曲線や費用曲線の重要な特性を計測することを可能にした。これらの技法は，行政過程や司法過程で司法事実を立証する道具として直ちに受容されたわけではないが，それらが洗練され専門家集団で標準的な手法とされるにつれ徐々に浸透したのである。

2　法廷経済学の重要性

　法解釈論に直結する立法的事実レベルでの経済学の利用とは違って，司法事実レベルでの立証活動に必要な専門的経験則としての経済学の利用が普及したのである。これらを特に，「法廷経済学」（forensic economics）と呼ぶこともできる。これはいわば法医学的な経済学である。独禁法における経済学利用の近

時の特長は法廷経済学の普及にある。

　法廷経済学というと，統計学ないし計量経済学を利用した経験的研究を想起される方も多いと思われるが，理論的な知識も利用される。理論と経験的研究の融合した，もっとも華々しい法廷経済学の成果としては，合併シミュレーションを挙げることができよう。

　差別化された市場における単独行為による競争の実質的制限が独自の問題を有することは1992年の米国の合併ガイドライン(23)以来，よく知られるようになってきた。密接な代替関係にある製品（局地化された競争）を販売する事業者が合併した場合，同質財における合併のような集中度，シェアを軸にした反競争効果分析とは異なった側面がある。この場合，合併当事会社間で競争するインセンティブの低下のみならず，他の競争者のインセンティブへの影響も含めて，競争がどのように変貌するのかをとらえなければならない(24)。合併シミュレーションはこのタイプの反競争効果の存否を判定する手法である。

　これは差別化された市場の参加企業が，市場参加者が自らの利潤最大化を目指して価格引下げ競争を行っているという前提で，市場が均衡状態（ベルトラン＝ナッシュ均衡）(25)にあるものとして合併の効果を推定するものである。各企業の個別需要曲線と費用を推計し，それを所与として合併後に想定される均衡価格を求め，合併前の均衡価格と比較することによって，合併による競争緩和のせいでどの程度価格が引き上げられるかを推測するのである(26)。かつては困難とされていた需要及び費用の推計を可能にする統計的データの整備と信頼できる計量経済学的テクニックの発展がこの基礎にある。同時に，合併当事企業の行動様式についてのゲーム理論による成果にも基づいている。これらの進歩を踏まえて1990年代半ば頃から米国の反トラスト当局が利用し始め，著しい進歩を(27)遂げたのである。今日では，規制当局のみならず，合併当事会社側代理人も含めてそれに習熟し始めている(28)。この技法は，EU の競争法コミュニティにも普及している(29)。EU の2004年の新合併規則(30)が，合併規制基準について従来の支配

テストから有効な競争阻害基準に変えたのも，非協力ゲーム理論を用いた差別化された市場における市場支配力をもたらす合併が規制対象であることを確認するためであり，合併シミュレーションの手法を高く評価したがゆえのことである。理論的産業組織論については，ゲーム理論を多用することから，あまりに理論的であり実際には使えないという批判が一部に見られるが，合併シミュレーションはゲーム理論が法廷経済学のコンテクストでも利用可能であることを示している。なお，わが国の2004年企業結合ガイドラインは差別化された市場における単独行為による競争の実質的制限の問題を特に取り上げている。これは，米国及びEUのガイドラインと同様の立場をとったものと言える。わが国では合併シミュレーションの手法が実務で利用されたことはないが，この手法に習熟した経済学者や実務家も存在し，その普及が期待される。

　法廷経済学の拡大は，当然のことながら専門的経験則を裁判所（あるいは陪審）がいかにして適切に評価するかという問題を引き起こす。米国ではダオバート判決以降，専門家証言の品質管理を裁判所がどのように行うかという問題意識が鮮明になっており，反トラスト訴訟における経済学的証言についても盛んに論じられているが，別稿で詳述したのでここでは省略する。

3　理論か事実か

　このような法廷経済学の普及を，いわゆるシカゴ学派の影響と考える向きもあるかも知れないが，それほど単純な話ではない。シカゴ学派反トラスト法の代表者であり，判例法への影響も大きいR・ボーク元判事は，経済学の利用に関して経済学専門家の法廷における証言を通じた経路を考えていなかった。

　彼は次のように言う。「裁判官は経済学を専門家証言によって修得するのではなく，基礎的なミクロ経済学を理解することによって修得するのである。ミクロ経済学理論はわずかな経験的前提に依拠している。」「いったん若干の基礎的前提が受け容れられると，残りは幾何の証明のようにすすむ。」

合理的選択論と市場の諸条件についての仮定から，演繹的に議論を展開することによって，最終状態を予想できるのが，ミクロ経済理論の強みではある。しかし，市場について諸条件などの仮定が，現実と適合しているか否かが確認されないとこのような推論は価値を持たないはずである。別稿でも指摘したが，ボーク流の反トラスト分析では市場についての単純な仮定から，合理的選択理論の推論によって反競争効果をもたないことを演繹する点が特色である。フリードマンの実証経済学では，仮定の現実性を問題とせず予測が適切か否かを問題だとするが，ボーク流の経済学にあっては予測のチェックではなく，あたかも幾何学のような推論でもって，反競争効果を判断するのである。

　これは，合理的選択論による推論を万能の経験則として，規範形成の立法事実として駆使せよと言うことを主張しているものである。実際，ボーク元判事の主著では，効率性という目的に照らして，合理的選択論による証明を通じて，多くの規範が提唱されているのである。

　合理的選択論がどの程度リアリティを有するかは，認知能力の制限などから問題があるものの，少なくとも淘汰圧が働く場合には信頼度が高い。企業が利潤最大化を目指すという前提で事実を解明するのは基本的には正しい。しかし，市場に関する様々な仮定を極度に単純化して結論を出すのは早計である。シカゴ学派の判例に与えた影響も，実はボーク元判事の主張そのものに動いたわけではない。従来，当然違法とされた類型だが，シカゴの議論では当然適法とすべきものが少なからずある。ようするに，単純化されたモデルではおよそ反競争効果をもたないというのである。独占力をもったものがそれを梃子に他の市場で独占力を獲得し，利潤を増やせるはずはないという梃子否定論ないし独占利潤拡張不能理論に依拠した，抱き合わせ，排他条件付取引，垂直的取引拒絶分析などはその典型である。しかし，市場の状況如何によってはこれらの慣行は合理的選択論を受け容れても反競争効果をもつことを示せるのである。残念ながら，裁判官が幾何の証明のように立法事実に基づく規範形成を可能にする

万能薬はない[40]。

4 経済的経験則の位置づけ

さて，先述した経済学の利用の増大はもっぱら司法的事実に関するものと感じられるかも知れないが，そうではない。まず，2で言及した法廷経済学を通じて提供された経済学的知見の積み重ねが，反競争効果をもつ慣行を定型的に把握することを可能にする。これは，当然違法の理念的な成立過程に対応するが，それにとどまるものではない。完全にオープンエンドな分析を行う合理の原則と，特定の行為をカテゴリカルに禁止する当然違法は規制対象の両極である。一定の要件を満たすなら反競争効果が推定される類型や，一定の要件を満たさない限り反競争効果が存在しえないであろう類型など，様々なバリエーションが考えられるが，一般条項によって規制対象とされている行為の内から，それらの類型を析出するには，司法事実のレベルでの経済的知見の蓄積が必要なのである。さらに次の側面も注目に値する。司法事実に有益な経済学的知見のうち，特に重要なのは，一般性ある理論的な言明（経験則）である。ある種の理論的言明が裁判所に顕著なものとなった場合，あたかも法的三段論法の大前提のように，すなわち法と同様の機能を果たすことになる。経済的な経験則が判例法上，法源として機能するに至ることが反トラスト法ではしばしば見られる[41]。法源とは言えなくとも，定型的処理を可能にする判例準則を支えるものとして経済的経験則が利用可能となるかも知れない。もちろん，立法事実としても経済学問題となるとき，様々な経路が考えられる[42]。しかし，司法事実レベルでの経済的経験則に接することなしに，一足飛びに立法事実レベルでの利用ということは少なくともわが国では考えにくいのではなかろうか[43]。ところで，立法事実的に経済学が利用される場合，経済学の知見の正しさが直ちに法として反映されるのではない。競争にかかわる効率性をはじめとする様々な価値，手続的な制約などを踏まえて経済学が利用されるのである。

この複雑な絡み合いを,不当廉売を例にとって検討し,わが国での今後の検討の示唆を得ることにする。

Ⅳ ケーススタディ——不当廉売を例にとって——

不当な低価格販売が競争を害することがあるという基本認識は反トラスト法誕生の時期に既にあった。しかし,その違法性判断基準についてながらく混乱があった。1960年代の米国の判例法では,その危険性を過大視し,いかなる場合に低価格が問題とされるべきなのか明確な基準を示さないまま,企業の主観的意図などを重視した規制が行われてきた。[44] そのため,本当に競争を害するのか疑わしい場合も略奪的価格設定とされており,競争の保護ではなく競争者の保護であると批判されるような状況であった。

一時的に利益を犠牲にして,競争者を排除して独占力を獲得・維持する戦略としての不当廉売がいかなる場合に成立するのかは経済学の格好のテーマだった。この点は既に優れた研究もあり,[45] よく知られているので,簡単な説明にとどめるが,いわゆるシカゴ学派の懐疑論によれば,そもそも不当廉売によって競争が害された事例はなく,また理論的にもほとんどあり得ないことになる。買い手の合理的活動や排除される競争者以外の参入可能性などを前提とすると,その戦略が合理的戦略として成立することはないという主張が有力となり,1970年代後半にはそれが法学コミュニティでも受容されるに至った。[46] その後,1980年代に入って,ゲーム理論の発展を背景にシカゴ学派の理論に例外の多いことが明らかとなった。市場における情報の不完備性を導入することによって,実際に,略奪的な価格設定が成功する可能性が示されたのである。評判効果,費用についてのシグナリング,資本市場の不完全性の利用など多種多様な理論が展開された。[47] 今日の主流派産業組織論のテキストでは多くの頁がこれらの理論展開の説明にあてられている。[48]

反トラスト法の不当廉売規制は経済学の影響を受けたものであるが,これは

上記経済学理論の展開を直接反映したものではない。米国における判例法の発展の焦点は言うまでもなく，埋め合わせ基準と平均可変費用基準である。それぞれの基準と経済的な理解との関係を概観する。

(1) 埋め合わせ基準は，①反競争効果の発生しようもない状況をスクリーニングするための市場構造基準という理解もあるが，シカゴ学派の批判にもかかわらず，②略奪が反競争効果をもつ可能性を上記理論に依拠して示すことを要求したものという理解もできる。さらには，③文字通りに，後述する費用割れ販売によって被った損失を確実に回復することができるほどの規模の独占利潤（反競争効果とほぼ同値）が事後に生じることを要求しているものと考えることもできる。

いずれの理解でも，略奪的価格設定は滅多に起こらないという認識に基づいて，略奪的価格設定でないものを誤って略奪的価格としてしまう誤り（疑陽性）のコストの方が，略奪的価格設定をそうでないとしてしまう誤り（疑陰性）のコストよりも大きいことを理由に，埋め合わせの可能性を立証すべきことを原告側に要求する立場をとったものである。

後二者で理解された埋め合わせ基準では，略奪的価格設定についての理論的説明を要求したものであり，経済学を直接的に法運用に反映させようとしたものと理解できる。アリーダとホーベンカンプの体系書は，次のように言う。「一部の領域で反トラスト法が合理人仮説を組み込んでいる程度には特筆すべきものがある。実際，証拠が科学的または技術的でなければならないという考慮は他の領域においては一般的には，証拠が反証可能であることを意味する。反トラストにおける経済的証拠における科学的関心はしばしば，当該証拠が合理的行為者のパラダイムに適合するか否かである」とした上で，埋め合わせ基準は「『合理的な行為者』だけが略奪的価格設定違反に問われることになるというものである。経済学者のコミュニティにおいてさえ，人若しくは企業が常に合理的であるのかについては議論があり，常にそういうわけではないと言う

ことについて多くの逸話的な証拠がある。しかし，この独特の合理人仮説は，略奪的価格設定の法の一部となっているのである。それが事実として全ての事例を記述しているか否かを問わず，立証の本質的要素となっているのである。」としている。

これは，企業は合理的選択を行うのであるから，短期的損失が大きければそれを償うだけの確実性と規模をもった事後の超過利潤の説明があるはずであり，そのような合理的選択仮説に依拠した理論的説明を原告に要求するものだと考えられる。これが経済理論を法に組み込んだものと理解されているのである。特に，前述した③のバージョンでは，略奪的価格設定の排除効果が強ければ強いだけ，より強固な反競争効果を立証する必要が出てくる。企業が合理的選択をするはずだということを，一応推定するという立場（これはかなりの程度もっともらしい）なら，むしろ短期的損失の証明は，反競争効果のシナリオを補強する材料になるはずである。合理的選択理論の組み込みは，このような事実の問題ではなく，それに従った反競争効果を示す理論を提出せよというものになっているのである。埋め合わせ基準を「理論的」な説明要求と理解する立場は，理論フェティシズムとなりかねない。Ⅱ3で紹介したボーク流の裁判官による経済的推論という名の幾何的証明が要求されているのである。事実ではなく理論を優先するとして，「法と経済学」のフォーマリズム的傾向が批判されることがあるが，[51]これもその傾向の典型と言えるのかもしれない。[52]

(2) 平均可変費用基準はアリーダとターナー両教授が1975年論文で提唱したものである。[53]不当廉売を法によって規制しようとする以上，少なくともある価格が低すぎるというベンチマークが必要である。アリーダ＝ターナーは略奪的価格設定が合理的な戦略として成立するか否かはひとまず置いて，それが可能であるとして，どのような低価格であれば問題となるかを問いかけたのである。アリーダらの議論は，まず短期限界費用が理論的基準として相応しいと考える。その理由は，簡単に言えば次のようになる。短期限界費用を下回る価格はそれ

自体不効率である。また，それを行う企業にとっても利益となろうはずがなく，略奪的な動機が推認できる。逆に，価格を短期限界費用にまで低下させる競争は非難するにあたらない。このように，短期限界費用を理論的基準とした上で，それが現実に観察することが困難であることから，その代用品として，平均可変費用を基準とすべきだと主張したのである。この基準は瞬く間に米国の下級審裁判所に広がった。ただし，下級審裁判所では，平均可変費用未満の価格は原則として違法な低価格と言えるにしても，平均総費用未満の価格も，事情によっては略奪的価格設定たり得るのではないかという，限定つきのバージョンをとるものもあった。この基準は，EU競争法にも影響を与え，独禁法を有する多くの国で平均可変費用基準は普及していった。平均可変費用基準の採用は，それ以前の広範にすぎた不当廉売規制の基準を狭めるものであり，シカゴ学派以降の懐疑的な傾向とマッチしていると言えなくもない。しかし，シカゴ学派の議論では，費用基準を満たしたとしてもなお，反競争効果をもつかどうか疑わしいのに対して，こちらは競争者を不当廉売で排除することによって反競争効果をもつ可能性があることを前提にしているのである。他方，シカゴ学派の理論を批判する各理論で不当廉売が成立するには平均可変費用を下回る必要はない。略奪的価格設定が反競争効果をもつことを示す各理論での廉売は，独占力獲得の可能性がなければ，損失を生み出すしかない水準の低価格のことであって，ワンショットナッシュ均衡での価格水準を下回ったものということになる[54]。

　それでは，平均可変費用基準はいかに正当化されるのだろうか。まず，費用基準の正当化として，同等に効率的な企業に対する脅威によって説明することが可能である。従来，平均可変費用基準は短期限界費用の代用品として説明されてきた。しかし，平均可変費用基準の洗練されたバージョンとして短期の平均回避可能費用を用いると違った様相を帯びてくる。回避可能費用とは問題となっている財・サービスの供給を停止するなら被ることを免れる費用のことで

ある。この費用を下回る価格は既に市場に入っている企業が事業活動を継続しても利益にならないことを意味する。すなわち，これを下回る価格を続けることは，当該企業と同等に効率的な企業に対してその生存に即時的な脅威をもたらしかねない[55]。当該企業の効率性を反映せずに他の事業者の事業活動の困難をもたらす不当なものだということができる[56]。

　このような正当化は，少なくとも価格競争のあり方については，効率的な企業がその効率性のゆえに他者を駆逐しても非難するに値しないという，進化論的な展望にコミットしたものと言えるかもしれない。また，別個の正当化も可能である。理論的に問題視される不当廉売のベンチマークは，ナッシュ均衡での価格だがそれを観察することは容易ではない。それを基準としたのでは，競争的価格を略奪的と誤ってしまう危険がある。そこで，規制への安全マージンとして十分条件をつけたと見る考え方である。

　さらに次のような説明も可能である。略奪的価格設定の各モデルは，消費者の被害とは整合的かもしれないが，効率性の観点からは，不効率な企業の参入・存続の可能性があるため，この基準だけではその当否を判定できない。効率性にコミットした立場からは，この基準を採用する限りは，効率性改善の十分条件を充たすことになる[57]。

V　結　語

　IVでは略奪的価格設定という，もっともよく経済学的な分析が行われた排除行為を例にとって，米国の法の展開を材料に経済学的知見が法解釈にどのような形で影響するのかを簡単ではあるが検討した。そこで明らかなのは，経済理論が直ちに法的ルールを示唆するわけではなく，価格競争と淘汰を価値と見るか否か，消費者利益と効率性のいずれを優先するか，準則運用のコストをどう評価するかあるいは疑陽性と疑陰性のコストを手続的制約の下でどのように評価するのかといった，様々な実体的価値や手続的価値が関わってくることであ

る。また，理論の妥当性をどう評価するかも重要な課題となることが明らかになる。経済理論の形式的推論の魅力ゆえに，理論フェティシズムに陥る危険性もある。さらに，本稿では紙幅の関係で詳述しなかったが，理論的説明や経験的根拠について競合する理論があるとき，いかにして妥当性を判断するのかといった問題もある。わが国でも，司法事実，立法事実の双方について独禁法運用において自明ではない経済学の知識が必要となるなら直面する問題である。単に，正しい経済学を適用すれば足りるという問題ではないのである。

(1) 反トラスト法と経済学の歴史的な関係については，川濱昇「独禁法と経済学」日本経済法学会編経済法講座第二巻『独禁法の理論と展開Ⅰ』（三省堂・2002）39頁。
(2) 神取道宏「ゲーム理論による経済学の静かな革命」岩井克人・伊藤元重編『現代の経済理論』（東大出版会・1994）15頁参照。
(3) Richard A. Posner, The Problematics of Moral and Legal Theory 229 (1999).
(4) Lawrence Anthony Sullivan and Warren S. Grimes, *The Law of Antitrust : An Integrated Handbook*, 16 (2000).
(5) DG Competition discussion paper on the application of Article 82 of the Treaty to exclusionary abuses (2006).
(6) 例えば，Massimo Motta, *Competition Policy* (2004) や Simon Bishop and Mike Walker, *Economics of E.C. competition Law : concepts, application and measurement* (2d ed 2004) で，今日のEU競争法実務における経済分析の影響を知ることができる。
(7) これらの点については，川濱・前掲注(1)参照。
(8) 会社法や証券取引法などは例外である。
(9) 「法と経済学」の諸バージョンについては川濱昇「法と経済学と法解釈の関係（一）」民商法108巻6号1頁以下（1993）参照。
(10) 法の継続的形成のため基礎的事実については，法創造事実と呼ばれることもある（原竹裕『裁判による法創造と事実審理』（弘文堂・2000）277頁）。ここでは，そもそもの意味にしたがって (Kenneth C. Davis, "An Aproach ot Problems of Evidence in the Administrative Process", 55 Harv. L. Rev. 364 (1942))，両者の区別をしないで用いる。なお，Kenneth C. Davis, Facts in Lawmaking, 80 Colum. L. Rev. 931 (1980) も参照せよ。
(11) 山本克己「民事訴訟における立法事実の審理」『木川統一郎博士古希祝賀・民事裁判の充実と促進 下巻』21頁（1994）。
(12) 原・前掲注(10)133頁以下参照。
(13) 原・前掲注(10)278頁。

⑭　東京高判昭和59年2月17日，判時1106号47頁。
⑮　有力な事業者基準は正当なものと考えられるが，専売店制の並行実施を評価障害事実
　　とした点についてはミクロ経済学の標準的な知識を前提とする限り，疑問の余地がある。
　　効率性による正当化を広範に認めるシカゴ学派の論者であってさえ，並行実施によるア
　　ウトサイダーの困難さと同調的行動の危険性などを勘案して，むしろ反競争効果をもた
　　らす危険性の高い事情と考える。
⑯　*United States v. Topco Assocs.*, 405 U.S. 596 ,621(1972)
⑰　*Arizona v. Maricopa Cty. Medical Socy.*, 457 U.S. 332, 343-344 (1982)
⑱　共同行為の立証などに経済学が使われる場合もある。
⑲　代表的テキストとして Jean Tirole,*Theory of Indsutrial Organization* (1988) 参照。
⑳　新産業組織論，新経験的産業組織論の全体的なサーベイとしては，今でも *Handbook of Industrial Organization, Volume I, II,* (R.Schumalensee and R.D. Williged., 1989) が有益であろう。教科書としては，Stephen Martin, *Advanced Industrial Economics* (2d ed 2000) がまとまっている。
㉑　経験的テクニックのサーベイとして，Jonathan B. Baker & Daniel L. Rubinfeld, *Empirical Methods in Antitrust Litigation : Review and Critique,* 1 Am. L. & Econ. Rev. 386 (1999) 参照。
㉒　法医学になぞらえて法経済学と呼ぶことも可能であるが，法と経済学を法経済学と呼ぶ論者もいるので避けた。
㉓　U.S. Dep't of Justice & Fed. Trade Comm'n, Horizontal Merger Guidelines, § 2.2 (1992).
㉔　差別化された市場における市場支配力の問題（米国でいうユニラテラル効果）を独自のタイプの反競争効果ととらえることの意義については，川濵昇「独禁法上の企業結合規制の現状」一橋ビジネスレビュー53巻2号72頁，81頁参照（2005）。
㉕　ベルトラン＝ナッシュ均衡は，当該市場で一回限りの価格競争を行ったときに相手方の価格設定を所与に相互に最適になる価格を選択した状況で成立する均衡である。当該市場構造の下で，寡占的企業がもっとも活発に競争を行った場合を想定したものである。逆に言えば，合併シミュレーションは市場参加者がもっとも競争的に行動したという前提でもなおかつ反競争効果が十分に生じるような市場構造の変化をとらえるものと言える。差別化されたベルトラン＝ナッシュ均衡による合併の分析については，柳川隆・川濵昇編『競争の戦略と政策』（有斐閣・2006）136-138頁。
㉖　費用削減効果が存在する場合，それを勘案した上で価格効果を推計できるのもこのテクニックの特徴である。生産上の効率性改善効果を企業結合規制で勘案してよいか，勘案するとして，その際の比較衡量の基準を資源配分上の効率性と考えるか，消費者利益と見るかをめぐっては争いがあるが，米国，EUの企業結合規制では消費者利益の観点からの衡量を肯定する立場をとっている（川濵・前掲注㉔）。それを現実にどのように行うのか問題となる。この比較衡量がもっとも困難になる単独行為による市場支配力の

独禁法における「法と経済学」　117

(27) Gregory J. Werden and Luke M.Froeb, "The Antitrust Logit Model for Predicting Unilateral Competitive Effects", *70 Antitrust Law Journal,* 257 (2002) 参照。

(28) 合併シミュレーションで利用される計量的テクニックは，合併を攻撃する目的のみならず，それが反競争効果を有しないことを立証するためにも使える。

(29) Bishop & Walker, supra note (6) Chap. 10.

(30) Council Regulation (EC) No 139/2004 of 20 January 2004 on the control of concentrations between undertakings (the EC Merger Regulation) 2004, O.J. (L24) 1.

(31) 水平的合併ガイドラインでさらにこの点は確認されている。Guidelines on the assessment of horizontal mergers under the Council Regulation on the control of concentrations between undertakings 2004 O.J. (C31) 5, para 28-30.

(32) 泉田成美東北大学助教授らの研究に関して，公取委競争政策センターのホームページ参照（http:// www.jftc.go.jp/ cprc/ ws/30th.html)，さらに競争政策センター共同研究報告書「企業結合審査と経済分析」（2005）第三章13（丹野忠晋執筆），第四章Ⅳ（NERA株式会社担当）を参照せよ。

(33) この問題については，川濵・前掲注(1)62-64頁参照。

(34) Panel Discussion, Judicial Precedent and the New Economics, in Antitrust Forum 1983--Antitrust Policy in Transition : The Convergence of Law and Economics 5, 16 (Eleanor M. Fox & James T. Halverson eds. 1983) (statement of Robert Bork).

(35) 理論における仮定が現実と異なっているのは確かだ，複数の異なった理論があったとき，当該モデルが現実の本質的な部分をとらえていること（若干の変数の揺らぎにかかわらず，予想を大きく揺るがさない頑健さ）をもつことは必要である。もちろん，ここで理論の現実性を問題にするのが間違いだというフリードマンの実証経済学と科学哲学にかかる論争が関連性をもつが，この点について川濵・前掲注(1)64-66頁を参照。

(36) 独禁法における経済学利用の観点からのフリードマンの実証経済学概念の批判については，川濵・前掲注(1)64-65頁参照。

(37) 川濵・前掲注(1)56頁参照。

(38) この点については，川浜昇「法と経済学の限界と可能性―合理的選択と社会的規範をめぐって」（井上達夫他編『法の臨界Ⅱ　秩序像の転換』209頁-218頁（東大出版会・1999）参照。

(39) 独占理潤拡張不能理論については，柳川＝川濵・前掲注(25)189頁，255頁参照。

(40) このことは，ごく基礎的な経済学知識から，ほとんどの事例で反競争効果の存否が確定される事例がないことを意味するのではない。万能の推論道具でないといっているだけである。

(41) John E. Lopatka & William H. Page, "Economic Authority and the Limits of Expertise in Antitrust Cases", 90 Cornell L. Rev. 617 (2005).

(42) パウエル判事はロークラークから教えられて読んだ，シカゴ学派の論文の影響によっ

て，シルベニア事件の法廷意見を執筆したと言われている。Andrew I. Gavil, "A First Look at the Powell Papers : Sylvania and the Process of Change in the Supreme Court", *Antitrust,* Fall 2002, at 8, 9-11.

(43) 立法事実としての経済学がどのように獲得されるべきかは興味深い問題である。アミカスキュリエ，専門家証言，さらには専門機関としての連邦取引委員会（わが国では公取委）の位置づけなど検討すべき課題も多い。また，その際の手続的保障の問題も重要である。独禁法に限定されたものではないが，この点につき，さしあたり原・前掲注(10)227-316頁参照。

(44) *Utah Pie Co. v. Continental Baking Co.,* 386 U.S. 685, 697-98 (1967).

(45) 不当廉売をめぐる法の展開と経済理論の展開については，中川寛子『不当廉売と日米欧競争法』（有斐閣・2001）を参照。

(46) John S.McGee, "Predatory Price Cutting : The Standard Oil (N.J.) Case", 1 J.L. & ECON. 137 (1958); Bork,Richard, Antitrust Paradox 149-155 (1978).

(47) 簡単なサーベイとして，柳川＝川濵・前掲注(25)第8章参照。

(48) 例えば，Tirole, *supra* note (19) at 367-380 参照。

(49) 詳しくは，中川・前掲注(45)116頁以下参照。

(50) P. Areeda & H. Hovenkamp, Antitrust Law ¶ 309b (2d ed. 2001).

(51) 川浜・前掲注(38)217-220頁参照。

(52) もっとも，②のバージョンで，それぞれの反競争効果発生のストーリーに忠実に，構造的要因以外の事実を示させるというのは，疑陽性問題を重視したものと言える。他方，平均回避用基準を下回った場合には，そのような追加的な要因を示す必要がなく，むしろ構造的要因から反競争効果が生じる可能性がないことを抗弁事実として示させるのが妥当だという立場もあり得る（EU及びわが国の通説か）。

(53) Phillip Areeda & Donald F. Turner, Predatory Pricing and Related Practices Under Section 2 of the Sherman Act, 88 HARV. L. REV. 697 (1975).

(54) 古城誠「航空自由化と不当廉売規制」公正取引594号（2000）で言及している機会費用基準がこれに相当する。

(55) William J.Baumol,Predation and the Logic of the Average Variable Cost Test, 39 J.L. & Econ. 49 (1996).

(56) これは，市場に既に参入を終えた同等に効率的な企業に対する脅威を問題にしているが，新規参入等について考慮に入れる長期限界費用基準も意味を持ってくる。この点については，柳川＝川濵・前掲注(25)229-230頁参照。

(57) 他方，必要条件ではないから，不効率な企業が人為的に淘汰されないことで，全体としての効率性が改善される場合もあるのに，その可能性を排除する危険性もある。ここでも選択は疑陽性のコストと疑陰性のコストの比較と言うことになる。

（京都大学大学院法学研究科教授）

論　説　「法と経済学」の諸相

国際法における法と経済学

阿　部　克　則

I　はじめに
II　WTO に関する法と経済学
　　1　GATT/WTO ルールの経済的意義に関する研究
　　2　事実認定・立証に関する研究
　　3　WTO 紛争解決手続における実践
III　国際法の他の分野における法と経済学
　　1　国際慣習法の実効性に関するゲーム理論論争
　　2　国際人道法・国家管轄権論への応用の試み
IV　おわりに

I　はじめに

　本稿は，国際法の分野において，法と経済学の手法が現在どの程度浸透しているのかを検証し，その意義と課題を明らかにすることを試みるものである。国際法に関しては，競争法や会社法におけるような華々しい法と経済学の学説の展開はないが，近年，米国を震源地として徐々に研究が蓄積されつつある。本稿では，こうした動きを踏まえて，国際法の中でも法と経済学の手法と親和性の高い WTO 法の領域と，それ以外の国際法一般の領域とに分けて，具体的な先行研究を紹介しつつ検討を加えていきたい。したがって，本稿自体は，何らかの「法と経済学分析」を新たに行うものではない。

　法と経済学について方法論的観点から検討を加える場合，その研究方法の性質を基準として分類することがある。例えばキャス（Ronald A. Cass）は，国際法における法と経済学に関し，規範的分析，実証的分析，ゲーム論，公共選

択論に分類している。確かにこのような分類は，法と経済学の手法が果たす役割を捉える上で有効なものではあるが，ゲーム論は一つの分析道具でもあり，文脈によって規範的分析にも実証的分析にも利用しうるし，公共選択論も同じような性質がある。そのため，ある研究がいずれか一つに分類できるとは限らないと考えられるので，本稿では，むしろ具体的な問題に即して諸研究の検討を行うこととしたい。

また，法と経済学というカテゴリーの下に位置づけられる研究の境界も，それほど明確なものではないと思われる。例えばダノフ（Jeffery L. Dunoff）とトラクトマン（Joel P. Trachtman）は，経済学を希少性の条件の下での合理的選択行動に関する学問であると広く捉えるため，法と経済学による分析も伝統的な意味での市場における富の最大化問題にとどまらないとするが，他方で，WTO協定の内国民待遇条項の下で問題となっている二つの産品が，同種の産品かどうかを代替弾力性の概念を用いて分析することは，法学者が関与せずとも可能な研究であるから，法と経済学の中心的領域ではないとする。しかし，後者のような場合にも，法的概念が経済学分析の前提となっており，法律学の観点からの理解は不可欠であるし，また経済学分析によって得られた知見を法の具体的な解釈・適用においてどのように利用するかを検討することは法実務者・法学者の役割であろう。そこで本稿では，経済学の範囲を伝統的市場分析に限定せず広く捉えるとともに，そうした経済学的手法と法ないしは法学が接点を持ちうる場合を含めて，検討の対象とする。

以下本稿では，まずWTO法に関して，その経済的意義に関する研究，セーフガード協定の損害・因果関係要件の下での事実認定に経済モデルを用いる可能性，及び紛争解決手続の実務における経済モデルを用いた利益の無効化又は侵害の程度の算定について，次に，経済以外の国際法の分野に関して，国際慣習法の実効性に関するゲーム理論論争，及び国際人道法や国家管轄権論に法と経済学の観点を導入しようとする試みについて概観し，これらの研究・

実践の意義と問題点を探ることとする。⁽⁴⁾なお本稿で紹介する「法と経済学」の諸研究は，ここ数年で展開されてきた比較的新しいものであるが，網羅的なものではなく，その分類方法も筆者による一つの試みに過ぎない。また，法と経済学に対する一般的な批判の検討については，本稿の射程を超える。⁽⁵⁾その意味で本稿の目的は，国際法の分野における法と経済学の現段階での意義と課題について，筆者なりの評価を行い，今後の議論にとってのたたき台を提供するにとどまるものである。

II　WTO に関する法と経済学

1　GATT/WTO ルールの経済的意義に関する研究

自由貿易体制である GATT/WTO 体制が，自由貿易の利益を説く伝統的な国際貿易論を一つの理論的基盤としていることについては，国際経済法学においても一般に共有された認識であると思われるが，⁽⁶⁾明確な形で GATT/WTO ルールの経済学的意義を検討した研究は，むしろあまり多くはない。その点で大山の研究は，厚生比較定理に基づいて GATT/WTO ルールの経済的意義について正面から論じている。⁽⁷⁾大山は，国際経済の一般均衡モデルの枠内で，異なる二つの状況における経済厚生を比較したときに，一方の状況が他方の状況より経済厚生上潜在的に優れているといえるための条件（厚生比較定理）を導き，これを GATT/WTO ルールに適用した。⁽⁸⁾例えば最恵国待遇原則に関しては，同原則の下で各国は，任意の財の貿易に当たりすべての貿易相手国の中で最も低廉な供給国から優先的に輸入し，最も高価な需要国に優先的に輸出することを可能にするため，一定量の貿易を最も効率的に実行することができるが，このことは，任意の一国に上記厚生比較定理をあてはめることによって証明できるとされる。すなわち，ある一国について，貿易相手国ごとに差別的な関税を課す場合と無差別な関税をかける場合とを比較すると，当該国がすべての財について一定の貿易量を確保するという目的を達成するには，最恵国待遇原則

に従って無差別に関税を賦課することが最適であるという。また，大山は関税引き下げの相互主義に関しても，上記厚生比較定理を用いて次のように説明している。一国による関税引き下げが当該国の交易条件の不利化を通じて潜在的な経済厚生の低下を招くような場合に，当該国はむしろ関税引き上げへのインセンティブを持ち，各国が非協力的に行動してナッシュ流の非効率な関税均衡（囚人のジレンマ）に陥ってしまう可能性が高い。しかし，どの二国間においても関税引き下げが相互主義に基づいて同程度になされ，最恵国待遇原則が遵守されるとすれば，各国の対外交易条件にあまり変化はないはずであり，かつ貿易量増加による関税収入効果がプラスになることはほぼ確実である。したがって，最恵国待遇原則と相互主義による関税引き下げは，すべての参加国の経済厚生を高める蓋然性が高いといえ，貿易自由化交渉のルールとして優れているという。さらに，GATT/WTO が漸進的自由化を目指していることや，セーフガード，ダンピング防止税，相殺関税のような例外規定については，上記厚生比較定理では無視されている自由化移行過程における産業調整費用の軽減という観点から説明される。すなわち，急激な構造転換は，短期的には労働，資本など生産要素の産業間再配分に伴う調整費用を激増させるので，漸進的貿易自由化や例外規定はこのような産業調整費用を軽減するために必要であり，経済的に合理的なものとして評価できるという。

　他方で，上述のような国家の経済厚生を中心に据えた新古典派的理解では，GATT/WTO ルールが経済厚生の観点から望ましいといえない様々な自由化例外を認めていることが説明できないとして，公共選択論を用いる学説もある。例えばサイクス（Alan O. Sykes）は，一国の通商政策は国家の経済厚生ではなく，国内の利害関係者の政治的影響力を反映するため，政策決定者の政治的利得を最大化するように決定されるとし，次のように GATT/WTO ルールの意義を説明している。貿易自由化に際して政策決定者は，他国の自由化から利益を得ることとなる自国の輸出産業から主として政治的利得を獲得するが，自国

の自由化から利益を得ることとなる消費者は組織化の程度が低く政治的影響力も小さいので，政策決定者が消費者から得る政治的利得は重要ではない。逆に，組織化され政治的影響力の強い自国の輸入競合産業からの政治的利得は，貿易自由化を進めるほど減少していく。そこで，これらの政治的利得の総和が最大になることが，政策決定者にとっての最適な政策となる[12]。こうした政策決定プロセスの性質から，GATT/WTO の例外規定がなぜ存在するかを説明することができる。例えばセーフガードやダンピング防止税に関しては，発動国が自国の輸入競合産業を保護することで獲得する政治的利得が，輸出国が市場アクセスの機会を奪われることで自国の輸出産業から失う政治的利得を上回る場合に，全体として政治的利得は最大化されるので，そうした最適な政策を可能にするものだと考えられる[13]。

では，こうした研究は，どのような意義があるのだろうか。まず公共選択論に基づく研究に関しては，通商政策の決定プロセスと GATT/WTO ルールとの関係を説明する実証的分析方法としての意義は十分に認められるが，それを超えて，規範的主張につなげることには慎重になるべきであろう[14]。例えばサイクスは，政治的利得の最大化はGATTの趣旨目的と一致するとしているが[15]，そのことを明文化した文言は GATT/WTO 協定にはなく，国家の経済厚生という基準との関係も明確ではないので[16]，公共選択論から得られた知見を規範的分析としてWTO 法の解釈に用いることには，注意が必要である。

また，国家の経済厚生を中心に据えた新古典派経済学の観点からの研究は，国家は一方的に貿易を自由化すれば経済的にプラスになるのだから WTO のような自由化ルールは本来不要であるとか，逆に，WTO では輸出利益を相互に交換し且つ自由化の例外も数多く認めるなど単なる重商主義的取決めである，といった議論に対しては理論的に有効な反論となる。GATT/WTO の前文は，貿易の自由化による世界の資源配分の効率化を目的とすることを明確にしており，効率性を基準とした法と経済学は WTO 法の規範的分析としての意義も

有するといえよう。このような法と経済学の研究は、立法事実と司法事実の区別からいえば、WTO法におけるいわゆる立法事実レベルの問題として法学者も利用できる知見の一つであると考えられる。

しかし、効率性を基準とした法と経済学の知見も、規範的主張につなげる際には注意が必要である。例えば、WTOのダンピング防止税制度については、国内競争法の不当廉売規制に関する法と経済学的考え方をモデルとしつつ、効率性の観点から分析する研究（以下「競争政策説」という）があり、これらの研究は、現行協定のダンピングの価格基準は妥当性がないと主張するが、競争政策説が参照する米国の国内競争法においては、法と経済学の学説から、略奪的価格設定規制の価格基準について様々な見解が示されてきた。そのうち最も影響力が強く、判例形成にも重要な役割を果たしたアリーダ（Philip E. Areeda）とターナー（Donald F. Turner）の学説は、競争的価格と略奪的価格とを識別する価格基準は短期限界費用であり、実際には短期限界費用に関するデータの入手が極めて難しいため、便宜的に平均可変費用を代用し、これを下回る場合のみ略奪的価格設定として規制すべきだとする。他方、リチャード・ポズナー（Richard A. Posner）は、短期限界費用を上回る場合であっても長期限界費用を下回る場合、長期では同等かそれ以上に効率的な競争者を排除する可能性があるので、長期限界費用を価格基準とすべきであると主張した。そして実際には長期限界費用の算定が困難なため、バランスシート上の平均費用で代用することを認める。また、ジョスコウ（Paul L. Joskow）とクレヴォリック（Alvin K. Klevoric）は、市場構造分析の後に価格分析を行う二段階構成のルールを提示したが、そこでの価格分析では、平均可変費用未満の価格設定は略奪的価格であることの十分条件であり、平均可変費用以上だが平均総費用未満の価格設定は略奪的価格であることを推定させる（反証可能）という。このように、価格基準だけをとりあげても諸説があり、他の規制基準も含めればさらに多様な見解が法と経済学から示されている。ダンピング防止税の価格基準について、

競争政策説からはアリーダ=ターナー説に基づいた平均可変費用基準を採用すべきだと主張されることが多いが，米国の国内競争法をめぐる上述の諸説には平均総費用も価格基準となるとするものもあり，WTOにおけるダンピング防止税制度のコスト割れ販売基準（構成価額）である平均総費用が，必ずしも経済学的根拠がないとはいい難いように思われる。

このように略奪的価格設定・不当廉売規制に関する法と経済学には様々な研究があり，時代の流れとともに変遷もしているため，ダンピング防止税制度に応用するとしても，どの時代の，いずれの知見に依拠するかによって結論は大きく変わる可能性がある。法と経済学の知見を，WTO法の個別具体的な解釈論・立法論において利用する際には，この意味でも慎重な検討が必要であろう。

2 事実認定・立証に関する研究

次に，WTO協定上の要件に関わる事実の認定・立証に関する研究がある。その例が，セーフガードの損害・因果関係要件に関するイルウィン（Douglas A. Irwin）の研究である。[25] WTOセーフガード協定2条及び4条は，輸入増加が国内産業に重大な損害をもたらすことをセーフガードの発動要件として定めており，WTOの判例上は，特に「輸入の増加以外の要因が同時に国内産業に損害を与えている場合には，その要因による損害の責めを輸入の増加に帰してはならない」という4条2項(b)の不帰責規則の解釈・適用が大きな問題となっている。イルウィンの研究は，この不帰責規則の下での因果関係の立証について経済学的手法を提示したものである。

同規則の解釈・適用が争点となった米国・小麦グルテンに対するセーフガード事件で，上級委員会は，4条2項(b)の文言は，全体として，輸入増加と重大な損害の間の因果関係が，他の要因も同時に国内産業の状況に寄与していたとしても，存在しうることを示唆しているが，不帰責規則のプロセスにおいて重要なのは，損害をもたらす異なる諸要因による諸効果を，分離し区別すること

であるとし，輸入増加と重大な損害の間に因果関係が存在するかどうか，及び，セーフガード協定によって要求されるように，これら2つの要素の間の原因効果に関する真正かつ相当な関係を，この因果関係が含むかどうか，決定するとの解釈を示した。そのうえで上級委員会は，同条項の下では，輸入増加以外の要因が同時に損害をもたらしているかどうかを当局が検討することが不可欠であり，そうした検討を当局が行わなかったとすれば，他の要因による損害が輸入増加に帰責されないことを当局は確保できないとし，本件では，他の要因である設備増加による国内産業への損害が輸入増加に帰責されていないことを，米国国際貿易委員会が不帰責規則が要求するようには適切に示しておらず，結論として米国は同条項に違反したと，上級委員会は判断したのである。このような解釈は，後の米国・ラム肉に対するセーフガード事件，米国・ラインパイプに対するセーフガード事件，米国・鉄鋼製品に対するセーフガード事件でも上級委員会によって示されており，問題となっている輸入増による国内産業に対する損害と，他の要因による国内産業に対する損害とを区別することに関して，「理由を示した適切な説明」を国内当局が行うよう求められることが判例として固まったと考えられる。

　しかし上級委員会の解釈に対しては，不帰責規則をあまりにも厳格に解釈することによって実務上不可能に近い因果関係認定を要求するとか，上級委員会は国内当局に対し，不帰責規則に関する何ら首尾一貫した指針を示しておらず，国内当局に「適切な説明」を要求しておきながら自らの判断自体が不十分であるとの批判がなされ，米国も，米国・鉄鋼製品に対するセーフガード事件の上級委員会手続において，上級委員会の不帰責規則の解釈が不明確であるとして，今後のセーフガード措置の運用のために，当該規則の解釈を明確にするよう求めた。

　この点についてイルウィンは，セーフガードの発動要件である損害・因果関係について単純な線形モデルを使って分析する手法を提示し，米国・小麦グル

テンに対するセーフガード事件以降の WTO におけるセーフガード事件にあてはめ，国内生産量の変化が，輸入供給の変化，国内需要の変化，国内供給の変化のそれぞれにどの程度帰責できるかを分析した。それによれば，米国・ラム肉に対するセーフガード事件を除いて，輸入供給の変化は国内生産量の減少をもたらしているとの結論が導かれ，例えば米国・小麦グルテンに対するセーフガード事件では，輸入供給の変化が，国内生産量を11.6％～14％減少させた損害の最大の原因であることが示された。[35]

　また，セーフガード協定の不帰責規則に関する直接の研究ではないが，輸入増加が国内産業に及ぼす影響に関して，より厳密な計量経済学的手法で分析することも理論的には可能であることが示されている。例えばグロスマン（Gene M. Grossman）は，輸入による国内産業の損害について，当該産業内での資源配分に影響を及ぼす外生的要因を説明変数とする誘導型方程式を推定し，この誘導型方程式モデルを用いて反事実シミュレーション（counterfactual simulation）を行い，輸入等の外生的要因による国内産業への影響を推定しようとした。[36]また，ピンディック（Robert S. Pindyck）とローテンバーグ（Julio J. Rotemberg）は，国内産業の損害の指標となる利潤，生産量，操業率等をそれぞれ被説明変数とし，輸入供給量の他，技術発展のような国内供給量を増加させる要因，所得水準の上昇のような国内需要量を増加させる要因等を説明変数とする誘導型方程式を導き，これを最小2乗法でパラメーターを推定することにより，輸入増加による損害を特定するモデルを提示した。[37]

　もちろん，これらの分析手法も，因果関係の事実を完全に解明できるわけではない。グロスマンやピンディック＝ローテンバーグの提示した計量経済学的手法に関していえば，何を内生変数とし何を外生変数とするか等，モデルの構造には必然的に分析者による取捨選択が介在するため，唯一正しいモデルの構築が可能なわけではなく，同じ産業に関する同じ時期の分析であっても，複数の異なったモデルを想定しうることや，回帰分析に必要な国内産業に関連する

情報が，十分得られない可能性があること等の問題点がある。この点でイルウィンは，厳密な計量経済学モデルの持つ難点を克服するため，より簡略なモデルを提示したが，イルウィンの分析手法に関しては，モデルの構造が単純化されすぎていることや，モデルの構築に必要な弾力性の値を推定せざるをえないこと等の問題を指摘しうる。しかし上級委員会は，輸入増加による影響と他の要因による影響とを区別する際にWTO加盟国が用いる方法に関しては，不帰責規則は何ら特定するものではないとしており，複数のモデルがありうるという経済学的手法に常に内在する問題は，不帰責規則の解釈・適用の観点からは許容されると考えられる。また，弾力性の値の推定が幅を持ったものにならざるをえない点については，これは現在利用可能な経済学的手法の技術的な限界に起因するのであって，不帰責規則の解釈適用も，このような事実解明の技術的限界を前提としてなされるべきであって，国内当局が客観的な情報に基づき推定した弾力性を用いて輸入増加による国内生産量への影響を分析し特定したとすれば，不帰責規則の下で「理由を示した適切な」説明を行ったものと評価されうると考えられよう。

このように考えれば，経済学的手法による因果関係の立証は，実務上も有用なものとなる可能性があり，上級委員会が示した不帰責規則の基準も満たすと思われる。こうした経済学的手法の利用は，先の経済的意義を説明する研究との対比でいえば，立法事実レベルではなく，紛争解決に必要な具体的・個別的事実である司法事実レベルで利用可能なものといえよう。

3 WTO紛争解決手続における実践

また，WTO紛争解決手続においても，実際に経済モデルを用いた判断が出ている。それが米国のバード修正条項に関する譲許停止仲裁である。他国の企業から徴収したダンピング防止税や相殺関税を自国の国内産業に分配するというバード修正条項については，パネル・上級委員会でWTO協定違反と判断

されたものの，米国が紛争解決機関勧告を履行しないため，日本などが譲許その他の義務の停止（対抗措置）を申請した。その対抗措置の程度が利益の無効化又は侵害と同等か否かについて行われた仲裁において仲裁人は，バード修正条項による利益の無効化又は侵害の程度を算定するために紛争当事国に経済モデルの提出を要求し，それを修正したうえで利益の無効化又は侵害の程度を算定したのである。

仲裁人の用いた経済モデルによれば，バード修正条項がもたらす貿易効果は，下記のように表すことができる。[46]

貿易効果＝バード分配額×（価格転嫁度×輸入浸透度×価格弾力性）

この式を基にまず仲裁人は，2001年から2003年の各年について，バード分配を受けた産業ごとにどのくらいの貿易効果があったと考えられるか算定した。その際に，価格転嫁度（pass through）と価格弾力性（elasticity values）の推定値によって貿易効果の値も大きく変わるため，価格転嫁度については4つの値（25％，50％，75％，100％），価格弾力性についても3つの値（上位，中位，下位）を想定した。それゆえ，1年ごとに，各産業について，12通りの貿易効果が算出される。そして，その12通りの場合についてそれぞれ，各産業の貿易効果を総和して，1年ごとにバード分配による総貿易効果を導き，さらにこの総貿易効果をバード分配の総額で除することによって，貿易効果係数を算出する。図表1は，上記のプロセスによって仲裁人が算出した貿易効果係数である。[47]

このように各年12通り，3年間で36通りの貿易効果係数が計算されるため，結論となる一つの貿易効果係数を導くには，もう一段階が必要になる。仲裁人は，各年，価格転嫁度について中位の2つの値（50％と75％）と価格弾力性について中位の値との組み合わせで算出される貿易効果係数を平均し，そのようにして計算された各年の貿易効果係数をさらに平均して，最終的な貿易効果係数を算出した。[48]すなわち，貿易効果係数は，2001年が0.68，2002年が0.78，

図表1　2001〜03年の貿易効果係数

2001			
	Elasticity values		
Pass through	Low	Medium	High
25	0.22	0.27	0.33
50	0.43	0.54	0.65
75	0.65	0.81	0.98
100	0.87	1.09	1.30
2002			
	Elasticity values		
Pass through	Low	Medium	High
25	0.25	0.31	0.37
50	0.50	0.62	0.74
75	0.74	0.93	1.12
100	0.99	1.24	1.49
2003			
	Elasticity alues		
Pass through	Low	Medium	High
25	0.22	0.28	0.34
50	0.45	0.56	0.67
75	0.67	0.84	1.01
100	0.89	1.12	1.34

出所：WT/DS217/ARB/JPN, para. 3.148.

2003年が0.70で、この3つの値を単純平均して、0.72が最終的な貿易効果係数とされたのである。そして、申立国にとっての利益の無効化又は侵害の程度（対抗措置の額）は、各申立国の輸入品から直近の年に徴収されたダンピング防止税及び相殺関税の総額に、この貿易効果係数（0.72）を乗じたものとされた。

このようにWTOの紛争解決手続でも司法事実のレベルで経済モデルが用いられており、法と経済学的な手法が果たしうる役割の一例を示していると考

えられる。ただし、この手法にも問題点は存在する。例えば、貿易効果は産品レベルで分析することが正確さの観点からは望ましいが、分析に必要なデータが揃わないために、仲裁人は産業レベルでのモデルを設計せざるをえなかった。このような経済モデルの構築に必要な情報が不足する可能性は常にあるといえよう。また価格転嫁度と価格弾力性について、仲裁人は各年12通りの組み合わせを想定し、そのうちの2通りの場合の貿易効果係数を抽出したが、このような選択に基づいた数値が実際の貿易効果にどのくらい近似するものなのか疑問は残る。[51]

しかし、これらの問題点はあるものの、経済モデルを用いることの有用性は一定程度あると思われる。[52] 仲裁判断も認めるように、経済モデルによる利益の無効化又は侵害の程度の認定は完全なものではないが、他の方法と比較すれば、より正確で妥当な結論を導ける可能性は高いと考えられるからである。[53] したがって、WTO協定の中に、国際経済事象に関する事実認定を必要とする規定がある以上は、他に有効な方法がなければ、経済学的手法を用いていかざるをえないのではないだろうか。[54]

Ⅲ 国際法の他の分野における法と経済学

1 国際慣習法の実効性に関するゲーム理論論争

以上見てきたWTOに関する研究以外にも、国際法における法と経済学の試みが近時現れており、特に、1999年にゴールドスミス(Jack L. Goldsmith)とエリック・ポズナー(Eric A. Posner)が発表した論文を契機として国際慣習法の実効性に関する論争が米国で起きていることが挙げられる。合理的選択理論に基づくゴールドスミス=ポズナー論文の核心は、国際慣習法とは、国家が自己利益の最大化を追求するときに現れる行為の一様性(behavioral regularities)であって、国家の行動に影響を及ぼす外部要因ではないということである。[55] ゴールドスミス=ポズナーの議論を要約すれば、以下のようになる。国家

の行為に一様性があり，国際慣習法に従っているように見えるのは，次の4つの基本モデルの組み合わせで説明することができる。第1は，他国がどのような行為をとろうとも，ある特定の行為を行うことがいずれの国家にとっても自己の利益になる場合である。このとき，各国の利益は偶然に一致していることになる（coincidence of interest）。[56] 第2は，ある国家又は利益の一致する複数の国家が，自己の利益になる行為を他国に対して強制する場合である（coercion）。[57] 第3は，二国間でいわゆる囚人のジレンマの状況があり，これが繰り返しゲームとして行われる場合である。囚人のジレンマでは両国とも非協力の行為を選択してしまうが，このとき両国が，将来について低い割引率をもっていること，ゲームが実質的に永遠に続くこと，及び，非協力の利得が協力の利得に比べ著しく高くないこと，という3つの条件が揃ったときに両国はともに協力の行動に出る（cooperation）。[58] 第4は，他国がとった行動に自国も協調する場合である（coordination）。[59] このうち第3の場合は，ルールに従って両国が同じ協力の行動をとっているようにも見えるが，実際には自国の利益にかなうから協力しているだけであって，法的義務の観念から行動しているわけではない。[60] 諸国が同様の行動をとっているのは，この4つのモデルのいずれか若しくはその組み合わせで説明でき，どのケースでも多国間の協力は起きていない。二国間の囚人のジレンマを多数国間の囚人のジレンマに拡大して理論化することは可能だが，その場合に協調が起きるための仮定は強すぎて，通常は非現実的であると論じた。[61] このような結論は，2005年に刊行された両者の著書の中でも維持されている。[62]

　これに対して反論する論文を2005年にノーマン（George Norman）とトラクトマン（Joel P. Trachtman）が発表した。[63] ノーマン＝トラクトマンによれば，ゴールドスミス＝ポズナーが非現実的だとした多数国間の囚人のジレンマのモデルは，繰り返しゲームであれば，協力が起きる仮定は強すぎるものでも，非現実的でもないとし，[64] 以下のようにモデルを組み立てた。まず国家には，相手

の前回の行動と同じ行動をするという「しっぺ返し（tit-for-tat）」，一度相手が非協力の行動をとると以後非協力をとり続けるという「トリガー戦略（grim trigger）」，相手が非協力の行動をとると協力の行動をとるまで非協力をとり続けるという「償い（penance）」の3つの戦略が選択肢として想定される。ゲームは無限に繰り返されるものとし，国家は将来利得に対する割引因子を持つ。このとき，ある国家について，当該国家がすべての期間において協力する場合の現在及び将来の利得和と，最初の1期間に非協力だったためその後他国にトリガー戦略又は償いの戦略をとられた場合の現在及び将来の利得和とを比較し，前者が後者より大きければ当該国家は協力行動をとることになる[65]。ノーマン＝トラクトマンのモデルによれば，国家がこうした協力行動をとること，すなわち国際慣習法が形成されるケースは相当程度存在するという。その際，国際慣習法の形成を左右するのは，①協力と非協力の相対的価値，②国家の数，③国家の数が増えることでどの程度協力の価値又は非協力の損失が増えるか，④協力と非協力に関して国家が利用可能な情報，⑤短期的な非協力に比べて長期的な協力の利益をどの程度評価するかという「忍耐強さ」，⑥相互作用の予想される期間，⑦相互作用の頻度，⑧問題となる国家間に二国間関係や他の多数国間関係が存在するか等の要因である[66]。

　ノーマン＝トラクトマンの研究は，ゴールドスミス＝ポズナーが多数国間囚人のジレンマにおいては協力が起きることはおよそ非現実的であるとした点に対しては，非常に興味深い反論を提示したといえよう。ただし，ゴールドスミス＝ポズナーの主張の核心である，国際慣習法が国家の行動に影響を与えていないという点については，必ずしも明確な反論の論拠を示していないように筆者には思われる。ノーマン＝トラクトマンは，自らが提示したモデルから，国際慣習法が国家の行動に影響を及ぼしていることは明らかだとしているが[67]，国家の行動に影響を与える外部要因として国際慣習法がモデルの中に採りこまれているわけではなく，協力均衡が存在することをもって国際慣習法が形成され，

維持されることを証明しようとしているからである。したがって今後は，ノーマン゠トラクトマンが提示した多数国間の囚人のジレンマのモデルが妥当なものかどうか，及び，国際慣習法が国家の行動に影響を与えていることが当該モデルから立証できているかどうか検証することが必要と思われる。

こうしたゲーム論を用いた国際慣習法の実効性に関する研究は始まったばかりではあるが，この問題領域に関する従来の議論に対して，一石を投じたことにはなろう。国際法の実効性・遵守に関するこれまでの研究は，主として条約を念頭においているか，条約と国際慣習法を特に区別していないものが多かったが，今回の論争は国際慣習法に焦点を当てたものであり，法源論の再検討にもつながりうる。従来の学説とゲーム論を用いた学説とを比較検討することは本稿の射程を越えるが，国際慣習法の実効性ないしは拘束的機能という根本的な問題にアプローチする新たな方法論が提示されたことには，一定の意義を認めてよいだろう。

2 国際人道法・国家管轄権論への応用の試み

国際法の具体的な法分野における法と経済学としては，ダノフ（Jeffery L. Dunoff）とトラクトマン（Joel P. Trachtman）が，国際人道法への適用を試みている。両教授の論文では，その理論的アプローチについて，実証的な検証ができないので，実証的又は規範的な結論は提示しないが，法と経済学の理論が応用可能な分野について指摘し，国際制度の設計と運用について法と経済学が果たしうる役割を示すとしている。そのうえで国際人道法について検討すると，国内の武力紛争に関するジュネーブ条約共通3条も第2追加議定書も，国家や他の紛争当事者が条約の重大な違反を処罰すること，個人に刑事責任を課すことを規定していないが，法と経済学の手法，例えば費用便益分析（cost-benefit analysis）からすれば，執行可能な法規が，不履行の価格が不履行の利益を上回るように設定されているかどうかを問うことになる。また外部不経済の観点

からは，非国際的武力紛争から生ずる難民問題，非人道的行為の他国への飛び火，非人道的行為に対する他国民の嫌悪感といった外部不経済を，法規則を作り内部化することの費用便益を現状と比較することになるといった見取り図を提示した[76]。このような試みは，国内法の刑法に関する法と経済学分析に類似したものと考えられるが[77]，両教授も認めるように，何か具体的な分析結果が得られたわけではなく，この分野における法と経済学の有用性は未知数であるといわざるをえない[78]。

また，他国の領域内から逃亡犯罪人を国家が強制拉致すること（執行管轄権の域外行使）を，いわゆる「効率的違反（efficient breach）」として正当化しようとする論文もある。カリカ（Andrew J. Calica）は，テロリスト等がある国に滞在していながら拘束・訴追されない場合に，何らかの立法管轄権上の根拠のある国家が，当該テロリストを他国の領域に侵入して強制拉致することは，領域主権を侵害し違法であるが，強制拉致をする国と国際社会にとっての利益がその費用を上回るので，効率性の観点から正当化されうるとする[79]。このような議論は，契約法の分野で提示された効率的契約違反の考え方を国際法にも適用しようとするものであるが，国際慣習法一般に適用することには重大な問題点がある[80]。効率的契約違反は，売買契約を典型的に想定しており，不履行の場合に相手方に生ずる損害が賠償によって補填され，いずれの契約当事者にも不利益にならないことを前提としているが[81]，国際慣習法の違反の場合には，違反から生じた損害を必ず救済する強制管轄権を持った国際裁判所等は存在しない[82]。また，売買契約であればその履行・不履行の効率性を金銭的に計ることができるかもしれないが，領域主権侵害やテロリストの訴追といった事柄を効率性の観点から評価することは困難であり，いわゆる「共約不可能性（incommensurability）」の問題をはらんでいる[83]。カリカによれば，強制拉致が国際法違反であってもその違反が効率的である場合とは，①テロリストの脅威が急迫していて且つ拉致の機会が限られていること，②テロリストのいる領域国が引渡しや訴追

に消極的であること，③拉致行動が他者にとって最小限の脅威にとどまること，④領域侵害が合理的な範囲に限定されていること，⑤容疑者が人道的な取り扱いと公正な手続に付されること，という条件が満たされている場合であるとするが，こうした曖昧な基準で数値化もできないのであれば，契約法における効率的契約違反論が提示したような正当化根拠とはならないと思われる。

Ⅳ　おわりに

最後に，本稿で検討してきた内容をまとめると次のようになろう。まずWTO法に関しては経済学との親和性があり，厚生経済学と公共選択論によるWTO法の実証的分析に一定の意義を認めることはできるが，規範的分析として立法事実のレベルで利用することには課題が多い。WTOの紛争解決手続においてパネル・上級委員会は，条約の解釈規則に基づき，文言解釈を重視しているが，法と経済学の知見を目的論的解釈として利用するほどには，研究の成果は浸透していないといえよう。他方，事実認定や立証における経済モデルの利用は，他の代替手法がないのであれば，今後発展させていくべきだと考えられる。ただし，司法事実レベルでの経済モデルの利用可能性にも，技術的限界があることは確かである。例えば，セーフガードやダンピング防止税，相殺関税の発動要件である損害・因果関係要件について計量経済学的手法等を用いれば，国内当局の事実認定の客観性を確保することに資すると思われるが[84]，WTO加盟国のうち，現段階でそうした精緻な分析を実際に行いうる国は多くないと思われる。今後は，実務に耐えうる経済学的手法の研究・開発や国内当局における取り組みが求められよう[85]。

他方，国際法の他の分野における法と経済学は，まだ試みの段階にとどまっているといわざるをえない[86]。法と経済学を，市場経済活動に直接関係する法分野の分析だけではない，広く法と主体との関係を分析する「科学」ととらえれば，国際法に法と経済学が適用できないアプリオリな理由もないといえるが，

より厳密で検証可能なモデルを提示するには,国内法における法と経済学の理論を類推することの限界や,共約不可能性の問題等を乗り越える必要がある。また,国際慣習法の実効性に関するゲーム理論を用いた研究等は,従来,国際関係論や国際政治経済学が行ってきた研究と重なってくることになる。国際法学者には,こうした法と経済学の分析のインプリケーションと問題点を正確に理解したうえで,法学者として法と経済学的手法をどのように利用できるのか,あるいは利用すべきではないのか,検討することが求められることになろう。

(1) Ronald A. Cass, *Introduction : Economics and International Law, in* ECONOMIC DIMENSIONS IN INTERNATIONAL LAW : COMPARATIVE AND EMPIRICAL PERSPECTIVES 1 (Jagdeep S. Bhandari & Alan S. Sykes eds., 1997).

(2) Jeffery L. Dunoff and Joel P. Trachtman, *Economic Analysis of International Law*, 24 YALE J. INT'L L. 1, 3-4, 6 (1999).

(3) なお,スティグラー(George Stigler)は,特定の問題に答えることによって法規則に対して知見を提供する経済学の役割を "economic analysis *in* law",法の制度や理論を経済学の観点から研究することを "economic analysis *of* law" と区別しており,ダノフとトラクトマンもこのような区別を受け入れ,後者を重視している。George Stigler, *Law or Economics*, 35 J. L. & Econ. 455, 467 (1992); Dunoff & Trachtman, *supra* note 2, at 6-7. これに対して本稿では,この "economic analysis *in* law" と "economic analysis *of* law" の両者を含めて "law *and* economics"(法と経済学)と捉えて,検討の対象とするものである。

(4) 国内通商法については,特に貿易救済措置の調査手続における経済学の利用に関して興味深い実践があり,WTOとの関係も深いが,本稿の検討対象を国際法に限定するため,射程外となる。

(5) 法と経済学の方法論一般に対する批判に関しては,例えば以下を参照。MARK KELMAN, A GUIDE TO CRITICAL LEGAL STUDIES (1987); Arthur Allen Leff, *Economic Analysis of Law : Some Realism About Nominalism*, 60 VA. L. REV. 451 (1974); Jane B. Baron & Jeffrey L. Dunoff, *Against Market Rationality : Moral Critiques of Economic Analysis in Legal Theory*, 17 CARDOZO L. REV. 431 (1996).

(6) JOHN H. JACKSON, WILLIAM J. DAVEY & ALAN O. SYKES, LEGAL PROBLEMS OF INTERNATIONAL ECONOMIC RELATIONS : CASES, MATERIALS AND TEXT 7-44 (4th ed. 2002); ANDREAS F. LOWENFELD, INTERNATIONAL ECONOMIC LAW 3-8 (2002).

(7) 大山道広「GATT/WTOルールの経済的意義」『経済研究』第50巻第1号,1-10頁(1999年)。

(8) 大山の示した厚生比較定理は次のようなものである。
　同一の初期保有と生産集合を持つ2つの状況 S"，S' を考える。S" が S' にくらべて経済厚生上潜在的に優れている（もしくは劣っていない）といえるための十分条件は，各状況における所得分配のいかんに関わらず，交易条件効果と関税収入効果の和がゼロ以上であることである。（大山，前掲注(7), 3-4頁。）
　なおここで重要なのは，潜在的な経済厚生が比較されていることであり，所得分配の公平さについては別途考慮が必要なことである。大山はこの点で，国際的な所得移転措置やそれに代わるセカンドベストの措置の必要性を指摘している。自由貿易体制と所得分配との関係については，拙稿「WTO体制におけるダンピング防止税の位置—グローバリゼーションと国際経済秩序の関係の視点から—」『世界法年報』第24号, 60-63頁（2005年）も参照。

(9) 大山，前掲注(7), 5頁。

(10) 大山，前掲注(7), 8-9頁。同様な結論は，バグウェル＝スティガーの研究によっても導かれている。Kyle Bagwell & Robert W. Staiger, *An Economic Theory of GATT*, 89 AM. ECON. REV. 215 (1999).

(11) 大山，前掲注(7), 5-6頁。

(12) Alan O. Sykes, *The Economics of "Injury" in Antidumping and Countervailing Duty Cases*, in ECONOMIC DIMENSIONS IN INTERNATIONAL LAW: COMPARATIVE AND EMPIRICAL PERSPECTIVES, *supra* note 1, at 114-15.

(13) セーフガードについては，Alan O. Sykes, *Protectionism as a "Safeguard": A Positive Analysis of the GATT Escape Clause with Normative Speculations*, 58 U. CHI. L. REV. 255 (1991). (なおサイクスは，輸出国のリバランス措置が "liquidated damages" に相当すると述べていることから，輸出国が失う政治的利得は，これによって補償されるという考え方に立っていると思われる。) ダンピング防止税については，Sykes, *supra* note 12, at 117-25.

(14) Ronald A. Cass, *Economic Perspectives on International Economic Law*, in PERSPECTIVES IN INTERNATIONAL ECONOMIC LAW 279, 306-7 (Asif H. Qureshi, ed., 2002).

(15) Sykes, *supra* note 12, at 125. サイクスと同様な学説として，川瀬剛志「セーフガードの政治的機能とその後退」『法学研究』（慶應義塾大学）第76巻第1号, 502-504頁（2003年）。

(16) Ronald A. Cass & Michael S. Knoll, *The Economics of "Injury" in Antidumping and Countervailing Duty Cases: A Reply to Professor Sykes*, in ECONOMIC DIMENSIONS IN INTERNATIONAL LAW: COMPARATIVE AND EMPIRICAL PERSPECTIVES, *supra* note 1, at 126, 152-55. この点で大山は，セーフガードを構造調整費用の軽減という経済厚生の観点から正当化する。大山，前掲注(7), 5-6頁。

(17) Cass, *supra* note 14, at 280.

⒅ 山本克己「民事訴訟における立法事実の審理」『木川統一郎博士古稀・民事裁判の充実と促進』21-22頁（1994年）。
⒆ 競争政策説に分類しうる見解として例えば，R. DALE, ANTI-DUMPING LAW IN A LIBERAL TRADE ORDER 190-97 (1980); R.M. BIERWAGEN, GATT ARTICLE VI AND THE PROTECTIONIST BIAS IN ANTI-DUMPING LAWS 168-69 (1990); 岩田一政「競争政策と不公正貿易措置」『貿易と関税』45巻1号，52-63頁（1997年），長岡貞男「ダンピングが反競争的か，反ダンピング措置が反競争的か」『日本国際経済法学会年報』9号，1-21頁（2000年）；滝川敏明「ダンピング防止措置と競争法」『日本の通商政策とWTO』69-98頁（日本経済新聞社，2003年）。競争政策説については，拙稿「ガットにおけるダンピング防止税の位置⑵」『千葉大学法学論集』第15巻4号，107-109頁，142-144頁（2001年）；拙稿「ガットにおけるダンピング防止税の位置（3・完）」，『千葉大学法学論集』第16巻1号，24-27頁（2001年）も参照。
⒇ 略奪的価格設定規制の価格基準に関する学説の変遷については，中川寛子『不当廉売と日米欧競争法』25-53頁（有斐閣，2001年）を参照。また本学会の2005年研究大会での川浜教授のご報告も参考になった。
(21) 3 PHILIP E. AREEDA & DONALD F. TURNER, ANTITRUST LAW 154-58, 164-76 (1978).
(22) RICHARD A. POSNER, ANTITRUST LAW: AN ECONOMIC PERSPECTIVE 184-96 (1976). なおポズナーのいう「バランスシート上の平均費用（average balance-sheet cost）」とは，「バランスシートに記載された企業の総費用を生産された製品数で除したもの」とされるので（*Id.* at 190），いわゆる「平均総費用」と同旨であると考えられる（中川，前掲注⒇，38頁）。
(23) Paul L. Joskow & Alvin K. Klevoric, *A Framework for Analyzing Predatory Pricing Policy,* 89 YALE L.J. 213, 242-58 (1979).
(24) この点につき詳しくは，中川，前掲注⒇，25-53頁，及び MASSIMO MOTTA, COMPETITION POLICY: THEORY AND PRACTICE 412-54 (2004) を参照。
(25) Douglas A. Irwin, *Causing Problems? The WTO Review of Causation and Injury Attribution in US Section 201 Cases,* 2 WORLD TRADE REV. 297 (2003).
(26) Appellate Body Report on *United States-Definitive Safeguard Measures on Imports of Wheat Gluten from the European Communities,* WT/DS166/ABR, paras.67-69.
(27) *Id.* at paras.85-91.
(28) Appellate Body Report on *United States-Safeguard Measur-es on Imports of Fresh, Chilled or Frozen Lamb Meat from New Zealand and Australia,* WT/DS177, 178/ABR, paras. 184-188.
(29) Appellate Body Report on *United States-Definitive Safeguard Measures on Imports of Circular Welded Carbon Quality Line Pipe from Korea,* WT/DS202/ABR, paras. 215-220.

(30) Appellate Body Report on *United States-Definitive Safeguard Measures on Imports of Certain Steel Products*, WT/DS248, 249, 251, 252, 253, 254, 258, 259/ABR, paras. 484-489.

(31) これらの判例の分析については，拙稿「セーフガード協定における因果関係要件─不帰責規則（non-attribution rule）の分析と評価」荒木一郎・川瀬剛志編著『WTO 体制化のセーフガード─実効性ある制度の構築に向けて』100-109頁（東洋経済新報社，2004年）を参照。

(32) 柳赫秀「国際経済法学から見たセーフガード制度─WTO 出帆後の問題状況をめぐって」『日本国際経済法学会年報』第12巻，31-32頁（2003年）；川瀬，前掲注(15)，516-519頁。

(33) Alan O. Sykes, *The Safeguard Mess: A Critique of WTO Jurisprudence*, 2 WORLD TRADE REV. 261, 280-84 (2003).

(34) Appellate Body Report, *supra* note 30, at 484.

(35) Irwin, *supra* note 25, at 316-22. この数値は輸入産品と国産品が完全代替関係にある場合で，不完全代替関係の場合には，29.2％減少させたと推計される。

(36) Gene M. Grossman, *Imports as a Cause of Injury: The Case of the U.S. Steel Industry*, 20 J. INT'L ECON. 201 (1986).

(37) Robert S. Pindyck & Julio J. Rotemberg, *Are Imports to Blame? Attribution of Injury under the 1974 Trade Act*, 30 J. L. & ECON. 101 (1987).

(38) 拙稿，前掲注(31)，114-115頁。

(39) イルウィンは、自らのモデルを計量経済学モデルとの対比から，非計量経済学モデル（non-econometric model）と呼んでいる。Irwin, *supra* note 25, at 316.

(40) 拙稿，前掲注(31)，115-116頁。

(41) Appellate Body Report, *supra* note 28, at para.181.

(42) ただし，上級委員会が繰り返し指摘しているように，国内当局の説明は「理由を示した適切な」ものでなくてはならないため，用いられた経済学モデルの構成と推定が恣意的なものであってはならず，現在における経済学の観点から「理由を示した適切な」分析ものであることが必要であろう。拙稿，前掲注(31)，114-116頁。

(43) WTO のエコノミストらも同様な考え方を示している。See, Alexander Keck, Bruce Malashevich & Ian Gray, *A 'Probabilistic' Approach to the Use of Econometric Models in Sunset Reviews*, Staff Working Paper ERSD-2006-01 (2006), http://www.wto.org/english/res_e/reser_epaps_e.htm.

(44) 経済学の知見を裁判において司法事実として利用することの問題点については，川浜昇「独禁法と経済学」『経済法講座2　独禁法の理論と展開(1)』62-64頁（三省堂，2002年）

(45) Decision by the Arbitrator on *United States-Continued Dumping and Subsidy Offset Act of 2000(Original Complaint by Japan)-Recourse to Arbitration by the United States under*

Article 22.6 of the DSU, WT/DS217/ARB/JPN. 本件では対抗措置申請国ごとに仲裁が行われたが，いずれの裁定でも同様な経済モデルに基づいて利益の無効化又は侵害の程度が算定されたので，本稿では日本の申請に係る仲裁裁定を検討対象とする。

(46) *Id.* at para. 3.117.

(47) *Id.* at paras. 3.121-45.

(48) *Id.* at para. 3.146.

(49) 仲裁人の方法で各年の貿易効果係数を計算すると，
 $(0.54+0.81) \div 2 = 0.675$ （2001年）
 $(0.62+0.93) \div 2 = 0.775$ （2002年）
 $(0.56+0.84) \div 2 = 0.70$ （2003年）
 となるが，2001年と2002年については小数点以下第3位は四捨五入したものと思われる。

(50) *Id.* at para.3.151.

(51) Holger Spamann, *The Myth of 'Rebalancing' Retaliation in WTO Dispute Settlement Practice*, 9 J. INT'L ECON. L. 31, 68-69 (2006).

(52) 久野は，妥当な期間の満了後60日内に仲裁裁定を下すという原則と，モデルやデータの厳密さを確保するには相応の時間が必要であるという実務的事情を踏まえると，「無効化又は侵害の程度の推計に関する厳密性」と「履行を促すための機動的な対抗措置の実現」という2つの目標の間にトレードオフが存在していることは明らかであるので，簡易なモデルによる推計方法は両者の落としどころとして妥当と評価しうるとしている。久野新「WTO紛争解決制度における対抗措置の法と経済分析」『WTO紛争解決手続における履行制度』65，93頁（三省堂，2005年）。

(53) そのためには，用いられる経済モデルの透明性が不可欠であろう。Fritz Breuss, *WTO Dispute Settlement: An Economic Analysis of Four EU-US Mini Trade Wars-A Survey*, 4 J. INDUSTRY, COMPETITION & TRADE 275, 307 (2004).

(54) Alexander Keck, *WTO Dispute Settlement: What Role for Economic Analysis? A Commentary on Fritz Breuss*, 4 J. INDUSTRY, COMPETITION & TRADE 365, 369-70 (2004). WTOの経済分析統計部はそうした方法を模索しているようである。

(55) Jack L. Goldsmith & Eric A. Posner, *A Theory of Customary International Law*, 66 U. CHI. L. REV. 1113, 1138-39 (1999) [hereinafter Goldsmith & Posner 1999]. この点は，当該論文の公表後に，他の学者から受けた批判に答える形で，2005年の著書の中でより明確にされた。JACK L. GOLDSMITH & ERIC A. POSNER, THE LIMITS OF INTERNATIONAL LAW 38-43(2005) [hereinafter GOLDSMITH & POSNER 2005].

(56) Goldsmith & Posner 1999, *supra* note 55, at 1122-23.

(57) *Id.* 1123-24.

(58) *Id.* 1124-27. なお2005年の著書では，両国が，協力ないし非協力という行動が何を意味するのか知らなければならないという条件が追加されている。GOLDSMITH & POSNER 2005, *supra* note 55, at 31.

(59) Goldsmith & Posner 1999, *supra* note 55, at 1127-28.
(60) *Id.* at 1132.
(61) *Id.* at 1128-32.
(62) GOLDSMITH & POSNER 2005, *supra* note 55, at 23-43.
(63) George Norman & Joel P. Trachtman, *The Customary International Law Game*, 99 AM. J. INT'L L. 541 (2005).
(64) *Id.* at 545.
(65) *Id.* at 565-66. 数式によるモデルの基本構造とは以下のとおりである。*Id.* at 574-80.

$C_i(n: m)$：国家 i を含むすべての国家が協力したときの利得

$G_i(n, g: m)$：国家 i が，協力する国家群 g に対して非協力の場合の利得

$L_i(n, g: m)$：国家 i が協力するが，国家群 g が非協力の場合の利得

$D_i(n, g: m)$：国家 i が国家群 g に対して非協力で，国家群 g も国家 i を非協力（罰する）場合の利得

δ_i：国家 i の将来利得の割引因子

多数国間の囚人のジレンマの条件は次の3つ。

(i) $C_i(n: m) > D_i(n, g: m)$；(ii) $G_i(n, g: m) > C_i(n: m)$；

(iii) $G_i(n, g: m) < D_i(n, g: m)$

ここで，最初の期間に国家iが非協力で，他のすべての国が協力したとき，国家 i の利得は

$$S_D = \begin{cases} G_i(n, g: n-1) + D_i(n, g: n-1)\dfrac{\delta_i}{1-\delta_i} & (トリガー戦略の場合) \\ G_i(n, g: n-1) + \delta_i L_i(n, g: n-1) + C_i(n: n-1)\dfrac{\delta_i^2}{1-\delta_i} & (償いの戦略の場合) \end{cases}$$

となる。また，国家 i がすべての期間に協力することを選択するとき，国家 i の利得は

$$S_D = \frac{C_i(n: n-1)}{1-\delta_i}$$

となる。そこで，$S_C > S_D$ となる割引因子の条件を分析することで，国家 i が協力する（国際慣習法が形成される）ケースを導き出す。

(66) *Id.* at 567-78, 576-80.
(67) *Id.* at 568, 571.
(68) おそらくノーマンとトラクトマンの趣旨は，国家の自己利益の形成自体に国際慣習法が影響しているので，国際慣習法は国家の行動に影響を及ぼすということだと思われるが，より明確な議論が必要であろう。*Id.* at 571.
(69) ゴールドスミスとポズナーも，二国間の囚人のジレンマについて協力解が存在しうることは指摘しており，その結果，国家の行為の一様性という意味で国際慣習法が存在す

るとしているので，諸国が一致した協力行動をとる可能性があることを証明するだけでは，ゴールドスミスとポズナーに対する有効な反論にはならないのではなかろうか。むしろ，国家の行為の一様性が国際慣習法によってもたらされていることを論証するモデルを構築する必要があると思われる。

(70) ゴールドスミス＝ポズナー論文を契機として，米国を中心として活発な議論が行われつつある。Mark A. Chinen, *Afterword*, 23 MICH. J. INT'L L. 201 (2001); Mark A. Chinen, *Game Theory and Customary International Law : A Response to Professors Goldsmith and Posner*, 23 MICH. J. INT'L L. 143 (2001); Vincy Fon & Francesco Parisi, *International Customary Law and Articulation Theories*: An Economic Analysis, George Mason Law and Economics Research Paper No. 02-24, available at http://papers.ssrn.com/sol3/papers.cfm?abstract_id=335220 ; Andrew T. Guzman, *A Compliance-Based Theory of International Law*, 90 CAL. L. REV. 1823 (2002); Francesco Parisi, *The Formation of Customary Law*, George Mason Law and Economics Research Paper No. 01-06, http://papers.ssrn.com/sol3/papers.cfm?abstract_id=262032; Edward T. Swaine, *Rational Custom*, 52:3 DUKE L.J. 559 (2002); Pierre-Hugues Verdier, *Cooperative States : International Relations, State Responsibility and the Problem of Custom*, 42 VA. L. REV. 839 (2002); Anne van Aaken, *To Do Away with International Law? Some Limits to 'The Limits of International Law'*, 17 EUR. J. INT'L L. 289 (2006).

(71) THOMAS M. FRANCK, THE POWER OF LEGITIMACY AMONG NATIONS 24-25 (1990); Harold Hougju Koh, *Why Do Nations Obey International Law?*, 106 YALE L. J. 2599, 2645-58 (1997); LOUIS HENKIN, HOW NATIONS BEHAVE : LAW AND FOREIGN POLICY 49-68 (1968). なお大沼は，国際法の遵守を規定する要因について条約を念頭に列挙し，それらの要因は基本的には国際慣習法にも妥当するとする。大沼保昭「国際社会における法と政治―国際法学の『実定法主義』と国際政治学の『現実主義』の呪縛を超えて」『日本と国際法の100年　第1巻国際社会の法と政治』1，8-11頁（三省堂，2001年）。

(72) GOLDSMITH & POSNER 2005, *supra* note 55, at 23-26.

(73) ゲーム論を用いた諸学説に対する「伝統学派」の反論として，Detlev F. Vagts, *International Relations Looks at Customary International Law : A Traditionalist's Defence*, 15 EUR. J. INT'L L. 1031 (2004).

(74) Jeffery L. Dunoff & Joel P. Trachtman, *The Law and Economics of Humanitarian Law Violations in Internal Conflict, in* THE METHODS OF INTERNATIONAL LAW 211 (Steven R. Ratner & Anne-Marie Slaughter eds., 2004).

(75) *Id.* at 211.

(76) *Id.* at 220-25.

(77) 刑法に対する法と経済学の適用については例えば，ROBERT COOTER & THOMAS ULEN, LAW AND ECONOMICS 445-516 (4th ed. 2004).

(78) 法と経済学の現段階における意義は,従来の学説が扱っていた諸要素を,より特定して明確化 (formalization) することにあるといえよう。Dunoff & Trachtman, *supra* note 74, at 238.

(79) Andrew J. Calica, *Self-Help Is the Best Kind: The Efficient Breach Justification for Forcible Abduction of Terrorists*, 37 CORNELL INT'L L. J. 389, 414 (2004).

(80) なお条約について効率的違反理論を適用することを試みたものとして,次の論文がある。Richard Morrison, *Efficient Breach of International Agreements*, 23 DENV. J. INT'L L. & POL'Y 183(1994); Sykes, *supra* note 13, at 274-80. もちろん条約についても,後述する裁判所による金銭賠償の強制の欠如や共約不可能性の問題は生ずるし,そもそも条約と契約を同列に扱うことの是非を問う必要がある。

(81) 契約法における効率的違反理論については,以下を参照。RICHARD A. POSNER, ECONOMIC ANALYSIS OF LAW 95-96, 135-36 (4th ed. 1992) ; John H. Barton, *The Economic Basis of Damages in Breach of Contract*, 1 J. LEGAL STUD. 277 (1972); Robert L. Birmingham, *Breach of Contract, Damage Measures and Economic Efficiency*, 24 RUTGERS L. REV. 273 (1970).

(82) Dunoff & Trachtman, *supra* note 2, at 31.

(83) *Id.* at 48-49. なお同様の問題は,国内法でも生じる。See, Cass R. Sunstein, *Incommensurability and Valuation in Law*, 92 MICH. L. REV. 779 (1994).

(84) 相殺関税制度の損害・因果関係要件における事実認定に経済学モデルを利用する可能性について検討したものとして,拙稿「補助金規制と『損害・因果関係要件』―ガット/WTO における法的構造―」『国際関係論研究』(東京大学) 11号, 16-23頁 (1997年)。

(85) WTO のエコノミストによるサンセットレビューに対する計量経済学モデルの適用の試みは,そうした取り組みの一つであろう。*See,* Keck et.al., *supra* note 43.

(86) トラクトマンは,別の論文で,国際環境法に対して法と経済学を適用しうることを示唆しているが,これについても,国内環境法における法と経済学分析のような研究成果が得られるかどうかは,現段階では可能性の域を出ていない。*See,* Joel P. Trachtman, *The Methodology of Law and Economics in International Law*, 6 INT'L L. FORUM du droit international 67 (2004).

(学習院大学法学部助教授)

論　説　「法と経済学」の諸相

国際私法の経済学的分析
―― 現状と課題 ――

野　村　美　明

　Ｉ　はじめに
　Ⅱ　米国の先行研究
　　１　ポズナーによる分析
　　２　ソリマインによる批判
　　３　オハラ・リブスタインの親近性
　Ⅲ　国際私法の経済学的分析に未来はあるか
　　１　米国から学べない理由
　　２　対象領域の再発見
　Ⅳ　おわりに

Ｉ　はじめに

　独禁法の分野では，法の経済学的分析は自明のことであるという見方がある[1]。この分野では，法と経済学の母国である米国の議論の無自覚な受容を批判しつつも[2]，その成果は日本でも利用可能だという了解があるように思われる。これに対して，国際私法の経済学的分析は，米国でも，緒についたばかりである。経済学的手法を，合理的選択を行う主体間の相互作用が均衡状態になることに着目して分析することと理解すれば[3]，この分野の先行研究は日本には存在しないといってもよい。しかし，米国における国際私法の経済学的分析の成果を日本で利用することについては，消極的な意見の方が多いだろう。国際私法の経済学的分析に関する米国の先行研究に対する消極的姿勢は，法学者の誤解に基づく経済学嫌いという一般的要素を取り除いたとしても変わらないだろう[4]。で

は、国際私法の経済学的分析が他の分野に比較しても不人気である現状をどう説明すればよいか。

国際私法の経済学的分析の相対的不人気は、理論的には国際私法の間接法規性による分析の困難さであると考えられる。国際私法とは、国際的要素の含まれる事件（以下では「渉外事件」という）を、自国か外国か、どこの国の法律を適用して判断すべきかを決定する法律である。つまり、国際私法は権利義務や行為を直接規律する実質的な法律（以下では「実質法」という）ではなく、渉外事件にどこの国の実質法を適用すべきかを決める間接的な法（メタ・ルール）である(5)（渉外事件に適用すべき実質法を以下では「準拠法」という）。したがって、国際私法は、たとえば他人に有害な影響を与える活動（負の外部性の問題）と損害賠償責任の有無というような問題を直接取り扱わないのである(6)。

しかしながら、国際私法に関する立法者の行動と当事者の行動の関係や、渉外事件の準拠法に関する当事者の選択権（当事者による法選択）の分析には、経済学的分析手法が利用できそうである。国際私法の経済分析が広まらない理論的原因は国際私法の間接法規性にあることは否定できないとしても、その実際的理由は別のところにあるのではないか。

この論文では、米国の代表的な先行研究を素材に、国際私法の経済学的分析の不人気の原因を探り、その課題を明らかにする。IIで日本と比較すると国際私法の経済学的分析において先行していると考えられる米国の代表的研究を検討する。IIIでは、米国の先行研究が対象としてきた国際私法の領域と日本の国際私法学の関心に重要なずれがあることを明らかにし、対象領域を再設定することによって、国際私法（以下では広く「抵触法」という）の経済分析は日本においても新たな学問の地平を拓く可能性があることを示したい。

II　米国の先行研究

米国における国際私法の経済学的分析は、ポズナーに始まったといえる。も

っとも，ポズナー自身は，「比較不利益原則」(comparative impairment principle) アプローチを提唱したバクスターが最初だという。[7]いずれにしても，ポズナーの分析ほど，現在でもしばしば批判的にまたは好意的に取り上げられる研究はない。[8]しかしながら，ポズナーの国際私法の経済学的分析は簡潔すぎて，全体像を理解しにくい。以下ではまず有名な自動車事故の設例に関する分析を他の著作で補足し，ポズナーによる国際私法の経済学的分析の概要を明らかにする。つぎにその批判論と最近の好意的な議論を紹介し，米国における先行研究の概観を示すことにする。

1 ポズナーによる分析

(ア) 自動車事故ケース1

現在でもしばしば批判的にまたは好意的に取り上げられるポズナーの有名な自動車事故の設例（後述）は，1986年に『法の経済分析』第3版ではじめて現れた。[9]もっとも，第1版の「連邦制の経済学」には，米国の伝統的な不法行為地法主義に関する判例が，[10]「本章の分析がこのような法選択の問題に解答を与える助けになるか」という練習問題として使われているが，本文での分析はない。[11]

ここで用語について補足しておく。米国では国際的な事例よりも州際的な事例において複数の州のいずれの法を準拠法として適用すべきかに主要な関心があるので，国際私法より抵触法 (conflict of laws) という用語が一般的である。もっとも，米国では抵触法という言葉は私法的法律関係に限られず，公的な規制・監督関係にも用いられる。[12]「法選択」(choice of law) という言葉も抵触法と同義に使われる。「法選択」は当事者による準拠法選択（当事者自治）という意味に限られない。

ポズナーは，『法の経済分析』の民事および刑事手続の章で，[13]法選択の項を設け，次のような自動車事故の例を分析している。[14]

表1

	A州		B州（法廷地）	
ケース1	A州民Y→→→→→→→		A州民Y　傷害	B州民X
ケース2	A州民Y　A州民X→→→		A州民Y　傷害	A州民X

　A州の住民YがB州で自動車を運転中に，B州の住民Xを負傷させ，B州でXに訴えられた。XおよびYの権利を判断するのにどちらの州の法が適用されるべきか（**表1　ケース1**）。

　ポズナーは，このケースを次のように分析する。

　A州民が勝訴すればより多くの金を持つようになるからA州は利得をうる。B州民が勝訴すれば同じ理由でB州が利得をうる。しかしこれらの利得は相互に打ち消し合うから，無視することができる。これに対して，A州は自州民がB州で不当な制限無しに運転できることに利益を有し，B州は不注意な運転者によって自州民が負傷させられないように保護する利益を有する。自州民が勝訴することからの利益は相互に消し合うが，他州で運転できる利益と自州で事故から保護する利益は消し合わない。[15]

　ここでB州（事故地）のルールがその州の運転環境（道路状況，気候など）に合わせて作られていると仮定しよう。するとB州はB州で生じた事故について規制する比較優位（comparative regulatory advantage）を有する。したがって，経済学的には，訴訟がどこで起こされても不法行為には不法行為が生じた地の法律を適用するという伝統的コモン・ロー（判例法）ルールを支持すべきだといえる。

　しかしながら，多くの州ではこのルールに代わって，事件関係州の利益を分析するもっと複雑な方法（以下では「現代的アプローチ」という）を採用するようになった。[16] ポズナーはしかしながら，利益を争点とすべきではなく，どの州の法が紛争事案にもっとも適合的かを争点とすべきであるといって，次の例を引く。[17]

争点が，どの州の出訴期限法が適用されるべきかであるとしよう。出訴期限法の目的が，古い証拠による裁判過誤コストを削減することならば，事件が審理される州の法律を適用すべきであるといえる。なぜなら，法廷地の出訴期限法は，古い証拠を処理するその地の裁判所の能力を反映していると考えられるからである。反対に，出訴期限法の目的が，人々が自らの活動を一層の確実性をもって計画できるようにすることにあるならば，加害者の州の出訴期限法を適用すべきといえる。なぜなら，不確実性にさらされるのは加害者の方だからである。

つぎに，異なる州の住民間の契約違反事件における争点が，約束者が有効な約束をする能力（21歳でなければいけないのか，それとも18歳でよいのか）ならば，能力に関する約束者の居住地の法が紛争解決に比較優位を有するといえる。なぜなら，約束者の居住地の法は，その州の住民の能力に基づいて定められていると考えられるからである。[18]

ポズナーは，以上の分析では解決が困難なケースとして，A州の二人の住民XおよびYがB州で衝突事故に巻き込まれた例をあげる（**表1　ケース2**）。B州の不法行為法は道路や天候など場所的ファクターに関して適合性が大であるが，注意する能力（ability to take care）など人的ファクターに関してはA州法のほうが適合性が大であるという。

以上のようなポズナーの分析は簡潔すぎるので，次のような疑問が生じる。第1に分析の目的が明らかではなく，また伝統的な不法行為地法主義は規制についての比較優位によって正当化されるといいながら，説明の後半では争点ごとの準拠法決定をすべきだという現代的アプローチを採用しているようにみえる。[19] 第2に最後の第2ケースの分析は明晰ではなく，結論も示されていない。それぞれ補足が必要である。

(イ)　抵触法の経済学的分析の目的

ポズナーが抵触法の経済学的分析の目的をどのように設定しているのかを理

解するためには,『連邦裁判所―危機と改革』のなかでの説明が有用である。[20]

ポズナーは,抵触法は経済学的分析を求めており,実際に裁判所やその批判者達も経済学的分析を加えていると指摘する。とりわけ次の2つの考慮が加えられているという。

第1に,任意の紛争に適用される準拠法が不確実なことから生じる情報コストである。伝統的な不法行為地法主義から現代的アプローチへの批判は,情報コストにかかわるものである。すなわち,現代的アプローチでは他州での活動をしようとする人々は,どの法に従うべきかを知るのが困難であり,人々の無知はすべての州の法の抑止効果を減少させるというのである。情報コストの考慮に競合するのが,第2の考慮,すなわち規制についての比較優位の考慮である。

ポズナーによれば,特定の争点について州が有する利益を分析して準拠法を決定する現代的アプローチは,伝統的不法行為地法主義と比べると情報コストを増加させる。しかも「利益分析」の方法は,[21]規制についての比較優位がどこにあろうと,法廷地の州が自州法を適用することにつながる。この傾向は,法廷地あさり(フォーラム・ショッピング)につながり,情報コストを増加させる。この傾向は,デュー・プロセス条項により州外の被告に対する裁判権行使を抑制することでもっぱらコントロールされる。[22]

以上の紹介からは,ポズナーが伝統的な不法行為地法主義を支持し,新しい方法論を一般的に批判しているのではないことが明らかになってくる。ポズナーは,情報コストと規制に関する比較優位の2つの基準から不法行為地法主義と新しいアプローチを評価しているだけだと理解できるのである。このことは,次の記述から一層明らかとなる。

抵触法の現在の状況は満足のいくものではないが,裁判所が様々に試みている考え方は突き詰めれば経済学的なのであって,経済学的な言葉で定式化できるのである。基本的には前述のように,次の2つのコストのトレードオフとな[23]

る。第1に，任意の紛争に適用される準拠法が不確実なことから生じる情報コスト（主たるコストは法の抑止効果の減少），第2に，紛争をもっとも効率的に解決することに比較優位を有さない州の法を適用するコストである[24]。

以上から，ポズナーが抵触法の経済学的分析で目的としているのは，紛争解決の効率化であり，紛争解決のコストを減少させることであると理解できる。これは，第1にコモン・ローそして第2に訴訟手続の目的に関するポズナーの考え方と重なる。第1に，ポズナーによれば，コモン・ローは明示的というより直感的にではあるが経済的効率性を促進したいという考え方に影響を受けている[25]。ここから，コモン・ローは社会の富の最大化を図るためのシステムであると説明するのが最善であるという「コモン・ローの効率性理論」が導かれる[26]。「コモン・ローの効率性理論」は，ポズナー自身が認めるように，効率性がコモン・ローにどの程度の影響を与えているか，または与えるべきであるかをめぐって議論のあるところである。しかし，ポズナーの主張のポイントは，財に限りがある世界における合理的選択の理論としての経済学が，コモン・ローの裁判に関係がないはずがないというものである。

(ウ) 自動車事故ケース2

つぎに，分析が示されていなかった，A州の二人の住民がB州で衝突事故に巻き込まれた設例（**表1**　ケース2）はどうか。ポズナーは，B州の不法行為法は道路や天候など場所的ファクターに関して適合性が大であるが，注意する能力（ability to take care）など人的ファクターに関してはA州法のほうが適合性が大であるという。しかし，このような争点の分析は適切とは思われない。むしろ加害者の行為の評価やその一般的な注意義務が争点ならば，不法行為地であり第三者が存在する可能性も高いB州に規制についての比較優位があると考えられる。もちろん，裁判の過誤のリスクは，B州の裁判所がB州法を適用することによって減少するはずだ。したがって，ポズナーの経済分析からは，不法行為地であり法廷地であるB州法の適用がもっとも効率的な紛争解決につな

がるケースなのである。

　しかし，以上のような分析は，現代的な争点毎の準拠法決定の観点からは説得的とはいえない。なぜなら，A州の住民である加害者と被害者間の賠償の有無が争点であるような場合には，不法行為地であるB州の規制についての比較優位が揺らぐ場合があるからだ。たとえばB州の好意同乗者法では損害賠償が認められないが，A州の通常の過失責任ルールでは損害賠償が認められるという場合が考えられる。しかし，これと反対にA州が好意同乗者法を有しており，B州が通常の過失責任ルールを採用しているような場合には，不法行為地であるB州がA州の好意同乗者法を適用して過失のある加害者を免責するということは，規制についての比較優位に反する。B州が不法行為地法主義を廃棄したとしても，B州は現代的アプローチのどの方法論によっても，自州法を適用すると考えられる。[27]

　㈢　経済学的分析の目的

　最後に，ポズナーが用いる経済学の考え方から，抵触法の経済学的分析の目的を確認しておこう。「合理的選択の理論」とは，人の必要に比較して資源が有限である世界では，個人や企業は選択を強いられ，コスト（費用）とベネフィット（便益）を比較検討して，個人なら利益や効用の，企業なら利潤の最大化を図ることを意味する。[28]また，効率性とは富の最大化を意味する。[29]したがって，前述のように，コモン・ローは社会における富の最大化を図るシステムであるという説明が，コモン・ローの効率性理論といわれるのである。経済学的にとらえた裁判制度の目標は，裁判の過誤のコストおよび裁判制度の運営コストを削減することである。[30]コストの削減は，富の最大化につながる。

　上でみたように，ポズナーが示した抵触法の目的は，①紛争に適用される準拠法が不確実なことから生じる情報コストと，②紛争をもっとも効率的に解決することに比較優位を有さない州の法を適用するコストを削減し，紛争解決のコストを下げることによって紛争解決の効率化を図ることであった。また，抵

触法の目的は，裁判過誤のコストと裁判制度の運営コストを減少させるという意味で，裁判の効率化に含まれると考えられる。

しかしながら，物権や家族関係，相続などにおける法選択を考慮すると，抵触法の目的が紛争解決や裁判の効率化だけにあるというのは一面的なように思われる。取引や家族関係についての準拠法を事前に知ったり，法律関係の成立から終了までの準拠法があらかじめ決まっていたりすることは，法律関係の安定をもたらし，経済学的にも取引コストの削減につながるはずである。抵触法をコモン・ローの一部として扱うポズナーの視点からは，抵触法の終局の目的もまた，コストを低減させ，社会における富を最大化させることに求められるべきであろう。

2 ソリマインによる批判

つぎにとりあげるのは，ソリマインが「法選択の経済学的・実証的分析」という論文でしたポズナー批判である(31)。この論文は，ポズナーに続く国際私法の経済学的分析に関するもっとも初期の研究である。ソリマインはこの論文で，2つの問題を明らかにしようとしている。第1に米国の3分の1の州がいまだに伝統的方法に従うのはなぜか(32)。第2に新しい方法論に対する批判に事実的なうらづけがあるのか。

ソリマイン論文は，上でみたポズナーの議論の要旨を紹介して，これが米国の伝統的な抵触法の基礎にある属地主義アプローチ（territorial approach）を経済学的に正当化するものだと評価する。そして次のような疑問を投げかける。ポズナーのアプローチの強みは，属地性が直感に訴えるところである。しかし，法選択への厳密な経済学的アプローチはほとんどの州で受け入れられていない。なぜか？

著者は，これを3つに分けて議論し，ポズナー批判を展開する。第1に属地主義の直感的わかりやすさにもかかわらず，属地主義は現代的アプローチの論

者から激しく批判されてきた歴史があるという。しかし，ソリマインは気がついていないようだが，伝統的な属地主義の考え方は現在では変質している。現代的アプローチが批判の対象とした抵触法第1次リステイトメント[33]の属地主義は，主権国家の法の効力はその領域を超えないという意味（特許権における属地主義に近い）での属地主義に立つ。これに対して，現在の抵触法における属地主義は，たとえば「不法行為は不法行為の生じた地の法による」というような場所的な要素に着目して準拠法を決定することを意味する。したがって，激しく批判され克服された属地主義とポズナーがいう属地主義とは意味が異なるのである。

ソリマインはさらに，近接分野である対人管轄（債権関係についての裁判管轄）においても，厳格な属地主義が放擲されたことをあげる。確かに連邦最高裁の「最小限の関連」（ミニマム・コンタクト）理論は，当初は被告が法廷地に本拠を有しない場合や物理的に所在していない場合には州は裁判権を行使できないという意味での属地主義を克服するためのものであった。しかし，現在では「最小限の関連」理論は州外被告に対する州の広範な裁判権行使を抑制する方向で機能しており，裁判管轄の分野では現代的な利益衡量理論は否定されたのである。[34] 抵触法分野の属地主義と同様，場所的な関連（被告を中心とした）に着目した属地主義に変容しているといえる。[35]

第2に，ポズナーの情報コストの議論（1(イ)参照）に関して，現代的アプローチの不確実性が特定の州法の抑止効果を減少させるかは不明であるという。厳格責任州と過失責任州があれば，リスク回避的当事者はより行為抑止的な厳格責任州の法に従う傾向があるからである。[36] さらに，「確実性」にどの程度の価値をおくかについては議論のあるところであるが，少なくとも伝統的な抵触法の抑止的機能が失われたことをそれほど重要な社会的損害としてみるべきではないという。

確かにソリマインが指摘するように，不法行為地法主義にしたがって適用さ

れる法が事前にわかっても，それが不法行為の抑止効果に結びつかないかもしれない。しかし不確実性が減少すれば論理的には情報コストが下がるので，適用される法の確実性は予見可能性を高め，事前の計画（保険など）を可能にするから，全体の取引コストは下がると思われる。この点は，抵触法の目的を紛争処理や裁判制度のなかでとらえるか，それともより広く社会の富の最大化という目的を掲げるかによって，答えがかわってくるかもしれない（前述1(エ)参照）。

　第3の批判は，ポズナーが主張する規制に関する比較優位の考え方は，彼自身が批判する現代的方法の利益分析と類似しているというものである。特に出訴期限法や約束能力の例で，争点または法目的によって準拠法を変えているところは，現代的アプローチの特徴といえる。法目的の探求は解釈者の目的に左右される。そのような方法は不確実であって，取引コストを発生させるであろうという(37)。

　しかしながら，ポズナーが現代的アプローチの方法論を批判しながら自ら利用しているというソリマインの批判が的はずれであることは，前述の検討からも明らかである。ポズナーは，情報コストと規制に関する比較優位の2つの基準から不法行為地法主義と新しいアプローチを評価しているだけであって，いずれか一方を支持し，他方を批判しているわけではない。実際，ポズナーは，抵触法の現在の状況は満足のいくものではないが，裁判所が様々に試みている考え方は突き詰めれば経済学的なのであって，経済学的な言葉で定式化できると主張しているのである。そもそも「コモン・ローの効率性理論」をとなえるポズナーが，裁判所の多くが採用する新しい抵触法アプローチを全面的に否定できるはずがない。むしろコモン・ローの現状維持に貢献してしまうかもしれないのである。

　このように，ソリマインの第3の批判はポズナーの趣旨を誤解していると思われる。しかし，たとえば前述(ウ)の自動車事故ケース2の分析は，ポズナーの

趣旨を正しく解釈したとしても，日本の国際私法（ヨーロッパの国際私法の傾向も同じ）からは抵触法ルールの分析とはいえないという批判がされるであろう。なぜなら，自動車事故ケース1では規制に関する比較優位が抵触法ルール（不法行為地法主義）の効率性を根拠づけるのに用いていたのに対して，ケース2では2つの州の実質法（不法行為法）自体の比較優位を問題としているからである。すなわち，ポズナーは，抵触法ではなく実質法の経済学的分析をしているのである。

　第4に，ソリマインは，ポズナーがバクスターの「比較不利益原則」アプローチ（前述1）を国際私法の経済学的分析だという点をとらえて，バクスターのアプローチに欠陥があること，およびそれがポズナーの避けようとしている利益衡量によっていることを批判する。⁽³⁸⁾しかし，ポズナーの趣旨は「20年前の」バクスターの分析の正しさを議論することではなく（ポズナーはこの分析には納得できないという），抵触法には経済学的分析が必要であり，それが実際に加えられているということを例証したかったのである（前述1(イ)参照）。⁽³⁹⁾

　最後に，ソリマインは，ポズナーの分析が多くの州裁判所が属地主義的な理論を捨てている事実を説明していないと批判する。⁽⁴⁰⁾しかしこの批判も，「コモン・ローの効率性理論」に対してはあてはまらない。ポズナーの目的は，多くの裁判所が属地主義的な理論を捨てている現状と少数の裁判所が不法行為地法主義を維持する現状を経済学的に分析することなのである。

　ソリマインのポズナー批判は，第1に伝統的な米国の属地主義的理論と利益分析を重視する現代的アプローチが理論的に対置できること，第2にポズナーが前者を支持し，後者を否定することを前提としている。第2の前提が誤りであることはすでに示した。次のオハラ・リブスタインは，第1の前提を否定することから始める。

3 オハラ・リブスタインの親近性

オハラ・リブスタインの「法選択における政治から効率性へ」(41)は，抵触法の目的を富の最大化ととらえ，規制に関する比較優位の考え方を適用する点で，ポズナーの理論との親近性がある。

オハラ・リブスタインによれば，伝統的な属地主義的理論は政治権力の属地性に基づき，紛争の結果をコントロールする政治権力を重視していた。ほとんどの裁判所は，それまでの属地主義的ルールを立法者意思，すなわち州の政治目的を重視する「利益分析」の一種にすりかえたのである。著者らは，このような州間で政治権限を配分する法選択システムにかえて，富の最大化と個人の選択を重視する法選択システム（著者らはこれを「効率性アプローチ」と呼ぶ）(42)を提唱する。

富の最大化と個人の選択の観点からは，州の利益や権限を強調するのは誤りである。なぜなら，政治家が社会厚生を最大化するとは考えられず，むしろ政治的意思決定は権限委譲から生じるエージェンシー・コストから逃れられないからである。効率性アプローチは次のような考え方に基づいている。法選択規則は，市民が自らの行為によって非効率的な強行規定を回避できるようにすることによって，政治家への権限の委任から不可避的に生じるエージェンシー・コストの削減に貢献することができるものなのである。

著者達の主張する効率的な法選択システムは，次の要素を含んでいる(43)。まず契約における法選択条項の有効性を前提とする。次に，当事者が明示的な法選択をすることができない場合には，当事者が低コストで事前に準拠法を確定することを容易にする。この準拠法の知識があれば，ニーズに適合しない法を回避するように行動を計画することが可能となる。さらに，効率的な法選択システムがあれば，当事者は効率的な法の選択を合意したり非効率な法を回避したりするコストも削減することができるだろう。当事者の明示的な合意がない場合には，裁判所は当事者が事前に合意によって選択したであろう法を適用すべ

きである。当事者らが自分たちの共同の厚生を最大化するような法に規律されることを好むとすれば，規制に比較優位を有する州の法を選択したはずである。しかし，個人の選択を容易にすれば，非効率的な法と同様に効率的な法の効果も減殺されてしまうおそれがある。したがって，法選択システムには，政府（裁判所ではなく立法府）による有益な規制の役割を残しておく必要がある。

著者達の法選択の効率性アプローチは，法の選択から生じるコストの総和を極小化しようとするものである。たとえば，法的不確実性にともなう余計な訴訟コスト，当事者が行為の当時に準拠法を予想するコスト，非効率的な法の社会的コスト，法の回避により失われた便益である。もちろん，著者達は，いかなる法選択システムもこれらのコストを完全にゼロにできないことを認めながら，事前の予測可能性を促進するような明確な規則が望ましいことを示そうとしている。[44]

ポズナーの規制についての比較優位の理論は，著者達の主張する法選択の効率性アプローチにうまくフィットする。ポズナーの理論は，事故法や財産法でもっとも使いやすい。しかし，次の点で効率性と衝突する可能性があるという。

最大の問題は，ポズナーの理論がケースバイケースの判断を必要とするので，アドホックな司法的決定を助長し，当事者が事前の計画をたてる可能性を小さくしてしまう点である。たとえば，不法行為法の中でどれが行為を規律するルールでどれが損失を配分するルールかを区別するのは難しい。事故の発生地は行為の規律について比較優位を有するが，争点が損失の配分ならば，当事者の共通住所地が比較優位を有するかもしれないのである。オハラ・リブスタインは，不確実性の問題を避けるために，規律に関する比較優位に選択を最大化する考慮を加えて，特定のケースの類型に見合ったルールを提案しようとしている。[45]

オハラ・リブスタインの以上の批判は，判例法を経済学的に説明しようとするポズナーの分析の限界を示している。1(エ)で述べたように，抵触法の目的を

紛争解決や裁判の効率化だけに限定するのは，抵触法の秩序維持機能を軽視した議論である。ポズナーがコモン・ローの目標だとするコスト低減と社会における富の最大化こそ，ポズナーによる抵触法の経済学的分析の目的というべきである。このように見れば，オハラ・リブスタインが提唱する富の最大化と個人の選択を重視する効率的抵触法システムもまた，ポズナー理論の変形といえるだろう。

Ⅲ　国際私法の経済学的分析に未来はあるか

1　米国から学べない理由

　米国は法と経済学の母国だといわれるように，日本における法の経済学的分析は米国の先行研究に多大な影響を受けてきた。[46]しかし，国際私法の分野への影響は皆無であった。これはある意味では当然といえる。次の2つの理由があげられる。第1に，米国における抵触法の経済学的分析自体，他の分野に比べて影響力が少ないからである。[47]第2に，米国抵触法と日本の国際私法には，当事者自治が認められる契約分野を除き[48]，比較可能なルールが存在しないからである。[49]

　まず，米国においても抵触法の経済学的分析は他の分野に比べて存在感が薄いので，今まで日本に紹介される機会がなかったことが指摘できる。Ⅱの検討によっても，抵触法の経済学的分析は現実をうまく説明できていないことがわかる。

　ポズナーは，情報コストや規制に関する比較優位の考慮から，不法行為地法主義が経済学的に効率的（費用より便益の方が大きいという意味）であるという。オハラ・リブスタインはさらに明確に，通常の不法行為について準拠法に関する合意ができない場合には，争点のいかんに関わらず，損害発生地法を適用すべきであると主張する。[50]ソリマインは，米国でも相当の州がいまだに不法行為地法主義に従う理由は経済学的に説明でき，また，新しい方法論に対する原告[51]

優先,法廷地法優先という批判にも事実的なうらづけがあると結論した。しかし,現実は現代的アプローチが圧倒的に優勢であり,不法行為地法主義に従う州は減少傾向にある。ポズナーが,不法行為地法主義で説明できないケースを実質法の分析で説明しようとした点は,日本やヨーロッパの国際私法からは受け入れられないであろう(Ⅱ2参照)。

つぎに,米国抵触法と日本の国際私法はあまりにも異なるので,米国抵触法の経済学的分析は,日本の国際私法学には有効でない可能性がある。たとえば不法行為に関する日米の実質法のルールが異なっていても,損害と因果関係,厳格責任と過失責任など,基本となる原理は共有でき,共通の言語で分析することができる。しかし,Ⅱで見たように,米国抵触法には判例法を主体とする利益分析的アプローチはあっても,ルールは一般的ではない。この点を整理すると次のようになる。

利益分析的アプローチとは,カリー(Currie)によって提唱された統治利益分析理論から発展した様々な学説上,判例上の理論をいう。この新しい理論の出現は,抵触法第1次リステイトメントの支配を打ち破ったという意味で,「抵触法革命」(conflict-of-law revolution)と呼ばれる。カリーの方法は,関係州の法と政策が実際には抵触しない虚偽の抵触(false conflict)と,関係州の正当な利益の衝突が避けられない真の抵触(true conflict)とを区別し,真の抵触の場合には法廷地法を適用するものである。虚偽の抵触と真の抵触の区別を核心とする利益分析的アプローチは,表面的には異なるアプローチ(たとえば抵触法第2次リステイトメントの方法)をとる州でも,基本的な方法として,程度の差こそあれ採用されている。

これに対して日本の国際私法は,制定法に含まれる抵触法規則の形式をとる。たとえば法の適用に関する通則法第17条は,不法行為債権の成立・効力は,加害行為の結果発生地法によるというように,特定の法律関係に特定の準拠法秩序を指定する。実定抵触規則がないために条理解釈をする場合にも,制定法と

同様の構造を持った抵触法規則を導き出す。また，国際私法の目的は，国際的私法交通の円滑と安全および国際的な判決調和（適用される準拠法を同一にして解決の一致）を図ることであると説かれる。このために，内外法平等の考え方を前提に，国際的な私法関係にもっとも密接な関係を有する場所の法秩序（最密接関係地法）を適用する。これらの基本原理は，国際私法の立法および解釈で実現されるべきものであると考えられている。

以上のように，日米の抵触法では，契約分野を除きルールの比較が不可能なだけではなく，基本原理も異なっているようにみえるので，米国の抵触法の経済分析は日本の研究者にとって魅力のあるものとはうつらない。日米間に限らず，国際的および国内的にも，異なるルールや原理間での比較が可能でないと，法の経済学的分析は説得的な説明を提供できないのである。

2 対象領域の再発見

前述1の日米比較が不可能だという外見は，さらなる分析を加えれば異なった様相を見せる。日米間で抵触法の比較が成立し，しかも国際的に経済学的分析の対象となりうる領域が存在するのである。以下の(ア)では，日米で比較可能な条件が存在しているのに，米国で経済学的分析が行われていない領域を概観する。つぎに(イ)では，米国では経済学的分析が盛んに行われており，また，異なったルールや原理の比較が国際的にも可能な領域があることを示す。

(ア) 抵触法ルール

第1に，米国にはルールとしての抵触法が存在している。なかでも統一商事法典は重要な抵触法ルールを含んでいる。たとえば，資金移動（関係銀行所在地法，資金移動システム規則による指定，4A-507），間接保有証券（証券管理機関の法域の法，8-110），担保権の完全化・優先順位（債務者の所在地法，譲渡人の所在地法として譲渡にも準用．9-301）などである。しかし，米国の抵触法学の関心は，抵触法ルールではなく，第1次リステイトメントのルールを批判する抵触

法革命の一方の担い手となった判例法であった。このため，日本の国際私法学の関心も，利益分析的アプローチを説く学説と判例に向けられてきた。

　もちろん，当事者による契約準拠法の選択については従来から日米の比較法的分析が可能であったが，日米における最近の法発展は，この分野における国際的な接近を示すものとなった。たとえば，2001年に作成された統一商事法典1-105条は，当事者が選択した準拠法と取引との間に合理的関係があることを要求していたが，2002年に追加された1-301条では，この制限は消費者取引にのみ適用されることとなった（1-301(e)(1)）。米国の規制緩和によって，日本の当事者自治の原則（法例7条，通則法7条）に極めて近いものとなったといえる。また，当事者の合意または「州の抵触法原則」によって決定された準拠法の適用は，消費者の主として居住する州または国の消費者保護を目的とする強行規定の保護を当事者から奪うものではない（1-301(e)(2)）という規定は，欧州共同体（EC）のルールと驚くほど類似している(64)。消費者は常居所地法中の強行規定を援用できると規定する日本の国際私法（通則法11条）とも比較できる。

　以上のような抵触法ルールは，米国においてもいまだ経済学的分析の対象とはなっていない。しかし，日米間あるいは国際的に比較可能なルールや原理が存在するという事実は，それらを経済学的に分析する意味があることを示す。筆者は，特に次のような場合が説明できれば，経済学的分析に対する法学者のインセンティブが大きくなるのではないかと考える。

　第1に，同じ事実を規律する異なったルールや原理が存在する場合。たとえば実質法でいえば，厳格責任と過失責任，履行利益か期待利益かが問題となる場合である。日米間でいえば，たとえば統一商事法典9-301条は債権譲渡の競合する譲受人間の優先順位は，譲渡人の営業所所在地法によると定める。これに対して，日本の新しい国際私法規則は，債権譲渡の債務者その他の第三者に対する効力は譲渡の対象となる債権の準拠法によると規定する(65)（通則法23条）。以上のような場合は，ルールについての見解の相違が，直感的に経済的効果の

相違に結びつくので，法学者にとって経済分析の結果がわかりやすいと考えられる。

第2に，資金移動の準拠法や間接保有証券の準拠法のように，抵触法ルールが存在する場合（米国）とまだ存在しない場合（日本）が比較できるトピックがある。(66) このような先端的なトピックにおいては，抵触法の既存の概念では決着がつきにくい問題があらわれる。たとえば，システムの自治規範による準拠法指定がなぜシステム参加銀行以外の関係者を拘束するのか，なぜ証券会社と顧客の間の準拠法が第三者の権利を規律するのを認めるのか，物権の所在地法ルール（通則法13条参照）では対応できないのかなどである。これらの問題は，取引コストと外部性という経済学的分析が得意としてきた話題を提供してくれるだろう。

第3に，上であげた資金移動や間接保有証券の問題は，準拠法選択における当事者自治を認めるか認めないかという抵触法上の重要問題に関係する。当事者自治の範囲をどこまで認めるかは，オハラ・リブスタインのように，経済学的分析の格好の対象となりうる。

(イ) 規律管轄権

第2に，米国における抵触法の経済学的分析の対象は，伝統的な抵触法ルールと現代的なアプローチおよび(ア)でみた現代的な抵触法ルールに限られない。次に見るように，規律（立法）管轄権(67)の分野では注目に値する研究が存在し，分野や国境をこえた分析の可能性を示唆している。

規律管轄権の問題に関心が集まるのには，いくつか理由がある。第1に，理論的には，州抵触法の外枠は州際的事件に対する自州の規律権の憲法的限界となるからである。(68) カリーの利益分析アプローチも，連邦最高裁の憲法判例の分析によって生み出されたといえる。(69) 第2に，最近では州の法選択が憲法上問題となることはほとんどなく，(70) 規律管轄権の問題は合衆国法の対外的な規律権の(71)「域外適用」を巡って国際的に関心を集めたからである。米国の対外的な規律

管轄権の分野は，1987年の合衆国対外関係法（第3次）リステイトメントの作成やこれを参照しつつ反トラスト法の域外適用を認めた合衆国最高裁の1993年のハートフォード火災保険判決，そして最近のホフマンラローシュ判決など，理論的，実務的な話題に事欠かない。

(a) グッツマンとトラクトマンの経済分析

規律管轄権を含む抵触法分野においては，次のふたつの研究が，経済学的分析の可能性を探るための重要な示唆を与えてくれる。

まずグッツマンは，「法選択―新たな基礎」という論文で，従来の議論は（利益分析論などの現代的アプローチを含めて），法選択ルールを規範的に正当化するために例外なく主権の観念を用いてきたことを批判し，次のように指摘する。国際的活動の増加と技術の進歩によって，私人の活動が複数の国家の法に規律される事態が生じている現在においては，内国法秩序は同じ活動をよりよく規律するために協同するための方策を見いだすべきであるのに，いずれの国内法システムも相互間の抵触を解決するのに成功していない。すなわち，効果的で効率的な法選択（以下では原則として「抵触法」と言い換える）システムを持たないというのである。こうして，グッツマンは，主権ではなく抵触法ルールで影響を受ける当事者の厚生に焦点を絞ろうとするのである。

グッツマンは，2の先行研究では当然の前提とされていた経済分析の目的について，次のように説明する。抵触法に関するいろいろな提案がいったい何を目標としているのかを見いだすのは困難であり，仮にカリーのように目標が「統治利益」であると明確になる場合であっても，これを正当化するのは困難である。しかし，抵触法学が何を目標とするかが明確にできないと，代替的な提案を評価することが困難となるというのである。そこで著者は，経済学の方法にしたがって，グローバル・ウェルフェアー（世界の厚生）を目標に設定して分析を進める。

グッツマンは個人の幸福を最重要視し，ある取引が個人に及ぼす効果に焦点

を合わせる。そして，①ある取引が一国の厚生に及ぼす影響は，直接的効果（取引当事者の獲得するベネフィット）と間接的効果（第三者に対するマイナスまたはプラスの効果）の総和であり，②その取引が世界の厚生に及ぼす影響は，世界中の直接的効果と間接的効果の総和であるとする。これを前提に，厚生に及ぼす影響がプラスとなるような取引を許容しマイナスになる取引を禁止するような法を指定する抵触法規則を見いだすべきであるとして，②の世界的厚生によって①の1国の厚生に基づく規則を評価しようとする。[78]

つぎにトラクトマンは「規律管轄権と法選択の経済学的分析」[79]において，規律管轄を，水平的な関係にある組織（州際または国際システム）間の権限配分の問題ととらえ，国家は，規律管轄や法選択を含む国際的制度を，その構成員の純利益を最大化するために利用し設計すると仮定して分析する。純利益は，規律権の政府間取引から得られる取引利益から取引損失および取引費用を引いた余剰である。[80]

トラクトマンもグッツマンと同様に国家を行為主体として分析するが，次のような相違に注意すべきである。第1に，グッツマンは世界的厚生の最大化を目標として，国家的厚生の最大化の考慮による抵触法規則を評価するが，トラクトマンは国家の構成員の利益の最大化自体を目標とする。第2に，グッツマンが私人の取引から生じる利益と第三者に生じる損失に着目するのに対して，トラクトマンは国家間の規律権取引を問題とする。

以上の相違の最大の原因は，国家の利益，とりわけ強行法規を適用する意思を当事者による準拠法選択によって骨抜きにすべきではないというトラクトマンの主張による。トラクトマンは，規律管轄ルールの主要な機能は，私人同士の取引によって第三者が意図せぬ影響を受ける（外部性）場合に，国家間において外部性に対応する（内部化する）ための国家のインセンティブをつくることにあるというからである。[81]したがって，トラクトマンは，当事者による準拠法選択を重視するオハラ・リブスタインの効率性アプローチ（前掲Ⅱ3参照）

に批判的である。さらに，会社はよりよい法規制をする州に本社を移転するという制度間競争（regulatory competition）の議論に対しても，制度間競争は取引利益に影響を与えるから分析にとって重要ではあるが，制度間競争が有益かどうかは第三者に対する影響を抜きにして判断できないはずだと批判する。[83]

(b) 示　　唆

グッツマンとトラクトマンによる規律管轄の経済分析から，3つの示唆を引き出すことができる。第1は経済分析の目的の明確化の必要性，第2は分野を超えた分析の可能性，第3は国境をこえた分析の可能性（国際的な共通語としての経済分析）である。

① 目的の明確化　　抵触法の経済分析のためには，抵触法が目指す目的を設定する必要があるというのは，日本の国際私法学にとってはなかなかやっかいな問題である。なぜなら，1で見た国際私法の目的も，どれが手段で目的なのかが明確とはいえないからである。国際的判決の調和は，果たして国際私法が追求すべき目的といえるのか。判決の国際的調和の核心は，どこの国でも類似の渉外的事件には同じ準拠法が適用されることであるが，この結果として国際的私法交通の円滑が得られるのなら，後者が最終目的だといえるのか。国際私法の理念といわれる最密接関係地法は，判決の国際的調和を達成するための手段といえるのか。

国際私法的価値に手段と目的の関係や優先関係があるのかについては，少なくとも日本の国際私法学で共通の理解があるとは思えない。しかし，たとえば不法行為制度の目的を事故抑止ではなく損害塡補ととらえれば，加害行為地法ではなく結果発生地法が最密接関係地法となるというように，法学者といえども，適切な評価のためには明確な目的や基準の設定が必要なことは理解しているのである。

ただ，国際私法規則の解釈においては，当事者の予見可能性や取引の安全などの価値と，判決の国際的調和というより抽象的な「秩序利益」そして被害者

の損害塡補等の制度的目的が相互の関係を問わないで首尾一貫性なく用いられる傾向があった。これは抵触法規則やその解釈の評価が最終的には決定不能であることを示す。国際私法の理解を深めるためには，国際私法的循環論は避けるべきである。目的や前提条件の意識的設定，取引コストの分析（たとえば事前，事後の情報収集コスト）や第三者に対する影響（外部性），情報の非対称などに関する経済学の方法と知見を利用することによって，国際私法学は新たな洞察を得ることができるのではないだろうか。

② 分野を超えた分析の可能性　グッツマン論文は，「法選択─新たな基礎」という題からもわかるように，抵触法の一般原理を提案しようとするものである。しかし，その主たる関心は，分析モデルや応用の形はとっているものの，規律管轄における域外適用や領域原則であった。トラクトマンは「分析枠組みの応用」として，効果テストと承認原則をとりあげ，それぞれ独禁法と証券取引法分野の実例で検証しようとしている。したがって，グッツマンやトラクトマンの分析対象は，日本なら国際私法というより「国際経済法」であるといえるだろう。規律管轄権の問題は，日本の国際私法学の主要な関心対象とはなっていない。しかし，特許権に基づく差し止め・廃棄請求について国際私法により準拠法を定め，これを米国法とする解釈を示した最高裁判決があらわれるなど，現実は国際私法の基本理論の再考を迫っているといえる。国際経済法と国際私法の競合領域を，共通の経済学的分析手法を用いて分析することによって，規律管轄権と国際私法の理論の異同を共通の言語で論ずるメリットは大きい。

　規律管轄権に対象領域を拡げると，さらに別の法分野の経済学的分析を利用することが可能となる。グッツマンとトラクトマンが程度の差こそあれ依拠した先行研究は，会社法，証券取引法，反トラスト法および破産法といったトピックについての制度間競争に関するものであった。とりわけ会社法においては，米国の大規模な会社の半数がデラウェアー州で設立されており，設立州を変更

する会社の大多数がデラウェアー州で再設立している状況で[88]，会社設立をめぐる州間競争と呼ばれており[89]，州間競争の経済分析は盛んである[90]。設立手数料を稼ぐための州間競争は「どん底を目指すレース」（race for the bottom）につながり，株主より経営者に有利な法を採用する結果となるという批判がある一方で[91]，再設立は富の増大につながるイベントであり[92]，会社は取引費用を削減できる法律を選択することによって最善の業績を実現するということが実証研究で裏付けられるという主張もある[93]。

興味深いのは，ポズナーが1972年の『法の経済分析』第1版で，すでに税金の州間競争について次のように分析していたことである。もし納税者が支払う税金と受け取るサービスは常に釣り合っていなければならないという課税原理があれば，納税者が州を移ることによって両者を釣り合わせようとする圧力となるが，実際はそのような課税原理はないので，州間競争は解決にはならない。つぎに，税法を連邦法だけにしてしまえば低い税率の州へ移転するインセンティブはなくなるが，次のような深刻な欠陥がある。すなわち，州政府が節約するインセンティブが失われてしまい，そのコストは連邦の納税者によって負担されることになるが，無駄遣いをする州では政治を通じて改善するというインセンティブが働かなくなるからである[94]。

以上の検討では，会社法や税法の問題が，証券取引法や反トラスト法と同様，国家の規律管轄権の問題だということを当然視してきた。特に会社法による規律が国際法で扱う国家管轄の一種であるというのは，意外に思われるかも知れない。しかし，日本が日本法を準拠法として設立された会社に対して会社法を適用して規律するのは国籍原則によって正当化され，日本会社の外国支店に対する規律権行使は，受け入れ国の規律権行使と競合する可能性がある[95]というように，会社法の適用も国家管轄権の理論によって説明できるのである。

すでに触れたように，抵触法の経済学的分析の対象を規律管轄権にまで広げると，反トラスト法や証券取引法における規律権の国際的調整が視野に入るの

は当然といえる。これらの分野は，米国だけではなくEUにおいても法がダイナミックに発展しているので，次にみるように，同じ経済学的分析の方法を用いて，国際的な比較と研究交流が可能となる。

③ 国境をこえた分析の可能性　すでに言及したように，トラクトマンは，その分析枠組みを承認原則に適用している。承認原則とは，領域国が母国（a home country）の規制を受け入れることである。承認原則のわかりやすい例として，ドイツの銀行の銀行・証券兼営（ユニバーサル・バンキング）を，監督規制の一定の調和を前提に，そのイギリス支店で認めるというような場合である[96]。トラクトマンは，受け入れ国で活動する外国会社をもっぱらその母国の規律に専属させようという無条件の承認（国際私法学でいう自動承認である）を批判し，EUの実行に由来する3つの条件を備えた「管理された承認論」（managed recognition）を主張する[97]。すなわち，等価性，主要部分の調和および公序に基づく例外条項（セーフガード）を要求することである。なお，トラクトマンは証券の目論見書に関する開示規制の例をあげて，内国民待遇，承認および調和の3つの選択肢のうち，管理された承認の方法を支持しているが，EUの実行はすでに自動承認を採用するところまで進んでいる[98]。

トラクトマンがEUの実行を参考にしたように，EUにおける経済規制の調和と相互承認に関する法と実行はめざましい進化を遂げている。EU域内での規律権の調整原理に対する関心の高まりは，ヨーロッパによるアメリカ抵触法の再発見につながっている。

たとえばワットの「統合・相互結合市場における法選択—政治経済学の問題」[99]は，ヨーロッパ的な抵触法の見方はグローバル化と域内統合がもたらした圧力によって姿を変えつつあるという認識に立つ。そして，グローバル化と域内統合は，私法モデルに強い疑問をつきつけ，規制権限の適切な配分をいかに確保するかに注意を向けさせるという[100]。特にグッツマン（他にトラクトマン，オハラ・リブスタインら）の研究に依拠し，自由市場理論を背景に世界的厚生の最

大化を目的として分析を進めるが，米国判例と実質的に等しい効果理論に与しているところがグッツマンと（トラクトマンとも）異なる。もっとも，論文の主眼は公的利益の抵触にも法選択を拡張する点にあると思われる。この発想は後の「統合と多様性—規律手段としての抵触法[101]」で発展させられることになった。

規律管轄権の国際配分原則としての①規制の等価性，②規制の調和および③相互承認および④伝統的な領域（属地主義）原則，および⑤効果理論は，日本においても意識的，無意識に，また一方的，双方的に採用されたり拒絶されたりしている。たとえば，外国法人の法人格の自動承認（民法36条参照）と外国会社の継続取引の規制（会社法817条，818条，821条，827条など参照）の関係，外国判決の承認制度（民事訴訟法118条），外国金融機関の免許・登録（保険業法187条参照），相互承認協定，外国特許法の効力の国際私法を通じた承認[102]（カードリーダー事件）などのトピックについては，経済学的分析によって国際的な議論の共有化が可能になると考える。

IV　おわりに

この論文では，次のことを明らかにした。

第1に米国の代表的な先行研究を素材に，国際私法の経済学的分析が他分野ほど盛んではない原因を探った。その結果，経済学的分析によれば不法行為地法主義に基づくルールを採用する方が費用削減効果の大きいにもかかわらず，不法行為地法主義は利益分析アプローチによって批判され，多くの州で廃棄されつつあるので，経済分析が現状をうまく説明できていないということが明らかになった。このため，抵触法の経済学的分析は米国で存在感が薄く，今まで日本に紹介される機会がなかったといえる。

つぎに，米国抵触法と日本の国際私法とはあまりにも異なるので，その経済学的分析は日本の国際私法学において注意を引くところとはならなかった。国内の法制度であっても，国際的な比較であっても，比較可能なルールや原理が見

いだせないと，経済分析による評価は魅力を持たない。

　第2に，米国の統一商事法典に含まれる抵触法ルールは経済学的分析の対象とはされていないが，国際取引においては関心が高く，日本やECとの有意義な比較が可能な領域である。この領域ではルールやそれを支える基本原理について盛んに議論が行われており，また経済学的評価によって経済効果の相違を想像しやすいので，法学者にとって経済学的分析の利益が直感的に把握できるというメリットがある。[103]

　第3に，規律管轄の分野は日本の国際私法学上は関連分野にとどまっているが，米国では注目すべき経済学的分析が行われている。先行研究は，①国際私法の経済学的分析の目的の明確化が必要であること，[104]②問題関心を共有できる領域に共通語としての経済学的分析を加えることによって，分野と国境を超えた議論の共有化が可能となることを含意している。

　国際私法の経済学的分析が発展するためには，一般的に①経済学的分析の目的の明確化と，②分野と国境を超えた議論の共有化が最重要課題となると思われる。これらの課題に意欲的に取り組もうとする試みが，分野と国境を超えて始まっている。バセドウ・河野の『国際私法の経済学的分析』[105]は，日本とドイツの法学者による共同研究の成果である。[106]国際私法の経済学的分析は，日本の国際私法学の孤立状態[107]を解消し，世界において新たな学問の地平を拓く可能性を秘めているのである。

（1）　2005年10月30日（日）に京都大学で開催された日本国際経済法学会2005年度研究大会（統一テーマ「『法と経済学』の諸相」）における川濵昇教授の報告による。
（2）　法と経済学の母国はアメリカであるといわれる。小林秀之・神田秀樹『「法と経済学」入門』3頁（1986年）参照。
（3）　最大化と均衡の意義については，ロバート・D・クーター，トーマス・S・ユーレン共著／太田勝造訳『新版　法と経済学』24頁以下（1997年）［原著第2版］参照。以下の注では「クーター太田訳〔1997〕」と引用する。
（4）　前掲注(1)松村敏弘報告「法と経済学の基本的な考え方とその手法」による。

（5）　たとえば，法の適用に関する通則法（以下「通則法」という）は，「不法行為によって生ずる債権の成立及び効力は，加害行為の結果が発生した地の法による」（第17条本文）と定める。国際私法は，不法行為の結果発生地法が外国法である場合でも，原則として日本の法秩序において法としての資格を認める機能を果たす（承認のルール）といえる。通則法（平成18年法律第78号，平成19年1月1日施行）は法例（明治31年法律第10号）の全部を改正するものである。

（6）　ロナルド・コース「社会的費用の問題」，松浦好治編訳『「法と経済学」の原点』15頁以下所収（新澤秀則訳）参照。Ronald H. Coase, "The Problem of Social Cost" 3 Journal of Law and Economics 1 (October 1960).

（7）　William F. Baxter, "Choice of Law and the Federal System," 16 Stanford Law Review 1 (1963). バクスターは，合衆国司法省の反トラスト部長であった。ポズナー後掲注(20)307頁参照。

（8）　他の分野からのポズナー批判については，川濱昇「『法と経済学』と法解釈の関係について―批判的検討―（1～4（完））」民商法雑誌108巻6号820頁以下，109巻1号1頁以下，2号207頁以下，3号434頁以下（1993年）参照。

（9）　Richard A. Posner, Economic Analysis of Law, 553 (3rd ed., 1986).「民事および刑事手続」の§21.15,「法選択（Choice of Law)」に含まれている。

（10）　不法行為地法主義を理解する手がかりになるので，次に紹介しておく。A州に居住する列車乗務員Xが，使用者たるY会社（A州の会社）の同僚による列車の検査ミスが原因でB州の列車上で負傷したので，Y会社をA州で訴えた事件。A州法によればY会社に責任があるが，損害発生地であるB州法ではY会社は免責される。A州最高裁判所は，不法行為地法主義にしたがいB州法を適用すべきであると判断した（アラバマ鉄道事件）。Alabama Great Southern R. R. Co. v. Carroll, 97 Ala. 126 (1892).

（11）　Richard A. Posner, Economic Analysis of Law, 278-293 (1st ed., 1972, 1973). 後述のように，本文では税法に関する州間競争が分析されていた。以下の注では「ポズナー[1972]」として引用する。

（12）　後述Ⅲ2参照。ドイツでも手続法，行政法，刑法などに関する規定について用いられる。パウル・ハインリッヒ・ノイハウス／櫻田嘉章訳『国際私法の基礎理論』7頁（2000年）参照。

（13）　以下では『法の経済分析〔第6版〕』を参照する。以下の注では「ポズナー[2003]」として引用する。

（14）　ポズナー[2003] 602～603頁。

（15）　ポズナーはこれを配分的利益（allocative interest）と分配的利益（distributive interest）として区別している。

（16）　ポズナー[2003] 603頁参照。現在では，米国の州の判例や学説のほとんどがなんらかの利益分析的アプローチを採用している。国際法学会『国際関係法辞典〔第2版〕』627頁[野村美明]（2005年）参照。

(17) ポズナーは以下で "issue" という言葉を何回も使っているが，これが訴訟の「争点」という意味なのか，一般的な「問題」というくらいの意味なのか判断できない。契約違反の例では明らかに「争点」という意味に用いている。
(18) 州間の人の移動が簡単になった現在，人の行為能力を住所地に結びつけるのは疑問である。リリエンタール判決（*Lilienthal v. Kaufman* 239 Or. 1 (1964)）は，Yはオレゴンで浪費者宣告をされ，後見人が付されていたところ，Xがカリフォルニアで署名交付した手形に基づき支払いをYに請求した事件で，オレゴン州法によればYは契約締結能力がなく，取消しうるが，カリフォルニア州法は浪費者の無能力制度がないので，カリフォルニア州法とオレゴン州法の法目的は対立するが，「真の抵触」の場合はオレゴン州の法政策を優先させるべきだとした。
(19) 現代的アプローチの詳細は，松岡博『国際私法における法選択構造論』26頁（1987年）参照。
(20) Richard A. Posner, *The Federal Courts: Crisis and Reform* (1985). 以下では「ポズナー［1985］」として引用する。この著書には次の続編がある。*The Federal Courts: Challenge and Reform* (1996).
(21) 利益分析論はカリーによって主唱され，米国の新しい抵触法アプローチの象徴となった。松岡・前掲注(19)58〜60頁参照。
(22) 連邦最高裁が制限的な裁判管轄権理論を採用することによって，州裁判所による法選択を間接的にコントロールできることについて，野村美明「アメリカにおける国際事件の裁判管轄権問題(2)」阪大法学127号67頁以下，114頁（1983年），「同（4・完）阪大法学132号66頁以下，87頁（1984年）参照。
(23) 一方を増やすためには他方を減らさなければならないという意味である。
(24) ポズナー［1985］307頁参照。
(25) ポズナーが分析対象とする「コモン・ロー」は，判例法に限定されない。立法者ではなくもっぱら裁判官が形成してきた法分野を意味する。連邦の民事および刑事手続法も含まれる。
(26) ポズナー［2003］25頁参照。
(27) ケース2と同様の有名なケースがある。*Milkovich v. Saari*, 295 Minn. 155 (1973). カナダのオンタリオ州に居住する原告と被告（運転者，自動車の所有者）が米国のミネソタ州に買い物に出かけて事故にあった。オンタリオ州の好意同乗者法によれば原告は救済を受けることができないが，ミネソタ州の判例法によれば救済が認められる余地がある。ミネソタ裁判所は，「よりよい法のアプローチ」にしたがい，ミネソタ州法を適用した。
(28) ポズナー［2003］3〜5頁参照。ジョセフ・スティグリッツ・藪下史郎他訳『ミクロ経済学〔第2版〕』8〜9頁（2000年）参照。
(29) ポズナー［2003］12〜13頁参照。カルドア・ヒックスの効率性を採用しているという。

(30) ポズナー [2003] 563頁。
(31) Michael E. Solimine, "An Economic and Empirical Analysis of Choice of Law," 24 Georgia Law Review 49 (1989). 以下注では「ソリマイン [1989]」として引用する。
(32) 1989年の調査である。ソリマイン [1989] 49頁、54頁後掲注(33)参照。後述参照。
(33) *Restament of the Law of Conflict of Laws* (1934). 抵触法第1次リステイトメント（1934年）は、ビール（Beal）が報告者となり米国各州の判例法を条文化したものである。既得権理論（vested rights doctrine）と最終事実ルール（last event rule）に基づき、不法行為地法主義と契約締結地法主義（当事者自治を否定）を採用している。川上太郎「ビールとアメリカ国際私法」、久保岩太郎先生還暦記念論文集『国際私法の基本問題』23頁以下（1963年）参照。
(34) 野村・前掲注(22)阪大法学132号86～87頁参照。
(35) 日本法や大陸法より被告と法廷地の関連を重視する点で、属地的要素が強いともいえる。野村美明「米国の裁判管轄ルールからみたハーグ管轄判決条約案と日本の立場」『国際私法年報』第4号214頁以下（2003年）参照。
(36) ソリマイン [1989] 64頁参照。
(37) ソリマイン [1989] 66～67頁参照。
(38) ソリマイン [1989] 67～68頁参照。
(39) ポズナー [1985] 305頁参照。
(40) ソリマイン [1989] 68頁参照。
(41) Erin A. O'Hara & Larry E. Ribstein, "From Politics to Efficiency in Choice of Law," 67 U. Chicago Law Review 1151 (2000). 以下の注では「オハラ・リブスタイン [2000]」と引用する。
(42) 個人の選択とは、①当事者による法選択＝当事者自治を意味するが、以下では②抵触法／国際私法の意味でも使われている。②には①が含まれる。前述参照。
(43) オハラ・リブスタイン [2000] 1152頁参照。
(44) オハラ・リブスタイン [2000] 1153頁参照。
(45) オハラ・リブスタイン [2000] 1179～1180頁。もう1つの問題は、争点ごとのアプローチは、複数の法的ルールの最適な組み合わせとして機能する州法を分解してしまうことである。著者らは、単一の請求には単一の法域の法律を適用すべきであると主張する。前掲1191頁参照。
(46) 松浦編訳・前掲注(6)、小林・神田・前掲注(2)および細江守紀・太田勝造編著『法の経済分析―契約、企業、政策』(2001年) 参照。
(47) Andrew Guzman, "Choice of Law: New Foundations," 90 Georgetown Law Journal p. 883, pp. 885-886 (2002). 以下の注では「グッツマン [2002]」と引用する。
(48) 第1次リステイトメントの起草者であったビール（前掲注(33)参照）は、当事者による契約準拠法の選択は判例として確立していないという立場であったので、第1次

リステイトメントには当事者自治に関する規定はみあたらず，契約の有効性や実質的要件などがすべて契約締結地法によるとされた。川上太郎「ビールとアメリカ国際私法」『国際私法の基本問題』23頁以下，37～40頁（1962年）参照。第２次リステイトメントにおいても，当事者の法選択が認められる要件の１つとして，その選択に合理的な根拠を要求している（187条２項(a)）。アメリカ抵触法リステイトメント研究会訳「〈邦訳〉アメリカ抵触法リステイトメント」民商法雑誌73巻５号（1976年）参照。

(49) 松岡・前掲注(19)33頁以下は，契約，不法行為の一部や婚姻の有効性について，「中間段階のルール」が存在することを指摘する。
(50) オハラ・リプスタイン［2000］1216～1217頁参照。
(51) 1989年の時点で14州（50州中）であった。前掲注(29)参照。
(52) ソリマイン［1989］92頁参照。
(53) 2003年末の時点で11州（49州中）である。Eugene F. Scoles, Peter Hay, Patrick J. Borchers & Symeon C. Symeonides, *Conflict of Laws* 86 (4th ed., 2004).「スコールズ・ヘイ［2004］」と引用する。ソリマイン［1989］は，伝統的理論に従う州は，改革度，名声および専門性において欠けるので，大勢に従うべきという圧力は減少しないだろうという。92頁参照。
(54) B. Currie, *Selected Essays on Conflict of Laws* (1963). 松岡・前掲注(19)57頁以下参照。
(55) *Restatement of the Law, Second: Conflict of Laws, Second* (1971). 第１次リステイトメントの厳格な属地主義ルールに代えて，特定の争点との関係で事案と当事者に「最も重要な関係」(the most significant relationship) を有する法による方法を採用した。
(56) スコールズ・ヘイ［2004］82頁参照。
(57) 前掲注(５)参照。
(58) 最判平成14年９月26日民集56巻７号1551頁は，特許権の効力の準拠法は，条理により，特許の登録地の法によるべきと判示した。
(59) 櫻田嘉章『国際私法〔第４版〕』16～19頁（2005年）参照。これに対して，1980年の国際物品売買契約に関する国連条約は，その前文で，実質法の統一は，国際取引の法的障害を除去に貢献し，国際取引の発展を促進するだろうと述べる。
(60) たとえば，最判平成14年９月26日民集56巻７号1551頁は，特許権の効力の準拠法を見いだす条理として最密接関連地法を探求した。
(61) 神田秀樹・藤田友敬「株式会社法の特質，多様化，変化」，三輪芳朗・神田秀樹・柳川範之編『会社法の経済学』15章453頁以下，469頁以下（1998年）は，会社法における法的ルールの多様性を相互補完性という考え方で説明する。米国抵触法においては，法選択ルール間の相互補完性は考えにくい。むしろ柔軟な法選択アプローチが裁判管轄ルールで補完されていると考えられる。
(62) Uniform Commercial Code, 現在は2003年版が最新。ルイジアナ州（部分的に採択）を除く全州がいずれかの版を採用しているといわれる。解説および翻訳は，アメ

リカ法律協会[編] 統一州法委員会全国会議[編] 田島裕訳『UCC 2001 アメリカ統一商事法典の全訳』参照。
(63) 金融機関の自治団体による自治規範が指定した準拠法によって，金融機関以外の関係者（たとえば送金依頼人，受取人）が原則的に拘束されることになる。
(64) ECの契約債務の準拠法に関する条約5条2項は，第3条の規定（当事者自治）にかかわらず，「当事者による法選択は，……消費者が常居所地国の法の強行規定により与えられた保護を，その者から奪う結果となってはならない」と規定する。この条約については，ジュリアーノ・ラガルド報告書，野村美明・藤川純子・森山亮子共訳「契約債務の準拠法に関する条約についての報告書（1）〜（10・完）」『阪大法学』46巻4号（1996年）〜同48巻4号（1998年），条文の日本語訳は同48巻2号565頁以下（1998年）参照。
(65) 平成18年改正前の法例12条は，債権譲渡の第三者に対する効力を債務者の住所地法によらせていた。
(66) 間接保有証券については，口座管理機関が保有する証券に関するある権利についてのハーグ条約（Convention on the Law Applicable to Certain Rights in Respect of Securities Held with an Intermediary），2002年にハーグ国際私法会議で採択された（2006年現在未発効）がある。
(67) 規律管轄権とは，「自国の法を，立法，執行府の行為若しくは命令，又は行政機関の規則若しくは裁判所の判断により，人の行為，関係，身分，又は人の物についての利益に適用できるものとする」ことである。合衆国対外関係法第三次リステイトメント（Restatement (3rd) of the Foreign Relations Law of the United States (1987)）第401条，リステイトメント研究会訳「アメリカ対外関係法第三リステイトメント（一）」国際法外交雑誌88巻5号76頁（1989年）参照。
(68) 野村・前掲注(22)阪大法学127号67頁以下，68頁以下参照。
(69) 野村・前掲注(22)阪大法学127号71頁参照。利益分析論の基本命題とは，州裁判所による法選択は，その州が自州法の適用に何らの正当な利益を有さないときにのみ，合衆国憲法によって覆されるというものであった。BRAINERD CURRIE, "The Constitution and the Choice of Law: Government Interests and The Judicial Function," in SELECTED ESSAYS ON THE CONFLICT OF LAWS 188, 271 (1963).
(70) 野村・前掲注(22)阪大法学127号84頁参照。
(71) 厳密には，裁判権と裁判管轄権の区別のように，国家が規律権を行使できる範囲を規律管轄権と呼ぶべきであるが，以下では文脈上区別する必要のない限り，慣用法に従って規律管轄または規律管轄権と呼んでいる。
(72) 前掲注(67)参照。
(73) *Hartford Fire Insurance Co. v. California*, 113 S. Ct. 2891 (1993). 野村美明「米国対外関係法リステイトメントにおける管轄権法理」『国家法の域外適用』国際経済法

第2号41頁以下所収，55〜57頁（1993年）参照。
(74) F. Hoffmann-LaRoche Ltd v. Empagran, 542 U.S. 155; 124 S. Ct. 2359 (2004). 白石忠志「Empagran 判決と日本独禁法――米国独禁法の国際的適用に関する連邦最高裁判決がもたらす示唆」NBL796号42頁以下（2004年）参照。
(75) グッツマン［2002］参照。
(76) グッツマン［2002］884〜885頁参照。
(77) この論文には好意的な批評がある。Paul B. Stephan, "The Political Economy of Choice of Law", *90* Georgetown Law Journal, 957 (2002).
(78) グッツマン［2002］894〜899頁参照。
(79) Joel P. Trachtman, "Economic Analysis of Prescriptive Jurisdiction and Choice of Law", 42 Virginia Journal of International Law 1 (2001). 以下の注では「トラクトマン［2001］」として引用する。
(80) トラクトマン［2001］9頁参照。
(81) トラクトマン［2001］6〜7頁参照。トラクトマンの分析の柱は，国家の規律権と私人の所有権の機能の類似性に着目して，所有権の経済分析の成果を利用することである。前掲11頁以下参照。所有権の経済分析については，クーター太田訳［1997］第3章参照。
(82) トラクトマン［2001］26頁参照。
(83) トラクトマン［2001］25〜27頁参照。
(84) 法の適用に関する通則法案に対する付帯決議は次のように述べる。「国際私法は，企業間取引のみならず個人の日常社会生活関係に深い関わりを有していることにかんがみ，その十分な周知に努めるとともに，国際私法についての理解を深めるため，法教育の充実を図ること。」官報号外平成18年6月15日第164回衆議院会議録第38号28頁。
(85) もちろん，国際私法学においても，分析目的と前提条件を明確化（単純化）し，特定の場合における論理的推論を異なる条件で繰り返すことによって改善できると考える。しかし，国際私法の従前の発想法の思いこみ（パラダイム）から抜け出すためには，経済学的分析が有用なように思われる。
(86) 筆者は，形式的（数学的）表現方法によって推論過程を可視化するのも思考経済に資すると考えるが，これが自己目的化すると現実からの遊離に気づかなくなるおそれがある。
(87) カードリーダー事件判決，最高裁判所第一小法廷平成14年9月26日判決，平成12年（受）第580号損害賠償等請求事件，最高裁判所民事判例集56巻7号1551頁。
(88) Roberta Romano, "Competition for State Corporate Law," 1 The New Palgrave Dictionary of Economics and the Law 364 (1998).
(89) William L. Cary, "Federalism and Corporate Law: Reflections Upon Delaware," 83 Yale Law Journal 663 (1974).
(90) ロマーノ・前掲注(88)370頁の参考文献参照。

(91) キャリー・前掲注(89)663頁，698頁，705頁参照。会社のスタンダード悪化を食い止めるため，連邦の統一基準を定めるべきだと主張する。前掲700〜703頁参照。
(92) ある「イベント」によって得られる新たな情報が株価の形成に与える影響をエコノメトリックスで分析するのが，イベント・スタディである。
(93) ロマーノ・前掲注(88)367〜369頁参照。
(94) ポズナー［1972］290〜292頁参照。
(95) 平成14年改正前商法479条が外国法によって設立された会社に日本国内で継続取引をする要件として支店設置を義務づけていたのは，規制目的と手段の均衡性に反する過剰規制であったといえる。
(96) 野村美明「外国会社の規律―居留地からグローバル社会へ」ジュリスト1175号21頁以下，26頁〜28頁（2000年）参照。第2次銀行指令（SBD）は次の指令で改正されたが，一定の調和を前提とした相互承認の基本は同じである。DIRECTIVE 2000/12/EC OF THE EUROPEAN PARLIAMENT AND OF THE COUNCIL of 20 March 2000 relating to the taking up and pursuit of the business of credit institutions.
(97) トラクトマン・前掲注(79)72〜76頁参照。
(98) DIRECTIVE 2003/71/EC OF THE EUROPEAN PARLIAMENT AND OF THE COUNCIL of 4 November 2003 on the prospectus to be published when securities are offered to the public or admitted to trading and amending Directive 2001/34/EC. 指令17条は，母国で認可された目論見書は他の加盟国でも有効であるとして，発行者に「シングル・パスポート」を与えている。母国とは，ECの発行者についてはその登記上の事務所が所在する加盟国，第三国で設立された発行者については，最初の募集または販売の許可申請がされた加盟国のことである（2条1(m)）。後者の意味での母国である加盟国は，第三国で設立された発行者についても条件付認可ができる（20条）。
(99) Horatia Muir Watt, "Choice of Law in Integrated and Interconnected Markets: A Matter of Political Economy," IUS COMMUNE, February 2003 at 1.
(100) 前掲6頁参照。
(101) Horatia Muir Watt, "Integration and Diversity: The Conflict of Laws as a Regulatory Tool," in Fabrizio Cafaggi ed., *The Institutional Framework of European Private Law* at 107 (2006).
(102) 内記香子「地域貿易協定における『技術的貿易障壁』の取り扱い―相互承認の制度を中心として」RIETI Discussion Paper Series 06-J-042, 2006年5月参照。
(103) コスト・ベネフィットによる効率性が高いと感じられるので，経済学的分析をするインセンティブを生じる。
(104) 経済学者には当然のことなのかもしれないが国際私法学においてはそうでないことについて，Ⅲ2(イ)(b)①参照。

(105) たとえば世界的厚生の最大化を目的関数として最適な値を求めるのであるが，目的関数が複数となるような場合は筆者の理解を超えるので，ここでは考慮しなかった。
(106) Basedow J. and Toshiyuki Kono (eds.), *Economic Analysis of Private International Law* (2006).
(107) 前掲書所収の次の論稿の原稿に接した。Shozo Ota, "Choice of Law and Economic Analysis: A Methodological Introduction"（国際私法の目的を合成の誤謬（fallacy of composition）の解決ととらえ，経済学的な効率性の意味を実証を加えて分析する。），Souichirou Kozuka, "The Economic Implications of Uniformity in Law"（国家が統一法を採用するインセンティブを有する3つの場合を明らかにし，国際機関は法統一の対象とする分野を厳選すべきであると主張する。），Kazuaki Kagami, Toshiyuki Kono and Yuko Nishitani, "Economic Analysis of Conflict-of-Laws Rules in Tort? Lex Loci Delicti Principle vs. Interest Analysis Approach"（世界的厚生を最大化する抵触法ルールを発見することを目標とし，事前情報を利用するか事後情報を利用するかの区別に基づき，不法行為における抵触法規則を数学的に形式化して分析する。），Tomoyo Matsui, "What Cases Should be Governed by Lex Incorporationis? A Policy and Application-Costs Perspective"（設立準拠法説は会社法をめぐる国家・州間競争を促進するから社会厚生を増大させるという議論を批判的に検討し，裁判所が外国法を適用するコスト，当事者が準拠法を予測するコストそして実質法が最大化しようとする国内の社会厚生を考慮しないと結論は出ないはずだという。），Yoshihisa Hayakawa, "Japanese Regulations against Foreign Corporations and Global Competition in Corporate Law"（米国における会社法の州間競争に関する「どん底への競争」論と「トップへの競争」論および最近の規模の経済や外部経済，弁護士のモラルハザード論を参考にしつつ，疑似外国会社を規制する日本の会社法482条の分析を試みる。）．
(108) 欧米間の学問的交流と比較すると，日本の国際私法を本格的に分析・比較した外国語による業績は少ない。しかし，近年，日本および韓国間の国際私法に関する共同研究が盛んとなっており，外国の国際私法の一方的な紹介ではなく，比較法的な対話としての発展が期待される。

【付記】 この論文は，2005年10月30日（日）に京都大学で開催された日本国際経済法学会2005年度研究大会（統一テーマ「『法と経済学』の諸相」）における筆者の報告をもとにしている。この論文の作成にあたっては，平成18年度科学研究費補助金 基盤研究(A)（一般）「グローバリゼーションと多文化共存社会の調和のための法モデル構築の研究―国際無形文化財保護，知的所有権，国際裁判管轄権，国際私法，法と経済学の観点から21世紀の法秩序のあり方を展望して」（研究代表 河野俊行）の助成を受けた。

（大阪大学大学院国際公共政策研究科・高等司法研究科教授）

論　説　自由論題

多数債権者間の国家債務再構築の法的枠組み
──アジア債券市場の展開を契機として──

川　名　　　剛

Ⅰ　問題の所在
Ⅱ　国家債務に対する国際的紛争解決手法の展開
　1　国家間紛争としての解決
　2　国家対私人の紛争としての国際的紛争解決枠組み
　3　国家債務の市場化と債務再構築
Ⅲ　現在の多数債権者間の国家債務再構築のアプローチ
　1　国家破産制度と集団行動アプローチ
　2　アジア債券市場構想における債務危機の予防と解決の枠組み──PAIF を素材として
Ⅳ　結　語

Ⅰ　問題の所在

　冷戦の終結に伴って市場主義経済が拡大する中で，発展途上国の資金調達手段は急速に市場化し，特定の銀行との相対の交渉による融資から，債券の発行などを通じた市場からの調達の比重が高まっている[1]。しかも，金融のグローバル化によって，かかる市場の参加者は，国家機関から，国際金融機関，民間金融機関，機関投資家，個人投資家に至るまで，多岐にわたっている。とりわけ，新興市場国と呼ばれる経済的に発展過程にある国には，インフラ整備や市場開放に対応してさまざまな形態で資金が流入している。これらの投資は，当然ながら，それぞれに一定のリスクを負担した上でなされているのであるが，対国家債権ということでリスク管理が必ずしも適切になされず，風評に流された過剰投資も問題とされてきた。一方で，債務国はこれまでも幾多の破綻と再建を

繰り返してきており，持続可能な財政規律がなされていないとの批判もある。このような中で，1990年代以降，メキシコ，アジア，ロシアなどにおいて発生した国家債務危機は，国際金融危機から通貨危機へと波及し，特定の投資家や債務国だけの問題ではない面も表れてきている。

　かかる状況において，アジアでは，1997年のアジア通貨危機以降，アジア債券市場の構築が構想されている。アジア通貨危機は，アジア諸国が新興市場国として急成長する中で，アジア企業が銀行からの間接金融に依存する一方，投資資金の多くが外国からの短期のドル建てであったため，期間と通貨のミスマッチが生じ，景気後退局面で急速に資金が引き上げられたために発生した流動性危機であったといわれている。この教訓から，アジア債券市場構想は，アジア諸国内に現地通貨建てによる長期金融市場を整備することによって，この期間と通貨のミスマッチを解消し，アジア企業の資金調達手段を多様化することを最終目的とするものである。しかしながら，グローバル化が進み，一定の海外からの資金供給を前提としなければならないアジア諸国の現状において，海外の投資家をもある程度満足させる市場を構築するのは容易ではない。また，アジア通貨危機は，アジア諸国自身が資金流出と為替変動に耐える力に乏しいことをも見せ付けた。国家の資金力そのものも論点のひとつとなっているのである。このような中で，ASEAN＋3や東アジア・オセアニア中央銀行役員会議（EMEAP）などにおいて，国家機関の発行するソブリン債[3]をひとつのベンチマークと捉え，インフラの整備，法制度の充実，投資対象としてのリスク評価等の基盤作りのためのさまざまな試みが展開されている。[4]

　このような状況を踏まえ，本稿では，グローバル化の著しい国際金融市場において，多様な債権者を抱える国家債務の構造変化の中で，国家債務危機が生じた場合，いかなる再構築の法的枠組みが考えられるかを検討しようとするものである。もっとも，国家債務の再構築の問題は，国内の財政規律の再構築，公的融資の取り扱い，民間融資の取り扱い，他国への伝染の防止など，マク

ロ・ミクロの両面で多様な論点を含む。そこで本稿では，国家に対する資金として民間資金が重要な位置を占めていることに鑑み，国家に対する私人の資金供給に関する紛争解決に焦点をあてて検討するものとし，公的な資金援助や債務国の国内経済改革の問題は必要な範囲で触れるに留めるものとする。

そこで，まず，国家債務再構築のためにとられてきたこれまでの方法を再検討する。けだし，上記のような意味での国家債務問題は，国家と私人の間の国家契約の一種とみなすことができるからあり，これに関してはこれまで多くの実行が存在するからである。その上で，近年検討されている条約による国家破産制度と契約に基づく集団行動アプローチについて検証する。両者については2000年前後からさまざまな議論や提案がなされているが，国内倒産法制の類推から，前者を法的整理，後者を私的整理と性格付け，その利点と課題を検証する。そして，これらの検討を踏まえた上で，アジア債券市場構想において展開されている集団投資スキームを活用したEMEAPのアジア債券ファンド（ABF）の汎アジア債券インデックス・ファンド（PAIF）の有するリスク軽減と紛争解決の法的枠組みを検証し，より market-oriented な国家債務再構築のあり方について検討する。

II 国家債務に対する国際的紛争解決手法の展開

1 国家間紛争としての解決

民間から国家に資金を貸し付けるという形態は相当古くから存在するが，産業革命やナポレオン戦争を経て，19世紀中葉には，ベアリング，ロスチャイルド，シュローダーといったマーチャント・バンカーが各国の戦費や経済開発のために巨額の融資を行ったり国債を引き受けたりしていた。[5]これらの資本家は，当時の自由主義経済の中で巨大な資産を築き，国家財政に大きな影響を与える存在であった。そして，20世紀初頭までに欧米では公債を通じた国際金融市場が発達し，マーチャント・バンカーが引き受けた公債は小口化されて国内債券

より有利な投資対象として個人投資家にも販売された。[6]

　投資家が貸し付けた資金は当然返済されなければならない。しかし，戦争に敗れたり財政運営に失敗したりしたために，利払いが滞ったり債務が約束の期限に償還されない場合もある。その場合には，当然投資家と債務国の交渉によって解決されるのが望ましいが，国家債務が逼迫し合理的な交渉ができない場合は，投資家が依拠しうる国家を通じて，債権の回収を図るということが行われた。

(1)　兵力による債権の回収

　その中で，最も威圧的な方法が，投資家が依拠する国家の兵力を利用して債権の回収を図ろうとするものであった。特に，19世紀初頭に相次いで独立したラテン・アメリカ諸国には，西欧の資本が流入する一方，内乱や財政の破綻などによりその回収が困難になったときは，投資家の本国の兵力をもって債務の支払を迫る例も少なくなかった。例えば，1902年，イギリス，ドイツ，イタリアは，動乱状態になったベネズエラが負っていた公債の延滞利息を回収するため，ベネズエラ船舶の拿捕，ラ・グエラ，プエルト・カベロ，マラカイボといった沿岸都市への砲撃，海上封鎖などの強制行動を執ったことがある。[7]

　しかし，自国の国民が他国政府に対して有する純粋に金銭を淵源とする武力紛争を回避し，外交交渉によって解決されない紛争が仲裁によって解決されることを保証するため，契約債務の回復のために兵力の行使を含む強制行動に訴えるのを禁ずることに合意すべきであるとの米国のポーターの提案を受け，[8]1907年，第2回ハーグ平和会議において採択された「契約上ノ債務回収ノ為ニスル兵力使用ノ制限ニ関スル条約」によって，兵力を使用した債権の回収は原則として禁止された。もっとも，周知のように，本条約では，債務国が仲裁裁判の申出を拒絶したり，この申出に対して回答しなかったり，これを受けても仲裁契約の作成を不可能にしたり仲裁裁判後の判決を遵守しなかったりした場合には，兵力の使用も容認された（第1条2項）。また，付託される仲裁裁判は，

国際紛争平和的処理条約第4章第3節の手続きによらなければならないものとされたが（第2条），このように仲裁手続きを限定することについては，多くの国から異論が出され留保が付されることとなった。例えば，米国は，関係国間の仲裁裁判条約で常設仲裁裁判所に訴えることが規定されている場合に限定したり，アルゼンチンは，契約締結地の国内法廷にまず訴えるのでなければ第2条は援用されないなどとした。そして，学説上も，一般国際法上は，自国民が保有する公債の回収に際して本国が兵力を用いてこれを行うか否かは政府の裁量の問題であって，一般的には禁止されていないとするのが通説であった。[9]

(2) 外交的保護

国家に対する私人の債権に関する紛争を国家を通じて解決する典型的な方法は，外交的保護である。外交的保護権の行使される場面は多様であるが，本稿が検討対象としている国家債務の返済をめぐる問題としては，1929年に常設国際司法裁判所に提訴されたセルビア公債事件とブラジル公債事件を取り上げることができよう。

セルビア公債事件では，セルビア政府がフランス国内で募集した5種類の債券（1895年債，1902年債，1906年債，1909年債および1913年債）が償還されることになっていたが，第一次世界大戦後フランの価値が暴落したため，債券保有者が金フランでの支払を求めたことから，フランス政府がセルビア政府と外交交渉[10]に入った。しかし，交渉では解決されなかったため特別付託合意が締結され，1928年5月24日，事件が常設国際司法裁判所に付託された。[11]また，ブラジル公債事件では，同様に，3種類の債券（1909年債，1910年債，1911年債）について付託合意が締結され，1928年4月27日に同裁判所に付託された。[12]

フランス政府が，国際裁判を利用してでも外交的保護権を行使したのは，戦間期のフランスの厳しい経済状況が背景にある。第一次世界大戦を経て，多額の国防債の償還に迫られ，銀行券流通残高も膨張し，インフレ圧力が強まっていた。そして，1928年には大幅な切り下げを余儀なくされ，フランの価値は第

一次世界大戦前の5分の1まで下落し、この価値での紙幣での償還は公債を保有する国内投資家に大きな打撃を与えるという事情があった。特に、対外投資でイギリスに遅れていたフランスは、1900年前後からロシアやラテン・アメリカへの投資を急激に増やしていたが、ロシア革命やラテン・アメリカ諸国の政情不安の中で債務不履行が多発し、戦間期の自国の経済の安定のためにも、一層、国家として債権の回収に乗り出さざるをえなかったのである。

もっとも、周知のように、外交的保護権は国家の権利であり、自国民が受けた損害を国家が代わって回収しようとするものではない。事実、一般的には、外国債の引受は一定のリスクを承知した上で行われるものであり、これに関する問題に投資家の本国が外交上関与するのは例外的なものであると認識されてきた。とりわけイギリスでは、外国における代表部はその国の公債や証券の保有者たる臣民の請求を支援するためのものではなく、金銭取引に関して約束を履行できない外国国家に対して臣民がなす請求を国際問題として取り上げるのを避けるのが最良の政策であるとされた。もちろん、自国の国民が国際的に困難な状況に陥ったとき、本国が何らかの行動をとることは当然である。例えば、イギリスも、19世紀後半に生じたコロンビアやエジプト、トルコなどの債務再構築に関与したり、戦間期にはスターリング・ブロックの形成過程で債務交渉に介入したりした。フランスでは、国民個人の財産は国家自身の財産の重要部分を構成するとさえ言われた。けれども、債券保有者が限定的であれ一般国民が広く保有している場合であれ、外交的保護権の行使としての国家の介入は、債権者の債務国内における救済を尽くした上で、なお自国民が国際法上適切に待遇されなかったという国家責任の文脈において、あくまで国家の判断の結果としてなされるものであることに留意しなければならない。それゆえ、紛争の発端ないし実質が個人の債権にかかわるものであるとしても、外交的保護権が国家の権利として行使されることを前提とする以上、債券保有者の債権回収の実現という意味での外交的保護権の意義は限定的であるといわざるをえない。

したがって，多様な債券が発行され，さまざまな投資家が外国債に投資するようになる中で，外交的保護を通じて特定の債権を回収しようとすることは，一般性のある方法とは言いにくいであろう。

2 国家対私人の紛争としての国際的紛争解決枠組み

(1) 交渉・周旋・仲介

およそ紛争といわれるものを解決するには，まず当事者による交渉からはじめられるものである。そして当事者だけでは解決できない状況が生じたとき，第三者がさまざまな形で関与することによってより合理的な解決を図ろうとする。この点は，紛争当事者が国家であろうと私人であろうと大きな違いはない。そして，そこに現れる紛争解決の方式が，第三者の関与の度合いおよび判断の強制力に応じて，周旋（斡旋），仲介（居中調停），調停，仲裁，司法裁判という段階が存在するのも同様である[21]。

国家債務に関する交渉のための団体としては，19世紀の南米諸国のデフォルトを機に1868年にイギリスで創設された Corporation of Foreign Bondholders や米国の Foreign Bondholders Protective Council などがある[22]。また，国際的な交渉団体としては，1979年に最初の会合が開かれ，累積債務問題以降，民間金融機関の代表的な交渉窓口となっているロンドン・クラブがある。

国家対私人の紛争として周旋や仲介が明示的に利用される例は，国家間紛争ほど目立って現れるものではない。というのは，契約は基本的に当事者のみが関係するものであり，国際紛争として顕在化するような国家と私人の間の契約では，その間に入る者の地位および時期が非常に繊細な問題になるからである。対国家ではないが，私人との間の問題として仲介が行われたものとして，1912年の五分利付フラン建て東京市債の元金および利子の支払をめぐる紛争において，1958年，世界銀行総裁のブラック氏が東京都と債券保有者の間に入り，支払計画案を提示した例がある[23]。本件では，1928年以降，同市債の返済業務が中

断していたことから,フランスの債券保有者団（Masse des Porteurs d'Obligation de la Tranche Française de l'Emprunt 5 per cent 1912 de la Ville de Tokyo）が世銀総裁に個人として仲介するよう要請したのである。ブラック氏は，1960年4月に同市債の元金と利子の支払に関する計画案を当事者に提示し，紛争解決の一助となった。

(2) 仲　　裁

国家対私人の間の国際的紛争を解決する枠組みとして最も利用されるのは仲裁である。仲裁は当事者の契約の中に紛争解決の手段として仲裁によることを記載することによって，当事者が合意する仲裁人，仲裁地，仲裁手続き，準則などを指定することができる柔軟性と公正性を兼ね備えた手段である。仲裁手続きの詳細はアドホックに当事者が合意することも可能であるが，定型的な制度として最初に整備されたのは，1899年に成立した国際紛争平和処理条約による常設仲裁裁判所である。この条約の仲裁制度は，もともとは国家間紛争の平和的解決を促すためのものであった（1899年条約第15条，1907年条約第37条）が，事務局が，仲裁裁判に関する一切の特別裁判の執務のため，その庁舎および施設を締約国の用に供することができるとされたことから（同第26条，同第47条），この特別裁判が国家と私人の間の紛争に適用することができると解釈され，実際，いくつかの国家と私人の間の紛争に利用されてきた。[24]そこで，裁判所は，国家と私人の間の紛争を扱う手続きを明確化するため，1962年,「一方当事者のみが国家である二当事者間の国際紛争の解決のための仲裁および調停に関する規則」を制定した。[25]その後，この規則は，利用しやすさと当事者自治を促進し，より広い支持を得ていた国連国際商取引法委員会（UNCITRAL）の規則をもとにした手続きに改められている。[26]

また，投資に関する国家対私人の間の紛争を解決する国際的枠組みとして,「国家と他の締約国の国民との間の投資紛争の解決に関する条約」によって設置されている「国際投資紛争解決センター（ICSID）」が知られる。同セン

ターは，締約国と他の締約国の国民との間で投資から直接生じる法律上の紛争であって，両紛争当事者がセンターに付託することにつき書面により同意したものに管轄権を有する（第25条）。センターでは，紛争は調停ないし仲裁によって解決される。本稿との関係では，本条約が対象とする「投資」にいわゆる金融取引が含まれるかという点が問題となる。当初の草案では，投資とは「不特定の期間または期間を特定する場合には５年を下回らない期間にわたる金銭または経済的価値をもつ資産を拠出すること」と定義された。しかし，期間の定めが有効か，国債・公債投資は除外すべきである，「直接投資」とするべきである，などの意見が出され，最終的に定義はなされないこととなった。[27]

ICSIDが利用される事件は，圧倒的にいわゆる直接投資にかかわる補償や支払であって，融資や資金提供のみにかかわる事件は少ない。近年急速に増加している二国間投資協定や自由貿易協定などでも，直接投資だけでなく間接投資も保護対象とし，一方の締約国の国民と他方の締約国の間の紛争をICSIDなどの仲裁に付託することに同意する旨規定されるようになっているが，[28]間接投資について実際に仲裁に付託される例はまれである。しかしながら，これまでの事例では，「投資」は広く解される傾向にある。例えば，Fedax N.V. v. Republic of Venezuela 事件において，ベネズエラ政府によって発行された約束手形（promissory notes）の支払いについて，仲裁廷は，条約は「投資」を定義していないが，そもそもセンターは紛争当事者の同意によって付託されるものであり，幅広い意味における投資について，当事者が同意した範囲で管轄権を有するとすべきであるとした。[29]

なお，武力紛争後の対応という特殊な場面に関するものであるが，国家に対する仲裁を規定したものとして，19世紀から20世紀初頭のメキシコの諸革命後に欧米諸国との間で設置された請求委員会や，[30]第一次世界大戦後のベルサイユ条約の混合仲裁裁判所（1919年），[31]在テヘラン米国大使館占拠事件にかかわる請求権を扱ったイラン・米国請求権裁判所（1981年）[32]がある。これらの裁判所

は，ベルサイユ条約やアルジェ宣言という関係国家による合意を基礎として，特定の武力紛争にかかわる事件を集中的に処理したものであり，必ずしも一般性を見出せるものではないが，個別的な仲裁合意によるのではなく，条約に基づいた申請を仲裁裁判所が判断した上で審理したという点で，司法裁判に近い特異性を見出すことができよう。

(3) 司 法 裁 判[33]

仲裁と異なり，国際的な司法裁判による紛争解決は，私人の国際法主体性の問題が関係するため，有効な事例は少ない。明確に司法裁判所の名を冠しているものに，1908年にコスタリカ，グァテマラ，ホンジュラス，ニカラグア，サンサルバドルのラテン・アメリカ5カ国によって設立された中米司法裁判所がある。この裁判所は，ある中米国家の個人が他の締約国政府のいずれかに対して条約または協定の違反を理由として提起する問題および国際的性質を有するその他の事件を扱うものとするとされた[34]。また，海上捕獲に関して，国内裁判後の上訴裁判所として個人の申立てを審理するために，1907年の第2回ハーグ平和会議で採択された国際捕獲審検所（International Prize Court）の設置に関するハーグ条約がある[35]。

しかし，中米司法裁判所は，その後の改正議定書により締約国と個人の間の特別合意が管轄権行使の条件とされ，わずか1件を処理したのみ（4件は管轄権を否定）で10年で終了し，国際捕獲審検所条約は裁判所の管轄権行使に対する国家の懸念から，採択はされたが未発効に終わっている。また，国際人権規約や欧州共同体に見られる個人の出訴権については，条約上の国家の義務違反に対して国際的な裁判の場で争うことができるものであって，国家対私人の個別の契約関係自体を扱うものではない。それは，契約関係自体を国際裁判で争うことを直接認めたならば，当該契約を条約と同水準のものとみなすことを意味することになるからである。司法裁判で争いうるのは，条約で特別に定められた個人の権利に関するものであって，個別の契約関係はその平面に乗るもの

ではないという基本認識があるのである。(36)

(4) 小　括

　以上のような国家対私人の紛争としての国際的紛争解決枠組みを見てみると，以下の点を指摘することができよう。第一に，私人の「権利」が強調されればされるほど，国際的枠組みでの「司法的解決」の硬直性が障害になるという点である。それは，国際的な紛争解決枠組みで争われる権利はあくまで国際法上の権利であり，これを認定する実定法上の根拠を明らかにするのが困難だからである。国家対私人の国際的紛争解決枠組みが圧倒的に仲裁によるものが多いのは，法に基づく解決を基礎としながらも，かかる意味での権利にとらわれない枠組みが基盤にあるからだと思われる。それゆえ，仲裁における準拠法の指定の柔軟性や衡平と善による解決の余地が特に有効に働くのであり，ここにこそ，仲裁による解決の意義があると考えられるのである。(37)

　第二に，本稿の目的とする多数債権者間の紛争解決という文脈では，この節で検討された枠組みが有効に機能するには大きな障害がある。すなわち，「国家対私人」という枠組みで見た場合，この枠組みは二当事者間の相対の関係に基づくものであり，利害関係が錯綜する多数債権者がいる場合には，債権者側が一当事者になる別の枠組みが必要になるからである。戦後処理に際して，請求委員会などによって半ば強制的かつ集中的に処理したり，特定の直接投資や融資案件の場合にその案件において組成される JV やコンソーシアム，シンジケート団などとして一当事者となるよう取り決めたりすることは可能である。しかし，不特定の投資家に販売される債券などの場合は，債権者の一体性がはじめから想定されているわけではなく，後に見るように債権者の集団行動を前提としない慣行もある。さらに，特定の債券を償還できないのは，その案件だけの問題ではなく，国家の財政事情全体にかかわっている場合がある。そのような中で，特定の債券保有者との間で仲裁合意を結ぶことは不可能であるし，強制的な司法裁判がない中では，有効な国際的な紛争解決枠組みは現状では見

出しえないということができよう。[38]

3 国家債務の市場化と債務再構築

(1) 1970〜80年代の国家債務の構造変化と累積債務問題

　第二次世界大戦後から1960年代までの発展途上国の国家債務は，戦後復興と新独立国に対する支援という観点から，国家ないし国際金融機関からの公的融資によるものがほとんどであった。しかし，1970年代になると，発展途上国も経済成長と輸出拡大を達成した中所得国と一次産品への依存から脱却できない低開発国に二分されるようになり，中所得国の多くが返済能力に照らして借り込み不足と判断され，民間資金の新規開拓市場となった。[39]一方，途上国側としても，外国からの直接投資から自国産業の育成に重点を移す中で，そのための資金を受け入れる必要性が高まっていた。これにより，中所得国には大量の民間資金が流入することになり，中所得国の債権者構成（残高ベース）は，1972年では公的融資63％，民間融資37％だったのに対し，1981年には公的融資38％，民間融資62％となり，うち民間金融のみによるものが56％（対して輸出信用が5％）に上ることとなった。[40]しかし，かかる融資の多くは短期債務であり，カントリー・リスクを反映して頻繁な借り換えを要求され，また，変動金利による融資の割合も1980年代初頭には40％以上を占めるに至った。[41]そして，1970年代末の金利上昇局面において債務国の金利負担は急上昇し，これらの中所得債務国の国際収支は急速に悪化したのである。

　かかる状況において，東欧では，1981年にポーランドが民間銀行に対し債務の返済が困難になった旨を通知，ルーマニア，ハンガリー，ユーゴスラビアでも連鎖的に債務繰り延べが行われた。1982年8月には巨額の対外借り入れを抱えていたメキシコが利払いの停止を発表したことで危機の重大性が認識され，アルゼンチンでは多数の銀行倒産と急激なインフレが起こり，ベネズエラ，ペルー，コスタリカも支払不能を宣言，87年2月にはブラジルも利払い停止を宣

言した。この債務危機は，フィリピンなどのアジア諸国を含むおよそ40カ国に波及し，世界的な累積債務問題となったのである。[42]

この時期の国家債務問題は，単に債権者と債務国の当事者だけの問題ではなく，国際金融システムとの関連性を持ち始めてきたという特徴がある。とりわけ，70年代から米銀を中心とした多国籍金融機関が融資を拡大した背景には，ユーロ市場の拡大とブレトンウッズ体制の崩壊による資本移動の急増や，オイルダラーによる資金余剰がある。これにより，多量の資金がより有利な投資先を求めたのである。他方で，これらの融資に参加できたのは特定の多国籍銀行であった。彼らはシンジケート団を組むことによって有利な交渉とリスクの分散を図ろうとした。しかしながら，このように世界的に運用される資金は，玉突き的に経済条件の変化の影響を受ける。1980年代の累積債務が「問題化」した原因にはさまざまな要素があるが，米国の金融引き締め政策による金利上昇，一次産品価格の下落，先進国の低成長による途上国の輸出の減少，銀行のリスク再評価によるマネーフローの減少などによって，債務の持続可能性が疑われ，現実の支払不能に至ることになったのである。[43]

(2) 累積債務問題に対する国家債務再構築の法的枠組み

このような経緯で発生した1980年代の累積債務問題は，国家対私人の相対の紛争として処理するには規模が大きすぎた。この時期の国家債務問題は特定の債権の回収不能ではなく，国家財政自体の持続可能性とかかわっており，個別的に一定の金利減免や債務繰り延べ，追加融資がなされたとしても，問題の先延ばしにしかならない。さらに，累積債務問題の世界的な波及はさまざまな国家に融資していた多国籍銀行の財務を圧迫していた。それゆえ，国家財政の再建と国際金融市場全体の健全化を念頭に置いた債務再構築を考えなければならなかったのである。したがって，この時期の債務再構築の特徴は，債権者銀行，債務国，債権者本国，国際金融機関などが，それぞれの立場でかかわったという点にある。すなわち，債権者本国とりわけ米国のイニシアティブ（ベーカー

構想およびブレイディ構想),債権者銀行の債務削減の受け入れ,債務国の経済改革,国際金融機関の追加融資などである。(44)そして,その中心となった視点は,国際金融市場の中で実行可能な方法を模索することであった。

　これを端的に示す手法が債務の証券化である。債務の証券化には,債務の株式化(debt equity swap)と債務の債券化(exit bond)がある。債務の株式化は,債権者が保有する債権を民間企業などに割引価格で売却し,買い取った企業は債務国の中央銀行にそれを持ち込んで簿価相当額の現地通貨を受け取り,それを現地企業の設立資金(持ち株)とするものである。この手法は,メキシコ,チリ,フィリピン,ブラジル,アルゼンチンなどで採用され,日系企業としては,1986年に日産自動車,日本航空などがメキシコで,1987年に花王,川崎製鉄などがフィリピンで利用した。(45)また,債務の債券化は,割引された融資債権と新規国債を新たな条件の下で交換するもので,一部には米国のゼロクーポン債が償還担保として提供された。債務の債券化は1987年のアルゼンチンや1988年のメキシコを皮切りに,ブラジル,ベネズエラ,フィリピンなど多くの国で行われ,新債券を受け取った銀行は市場でそれを売却することによって財務を改善することができたのである。このような債務の債券化は,1989年のブレイディ構想で体系化され,以後かかる債券はブレイディ債と総称された。

　以上のようなこの時期の国家債務再構築の特徴として,2つの点を指摘することができる。第一に,債権者が限定的であった点である。累積債務の債権者は米銀を中心とした少数の多国籍銀行であった。当初は,ベーカー構想に基づく債務国の成長による弁済を企図していたが,それではなかなか債務再構築が進まないことが次第に明らかになった。そこで,多国籍銀行は銀行諮問委員会などを通じて債権者団として協議し,債務の大幅な削減を受け入れるとともに,債務の証券化によって自らの財務体質を改善したのである。

　第二に,国際金融システムの維持という視点である。これまでは,国家債務に対する債権者本国の関わり方は,外交政策として自国民の債権回収にかかわ

るか，あくまで私的な契約問題として処理させるかという択一的な関わり方であった。しかし，この時期においては，「債務再構築」という文脈では私法的な債権債務の再編成を行う一方，国家債務が国際金融システムにも影響を及ぼしかねないという状況から，債務国の国内経済改革問題について関係国家や国際金融機関が公的に関与したのである。このような二面的な対応が取られたのは，90年代に向けていわゆるグローバル市場が完成しつつあり，国際金融システムの維持といった観点があったからである。そして，これら債務再構築の対象となった国家は，債務再構築の一段落の後，「エマージング・マーケット」という一定のリスクはあるが高成長が期待できる市場として，国際金融市場に取り込まれていったのである。

(3) 1990年代の通貨危機と国家債務

1990年代の国家債務は，グローバル市場の中で通貨危機としての側面を併せ持つこととなった。[46]1994年のメキシコ危機では，累積債務問題の一応の解決の後，規制緩和やNAFTA加盟を受けて，短期国債などのポートフォリオ投資がメキシコに再び流入したが，同年1月のチアパス州での内乱やドル建て短期資金テソボノスの増加により経済状態が不安定化し，12月の通貨切り下げによって一気に資金が逃避し，ペソは70％も下落した。

1997年のアジア危機では，アジア諸国の企業が銀行からの間接金融に依存している中で，規制緩和により銀行が海外からドル建ての短期資金を借り入れ国内の長期貸し出しに利用していたが，高成長の中でかかる資金は不動産投機へ向かいバブルが発生，タイ中央銀行の金融引き締めによりバブルは崩壊，短期資金が一斉に逃避し，30％のバーツの下落を招いた。タイの危機は，同様に多額の対外借り入れをしていた韓国，マレーシア，フィリピン，インドネシア，さらには香港にまで波及した。

ロシア危機では，ソ連の崩壊後，市場経済への移行が進められていたが，必要な金融制度や経済規制が整備されていない中で急激な自由化・民営化が行わ

れたため，ハイパーインフレと新興財閥による資産の海外逃避により国内経済が悪化，過大評価されていたルーブルの下落圧力が高まり，1998年に対外債務の支払停止とルーブルの切り下げが発表され，ルーブルは翌年までに45％以上下落した。

ブラジル危機では，90年代の新自由主義政策の下で海外からのポートフォリオ投資が増加したが，ドルペッグ制の中でレアルは過大評価されることになり経常赤字が増大，アジア危機やロシア危機の影響で資金逃避が生じると，1999年に対外債務のモラトリアムを宣言，変動相場制に移行し，レアルは50％以上下落した。

アルゼンチン危機では，ブラジル同様新自由主義政策の下で海外からの投資が流入，ブラジル危機の余波を受け資本が流出し始めると，カレンシーボード制によるドルペッグ制の防衛を試みたが準備通貨が不足，国内の暴動なども生じて財務相や大統領が辞任するに至り，2001年12月には対外債務のモラトリアムが宣言され，翌年，新大統領の下でペソは40％切り下げられ，変動相場制へと移行した。

マクロ経済政策においては，自由な金融政策，完全な資本移動の自由，為替の安定の3つは同時に達成できないという「マクロ経済政策のトリレンマ」がある。しかし，グローバル化した現代の国際金融市場において，そのいずれを断念するかは非常に難しい。とりわけ，国内経済の成長を成し遂げつつ一定の海外資金を必要とする発展途上国にとっては困難な選択である。1990年代から21世紀初頭に生じた通貨危機は急激な資本逃避を伴っており，ほとんどが流動性危機である。しかしながら，流動性危機は債務国の通貨政策やファンダメンタルズに急激なインパクトを与え，国内経済を負のスパイラルに陥れる。そのため，債務再構築との関連では，流動性をいかに回復させるかという問題が焦点となり，結局のところ，激しい資本の流入出の結果逃げ遅れた投資家をどう扱うかという問題となる。かかる状況において，通貨危機の収拾は，最終的に

各債務国と関連の深い債権国と経済改革を主導したIMFのアドホックな資金援助のよってまかなわれることとなった。このような資金援助は営利優先のポートフォリオ投資を行った投資家を救済するだけであるとの批判がある一方[47]、これら残された投資家には、大手の民間金融機関や機関投資家だけでなく、世界的に拡散する一般投資家も含まれている[48]。このような中で、1980年代のような債権者団を組成するのは容易ではないし、債務削減の負担を求めるにしてもその余力には相当の差がある。

かかるグローバル化した国際金融システムの中で、伝染効果を持つ通貨危機を伴う国家債務はいかに再構築されるべきであろうか。次章では、その方法として考えられている法的整理としての国家破産制度と私的整理としての集団行動アプローチを概観し、さらにアジア債券市場構想で行われている集団投資スキームを使った仕組みを検討する。

III 現在の多数債権者間の国家債務再構築のアプローチ

1 国家破産制度と集団行動アプローチ

(1) 国家破産制度の試み

グローバル化した金融市場における1990年代の相次ぐ国家債務の破綻を受け、国際的なレベルで債務国と多数債権者の紛争解決を図る革新的な試みとして、2001年11月、IMFのクルーガー筆頭副専務理事が国家債務再構築メカニズム（SDRM）を提案した[49]。この手続きは、国内法の倒産法制をモデルとして、IMFを持続不可能な債務負担を負った債務国の債務再構築のフォーラムと位置づけ、多数債権者の参加、債務再構築計画の立案、債務再構築資金の手当てなどを統合的に行おうとするものである。すなわち、IMFが一種の破産裁判所となって債務再構築を行う一種の法的整理ということができる[50]。

しかしながら、このような国家破産法制は、実現可能性および当事者関係の問題から、国家・債権者双方にとって多くの問題がある。

第一に，裁判所の機能を果たす中立的な第三者機関の確立の難しさである。SDRM構想では，IMF内に設置される国家債務紛争解決フォーラム（SDDRF）が申立ての受理，債権の確定，個別債権者の執行停止，債務再構築計画の検証，手続きの終了などを扱うものとされた。[51]しかし，SDDRFに中立性とともに権威性がなければ，国家という債務者と多様な債権者の双方を納得させる手続きを進めることは難しい。このような国際的な紛争解決手続きの機関としては，国際司法裁判所のような固定的な裁判官，仲裁のような当事者によって選定される仲裁人，WTOのような事務局の提示をもとにしたパネリストなど，さまざまなものがあるが，手続きの迅速性も求められるだけに，どの方法が適切か容易に決定できるものではない。[52]また，IMF自身も債務国に対しては債権者であることを考えると，IMFが関与する形でこのような機関が設置されることに対しても懸念がある。

第二に，申立て権者と申立ての時期である。私人たる債務者を対象とした民事破産法制では，債務者とともに一定の債権者にも申立ての権利がある（例えば，日本の民事再生法第21条，米国連邦破産法第301・303条など）。しかし，SDRM構想では，債務国のみを申立て権者とし，債権者は対象外となっている。[53]この点，公共団体たる自治体の破産手続きを定めた米国連邦破産法第9章は，自治体のみに申立て権を認めているが，債権者の同意や異議申立てなど，一定の制約を課している。債務国が一方的に申立てを行えるだけであるとすると債権者を不当に害するおそれがある。また，国内破産法制では，手続き開始にあたって裁判所が審査を行い，正当な理由のない場合は申請を却下することになっているが，国家を相手とする債務再構築において，誰がかかる審査を適切に行いうるかという問題がある。反対に，状況によっては，債務が持続不可能であるにもかかわらず，対内的・対外的な政治的事情により国家の側が申立てを行うことができない場合がある。その場合は債務問題が処理されないままにされる可能性もある。

第三に，多数債権者の合意形成プロセスの確立である。裁判所が関与する国内法手続きにおいては，債務再構築に伴う諸決定に関して，債権の種類および額に応じた議決権ないし弁済の優劣が明確である。しかし，世界中に多様な形式で分散している債権をどのように統合し，合意形成に導いていくべきか。ここには，とりわけ債券に関して，発行の基礎となった準拠法によってそれぞれの債権者集会ないし債権者代表の選出や権限に関して相違があるため，一律には規定できないという背景もある。SDRM 構想では，債務再構築計画に直接に関与する債権者委員会の組成や役割に関しては債務国と個々の債権者の仲立ちをすることが強調され，再構築計画の決定に関しては対象債権元本の75％以上の多数によって承認がなされるとされているが，債権者の代表の集まりとしての委員会の機能は必ずしも明確ではない。[54]

　第四に，申立てに伴う債権者の執行停止と財産の保全である。債務再構築が申し立てられた場合には，財産の保全のため個別的な訴訟や弁済は停止されなければならない。しかしながら，SDRM 構想では，上述のような債権者の多様性の問題もあるため，一般的な執行停止を導入しないとした上で，撹乱的訴訟を抑止する措置を取るものとしている。その方法として，訴訟によってある債権者が獲得した金額を債務再構築によって支払われる額から差し引いたり，債務国外の裁判所に債務再構築の手続きを阻害するような執行措置を認めないよう要請する命令を出す権限を SDDRF に与えたりするものがある。[55]もっとも前者では，ある債権者が撹乱的訴訟によって債務再構築から得られる金額より多くを回収した場合には効果はないし，後者では，SDDRF の要請を受け入れるために関係国ないしその裁判所との間に協定などの法的根拠が設定される必要がある。いずれにせよ，債務再構築が有権的かつ実効的に行われるという信任があるからこそ多くの債権者がそれに従うのであり，個別的な執行の停止はその重要な要素のひとつである。これが十分に確立できないなかでは，国家破産法制の有効性は疑われかねないであろう。[56]

第五に，債務国の詐害行為への対処や債務再構築の履行確保の問題である。債務者が主権国家であることを考慮すると，債務国が再構築手続きにおいて故意に詐害行為を行った場合の対処には限界がある。SDRM 構想では，既存の IMF の貸付政策による制裁が示されているにすぎない。[57] 貸付政策による制裁は IMF のコンディショナリティーに対する批判を考えると，それだけで有効に履行確保がなされるかには疑問の余地がある。国家の義務の履行確保については，国際コントロールの文脈で，安全保障から環境に至るまでさまざまな方法が考えられているが，それぞれの分野の性質を踏まえたものでなければ実効性はない。国家の債務再構築においては，その国の経済政策の一環として再建計画を作成し実行するので，いかなる行為が詐害的であるかの認定も難しい。むしろ，債務国が再構築手続きに積極的になるためのインセンティブが必要であると考えることもできる。

第六に，債務再構築資金の導入方法である。債務再構築のための資金は公的資金と民間資金の双方が必要であるが，それらをいかに関連させるかが問題である。債務を持続可能な状態に戻すには，そのきっかけとして一定の資金が必要である。しかしながら，公的資金については，コンディショナリティーの妥当性や税金による債権者の救済という批判がつきまとう。民間資金については，十分な資金を確保できるかという問題や債務国にあえて資金を供給する債権者への弁済を他の債権者に優先させるべきかという問題がある。[58] いずれにせよ，債務国の全体的な経済状況を見極めなければならないため，定式化することは困難であろう。

以上のような多様な問題から，国家破産法制の試みは現段階では事実上棚上げ状態にある。また，これらの問題を解決した上で制度化するにしても，IMF 協定の改正もしくは何らかの形の条約の締結が必要であり，直ちに実現するものではないという現実もあるのである。

(2) 集団行動アプローチの進展

法的整理に類似する国家破産制度に対し，私的整理に類する債務再構築の枠組みとして，集団行動アプローチがある。これは，特に多数債権者が存在する公募型の債券の契約において，支払条件の変更等を行うときは債権者集会等を通じた多数決によりその受け入れの可否を決議し，その決定事項は全ての債権者を拘束するように定める方法をいう。この条項は特に集団行動条項（collective action clauses：CACs）と呼ばれ，契約条項に基づく再構築枠組みであることから，契約アプローチとも言われる。[59]

　CACs を有する債券契約の慣行を形成してきたのはイギリスである。19世紀末には，社債発行企業が経営難に陥ったとき，少数債権者の反対により合理的かつ適時の措置が取れない不都合を解消する方法として導入され始め，現在では，ソブリン債を含むほとんどの債券契約に導入されている。[60][61]イギリス法に準拠して発行される債券に含まれる CACs の多くは，支払条件を含む重要事項の変更には債権者集会で投票された議決権の75％以上を要するとし，債権者集会の定足数は初回が75％，延期後は25％とする。デフォルトおよび期限の利益の喪失は，財務代理人による場合は25％の多数，信託による場合は信託の裁量であるが多くは25％の債券保有者の要請に基づいてなされるとされる。訴訟手続きの開始は，財務代理人による場合は債権保有者によって，信託による場合は25％の債券保有者の要請により信託によって行われる。[62]

　日本法も，社債について会社法の規定によって CACs が含まれてきたことから，ソブリン債についても CACs を含む慣行が定着している。日本法では，社債管理会社にならって債券管理会社を設置し，債権者集会での３分の２以上の賛成によって，債券管理会社が支払猶予，和解，訴訟手続きを行う。重要事項の変更は債権者集会で３分の２以上の多数で決定する。デフォルトおよび期限の利益の喪失は，債権者集会での50％以上の決議または25％以上の債券保有者の請求により債券管理会社が行う。債券保有者の個別訴権の制限は規定がないことが多いが，弁済の受領や破産手続きの開始は債権者集会の決議を受けて

債券管理会社が行う。[63]

　他方、ニューヨーク州法およびドイツ法では、CACsを導入する慣行がなかった。米国では、1939年信託契約法が本人の同意なく弁済を受領し、または失われた弁済を回復する債券保有者の権利を害することを禁じていたため、同法は必ずしもソブリン債に直接適用されるものではなかったが、多数決による支払条件の変更を伴う集団行動条項はほとんど取り入れられてこなかった。[64]また、ドイツ法では、1899年債券保有者の共同権利に関する法律が破産手続きに付された元本を受け取る債券保有者の権利の放棄を認めていなかったため、同法もドイツ居住者によるドイツ国内の起債にのみ適用されたにもかかわらず、ソブリン債でも多数決条項は取り入れられなかった。このような中で、ドイツ政府は2000年にドイツ法に準拠する外国のソブリン債における集団行動条項導入の許容性に関する声明を発表した。この声明では、民法の信義誠実の原則に合致する限り、契約自由の原則によって、集団行動条項が有効であると述べられ、債券保有者の権利を制限ないし放棄させるには、少なくとも元本の75％の多数を要するべきとされた。しかしながら、この声明には法的拘束力がないので、法的不確実性は依然として払拭されていないと考えられている。[65]

　しかしながら、2002年のG10ワーキング・グループによるCACsの有効性に関する報告書[66]やIMFを始めとする国際金融機関での議論を受けて、CACsを積極的に導入する傾向が顕著になってきている。特に、準拠法ベースで発行残高の6割を占めるニューヨーク州法では、2003年2月のメキシコ債を皮切りに、ブラジル、コロンビア、グァテマラ、ハンガリー、トルコなどがCACsを含む債券を発行、最近ではほとんどすべてのソブリン債がCACsを有する起債となっている。特別多数決の割合も当初は85％が多かったが、2004年になるとほとんどが75％とするものになっている。[67]上記4市場で見ると、新規および既存債券との交換による債券発行におけるCACsの導入件数は、2003年ではCACs有りが55件に対しCACs無しが32件だったが、2004年では78件対8件、

2005年では上半期で57件対1件と，圧倒的にCACs有りのシェアが増加している。[68]

急速に普及してきているCACsであるが，契約に基づくアプローチであることから，いくつかの問題点もある。

第一に，多様な発行条件およびCACsを有する複数の種類の債券をいかに合理的に再構築するかという点である。多様性といっても，発行地，通貨，準拠法，発行目的，私募債と公募債など，さまざまな側面がある。その当然の結果として，債券契約に含まれるCACsの規定も一様ではない。この点に関しては，債務再構築計画の決定に関して複数の債券の債権者の投票を合算するとするaggregation clauseが提案されている[69]。しかし，債券保有者からすれば支払条件の将来について不確実なリスクを負うという懸念があるし，多様な条件の債券をどのようにaggregateするかはかなり難しいであろう。

第二に，上述の問題の帰結でもあるが，債務国と交渉窓口となる債権者委員会を構成する各債券の代表者または代理人の権限の相違の問題がある[70]。発行状況の相違からCACsの規定が必ずしも統一的になっているわけではない現状において，統一的な代表条項を定めるのも妥当とはいえない。債権者委員会で何らかの決定を行う際に，それぞれの代表者の権限を越える問題が生じたとき，その都度個々の債券の債権者集会の決定が必要になってくる場合があろう[71]。

第三に，CACsの導入が債券の価格にどのように影響するかである。これに関してはさまざまな研究がなされているが，CACsの導入は債券価格には影響しないとする見方がある一方，aggregation clauseなど債券保有者の権利が制限される程度によっては金利差が生じる可能性も否定はできない[72]。その場合，CACsの導入は選択的問題となるかもしれない。

現代の国家債務再構築の問題は，契約上の問題であると同時に国家財政および国際金融システム（国際流動性）の問題でもあることから，契約条項による集団行動アプローチだけで解決できるものではない。しかし，債務再構築を遂

行するための第一の出発点は，資金の出し手である多数の民間債権者を国家財政再建および国際流動性の回復と関連付けるため，何らかの形で一本化しなければならないということである。そこで次に，アジア通貨危機の教訓という観点から債券市場を育成し，そのベンチマークとしてのソブリン債の安定的な発行・流通を促進しようとしているアジア債券市場構想のうち，集団投資スキームを活用して幅広い民間資金をアジア各国のソブリン債に投資しようとしている汎アジア債券インデックス・ファンド（PAIF）の枠組みを検討するものとする。

2 アジア債券市場構想における債務危機の予防と解決の枠組み──PAIF を素材として

(1) 多数債権者の一体化手法としての信託制度の特質

さまざまな多数決条項が存在する中で，多数債権者をより一体化する手法として注目されているのが，信託制度の活用である。特にイギリスの信託を活用した債券では受託者に大きな権限が認められており，多数債権者の個別の行動を制約する仕組みを含んでいる[73]。

第一に，訴権の受託者への集中である[74]。イギリス法の信託制度のもとで発行された債券では，訴権は受託者の排他的権利であり，債券保有者は個別に訴訟を起こすことはできない。これにより，個々の債券保有者が集団行動から離脱し，独自の訴訟によって有利な弁済を獲得しようとするのを防止することができる。

第二に，受託者による訴訟獲得物の比例（pro rata）分配の原則である[75]。受託者はすべての受益者のために行動することを義務付けられている。それゆえ，訴訟によって受託者が勝訴し，弁済を獲得した場合は，それを全債券保有者に比例配分しなければならない。これにより，個々の債券保有者の訴権制限を補完しているのである。

第三に，交渉窓口としての機能である[76]。受託者は，財務代理人制度や債券管

理会社に比べて，高い信託報酬のもとで権利義務を負っており，債務国と債券保有者の意思疎通の媒介となることができる。

　第四に，信託の関係文書の一方的な修正権である[77]。受益者の権利に影響を与えるものを変更するには受益者の同意が必要であるが，信託の運用にかかわる部分では，受託者が単独で文書の修正を行うことができる。これにより，交渉の段階で受託者が行動しやすい環境を生み出すことが可能となる。

(2) 多数債権者の一体化手法としての PAIF の特質

　このような信託制度を，アジア地域限定ではあるが複数のソブリン債への投資信託のスキームに適用した事例として，汎アジア債券インデックス・ファンド（PAIF）がある。PAIF は，東アジア・オセアニア中央銀行役員会議（EMEAP）が2005年に設定したアジア債券ファンド2（ABF2）のうち，アジア8カ国の現地通貨建てソブリン債および準ソブリン債に分散投資する債券ファンドで，約10億ドルを運用している ETF（上場投資信託）の一種である[78]。PAIF はシンガポール法を準拠法としてシンガポールに登録され，香港に上場されている。運用は，ファンドがベンチマークとしてトラックする International Index Company（IIC）の iBoxx ABF Pan-Asia Index に対してパッシブに運用され，安定的なポートフォリオを組成する[79]。資金は，EMEAP 加盟の中央銀行からの投資のほか，一般投資家も市場を通じて投資することができる。このようにして，市場の未発達なアジアのソブリン債市場に中央銀行の資金を中心としたファンドが投資することによって，適切な価格形成を誘導し，発行・流通にかかわるインフラやノウハウを育成し，アジア全体としての直接金融市場を発展させようとしているのである。

　このような PAIF の枠組みを概略すると図表1のようになる。そして，ここにおける多数債権者の債務再構築に備えた枠組みとして，以下の点を指摘することができる。

　第一に，受託者（Trustee）およびマネージャー（Manager）を中核とした権

図表1　PAIFのスキームの概念図

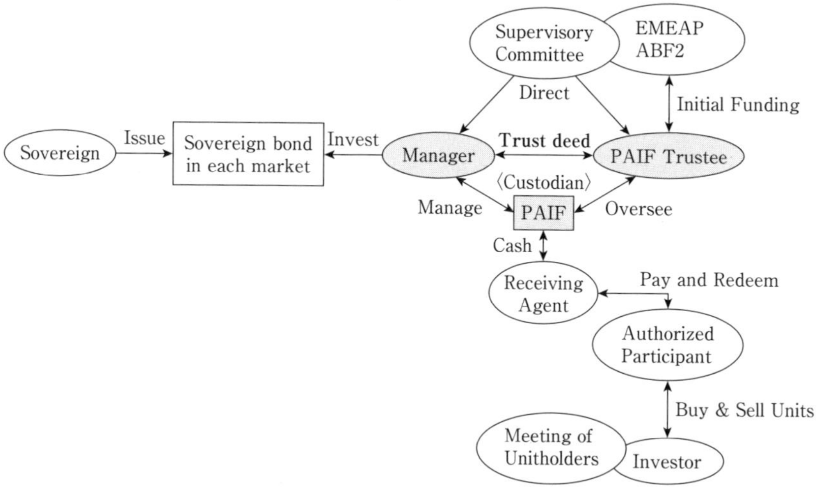

```
                          Supervisory      EMEAP
                          Committee        ABF2
                              │              │
                           Direct      Initial Funding
              Issue                Invest  │              │
  Sovereign ──────→ Sovereign bond ──────→ Manager ──Trust deed──→ PAIF Trustee
                    in each market          │   ⟨Custodian⟩      │
                                        Manage    PAIF    Oversee
                                              Cash↓
                                          Receiving ←──Pay and Redeem
                                            Agent
                                                      Authorized
                                                      Participant
                                                          │
                                                    Buy & Sell Units
                                          Meeting of       │
                                          Unitholders    Investor
```

ABF Pan Asia Bond Index Fund, Prospectus より筆者作成

利義務の設定である。受託者は，原則として，Supervisory Committee（EMEAP加盟の11の中央銀行の理事クラスで構成される機関）またはAuthorized Participant（受託者と直接引受・償還手続きを行える機関）を介して受益者のために職務を遂行するので，直接的に受益者との関係を持たない。受益権の売買は原則としてAuthorized Participantを通じてのみ行われ，その設定および償還には，ファンドの状況により受託者またはマネージャーの裁量が認められている。また，信託証書（Trust deed）は受託者とマネージャーの間で交わされ，その修正も，基本的にはSupervisory Committeeの承認が必要であるが，受益者の利益に重大な影響のない限り，受益者の承認なしで行うことができる。[80]

　第二に，Meeting of Unitholdersに関する規定の信託証書への取り込みである。通常の債券契約では，債券の要綱に債権者集会の手続き要件や決議事項が定められるが，PAIFの目論見書では，信託証書に定めるとするのみである。[81] これにより，準拠法たるシンガポール法に反しない限りで受益者の利益を図り

つつ，機動的な受託者による行動を確保しようとしている。この点，シンガポールは，近年受託者の権限を強める信託法制の改正を行っており，受託者の裁量による信託全体の合理的運用に適した制度を整えている。

　第三に，交渉窓口としての受託者およびマネージャーの機能である。受託者およびマネージャーは，受益者のために資産を管理・運用する過程で必要のあるときは，信託を代表して行動する。ただし，信託の全体的な構造・戦略や他の市場への登録・上場などについては，Supervisory Committee の指示や承認を受けなければならない。もっとも，承認を要する事項でも，Supervisory Committee の全会一致により承認を不要と取り決めることもできる。Supervisory Committee は Meeting of Unitholders とは別の機関であり利害が必ずしも一致するわけではないが，EMEAP から組織される機関として信託全体の利益を考慮しつつ，受託者による一体的な行動を可能にしているのである。

　もっとも，PAIF は，投資信託としては多様なソブリン債に投資することで各国の債券市場の育成に貢献するが，危機時の債務再構築の枠組みへの貢献という意味では，終局的な場面で若干消極的な面がある。

　第一に，清算の基準である。ファンドが清算されるのは，受託者やマネージャーの事業継続不能のほか，信託の純資産価値が2億5000万ドルを下回ったときであるとされる。ファンドはインデックスに従ってパッシブに運用され，また，一般投資家も含まれるファンドとして無理にポジションを維持するのは不合理であるので，価値の下落した，すなわち債務危機が近づいた国の債券は早めに処分される可能性が高い。さらに，地域全体に危機が波及したときはこの基準価値を下回って，債務再構築の議論の前に清算されてしまう可能性がある。

　第二に，清算時の受益権の取り扱いである。ファンドが清算されると，信託が保有していた証券その他の資産は，現物でまたは売却によって受益権に比例して受益者に配分される。受益者が個人の場合は，現金化するために受託者がこれらの証券を売却する。これにより個人投資家は証券を保有し続けることは

ないようであるが，合理的な売却が可能かどうかはそのときの状況による。また，機関投資家は現物で債券を保有せざるを得ない場合が想定されるが，この場合，現物の配分をいかに行うかについて問題が生じうる。EMEAP が現物を全て引き受けるならば，債券保有者の一体性は確保しやすくなるが，そのような規定はないし，モラルハザードにもなりうる。また，機関投資家が現物を保有することになった場合は，各々の体力に応じて処分するであろうが，最終的な保有者は個別に債務再構築にかかわらなければならず，PAIF としての当初の集団性を完全に失わせることが妥当かどうか，疑問の余地がある。

Ⅳ 結 語

以上の検討を経て，グローバル化の進展した現代社会における多数債権者間の国家債務再構築のための条件は，以下のように指摘することができるであろう。

第一に，前提としての集団行動条項の普及である。ニューヨーク州法準拠のソブリン債の CACs 導入が進むにつれて，CACs は世界的に普及しつつあるといえる。現代の多数債権者間の債務再構築の最大の特徴が多様な債権者の存在であるとすれば，CACs によって個々の債券保有者の意思をいかに収斂させるかが鍵であるといえる。さらに，信託制度などを利用した代表条項が合わせて導入さえれば，交渉窓口が特定され，債務再構築を進める前提が整ってくることになる。これによって，債権者委員会を組成し，交渉の環境を確立するのである。もっとも，この場合に債券ごとの代表者の権限が不揃いなのはある程度やむをえないであろう。債券が私法行為としていずれかの市場の準拠法に基づいて発行される以上，準拠法に特有の契約法や信託法上の制約や慣行があるのは当然である。しかし，グローバル債として発行される債券については，市場の圧力により慣行が収斂されることが期待できる。もちろん，UNCITRAL や UNIDROIT で行われているように統一法を模索することも可能ではあるが，

発行体が国家であることを考えると，そのような法的な縛りを設定するよりも，国際的な場で方向性を議論しつつ，市場の契約慣行に委ねる方が有益であると思われる。

　第二に，債権者委員会が設定されたあとの国際的なフォーラムの確立である。これに関しては，国家破産制度を企図した法的整理のアプローチが構想されたが，前述の問題から実現可能性は薄い。しかし，個々の債券のCACsだけでは，破綻状態にある国家に対して有効な債務再構築を行うことはできない。そこで，法的拘束力の有無にかかわらず，何らかの国際的なフォーラムが必要になる。ではそれをどこに設定すべきか。まず考えうるのは，IMFないし世界銀行などの国際金融機関であるが，これら国際金融機関もまた債権者であり，また，ここ数年の国際金融機関の政策に対する不信感を考えると信任を得られるかは微妙である。他には，国際決済銀行（BIS）や金融安定化フォーラム（FSF）[85]なども考えられるが，現状では組織としての機能は限定的である。しかし，前述のように，債務再構築には中立的な第三者機関の存在が重要であることを考えると，後者の2機関をベースに柔軟な枠組みを構想することはひとつの方法であろう。

　第三に，最大の問題であるが，債務再構築のための資金の手当てとモラルハザードの解決である。現代の債務危機が流動性危機であることを考えると，危機が伝播する前にどれだけ国際流動性を供給できるかが重要である。それゆえ，現代において重要なのは最後の貸し手（Lender of last resort）というよりは，最初の貸し手（Lender of first resort）の確保であるとも言われる。[86]かかる再構築の資金には有利な条件と優先弁済の権利が与えられてしかるべきであるが，これを公的・民間の双方からどのように募るかが重要な要素となろう。[87]アジアでは，中央銀行間の柔軟な通貨スワップネットワークを構築することによって流動性の確保を図っている。他方，このような再構築資金の手当てを整えると，投資に先立ち万一の場合の救済が期待されるため，債務国・投資家双方にモラ

ルハザードが生まれる。しかしながら，債務危機が通貨危機を経て，国際金融システム全体の安定にかかわる以上，当事者だけの問題にできないのはこれまで述べてきた通りである。それゆえ，上述の国際的なフォーラムにおいて，債権者および債務者が当然に負うべきリスクを認識できるような債務再構築の実行をどれだけ積めるかが重要になってこよう。

　本稿は，歴史的展開を踏まえて，国際的平面で考えうる現代の国家債務再構築の問題と展開を検討した。しかし，冒頭で述べたように，この問題の予防および解決には，当事者の契約関係の処理に，債務国の財政金融政策の自律性と合理的な公的資金援助の枠組みを関連付けることが不可欠である。今後，さらなる検討を進めたい。

(1) 民間融資の構成は，1980年代末までは，銀行融資が80％以上を占めていたが，90年代に入り債券の割合が増加し，2002年には銀行融資と債券の比率はおよそ4：6となっている。World bank, *Global Development Finance,* 2003, Vol. 1, p. 58.
(2) 吉國眞一「アジアの資金フローとアジア債券ファンド」『国際金融』1110号（2003年）30-31頁。
(3) ソブリン債とは，国家ないし政府が発行する債券をいい，政府が出資する公法人が発行するものを準ソブリン債という。両者をあわせてソブリン債ということもあるが，裁判免除との関係で準ソブリン債の発行者の国家性が限定されることも踏まえ，本稿では国家債務としてのソブリン債を検討対象とする。
(4) アジア債券市場に関する一般的動向については，Kawana, T., "Financial Cooperation in Asia and Japanese Law, with Particular Reference to the Development of Asian Bond Markets", *International Corporate Rescue,* Vol. 3, Issue 3 (2006) 参照。また，アジア開発銀行が提供するウェブサイトとして，Asian Bonds Online がある。http://asianbondsonline.adb.org/regional/regional.php
(5) 入江節次郎『イギリス資本輸出史研究』（新評論，1982年）87頁以下。
(6) 山本栄治「1920年代米国の対ラテンアメリカ証券投資」『甲南経済学論集』第41巻1号（2000年）54-56頁。
(7) Drago, L.M., "State Loans in Their Relation to International Policy", *American Journal of International Law,* Vol. 1, (1907), pp. 692-693.
(8) *The Proceedings of the Hague Peace Conferences,* The Conference of 1907, Volume II, Meeting of the First Commission, (Oxford University Press, 1921), p. 916.

⑼　立作太郎「國債と國際法」『国際法外交雑誌』第17巻3号（1918年）191-192頁。
⑽　第一次世界大戦後の1919年，サン-ジェルマン条約によって，セルビア王国，モンテネグロ王国，オーストリア帝国の支配下にあったクロアチア，スロベニアにより，セルブ・クロアート・スロベーヌ王国が成立し，債務を継承した。
⑾　"Case Concerning the Payment of Various Serbian Loans Issued in France", *P.C.I.J. Reports, Series A*, Nos. 20/21, Judgment No. 14, pp. 11-16.
⑿　"Case Concerning the Payment in Gold of Brazilian Federal Loans Contracted in France", *P.C.I.J. Reports, Series A*, Nos. 20/21, Judgment No. 15, pp. 97-106.
⒀　A. ベルトラン，P. グリゼ（原輝史監訳）『フランス戦間期経済史』（早稲田大学出版部，1997年）184-192頁。
⒁　なお，管轄権段階で請求が棄却されたが，ノルウェー公債事件も，1896年から1905年にわたってノルウェーがフランスにおいて発行した公債が問題となっており，当事国たるフランスとノルウェーが国際司法裁判所規程の選択条項を受諾していた関係から1955年になってフランスの一方的付託という形で提訴されたものである。"Case of Certain Norwegian Loans", *I.C.J. Reports, 1957*, pp. 18-20.
⒂　Hall, W.E., *A Treatise on International Law*, 2nd ed., (The Clarendon Press, 1884), pp. 256-258.
⒃　Phillimore, R., *Commentaries upon International Law*, 3rd ed. Vol. II, (Butterworths, 1882), pp. 13-14.
⒄　山本栄治「1930年代ラテンアメリカ債務危機と米国の債務交渉」『甲南経済学論集』第41巻1号（2000年）54-56頁。
⒅　Rivier, A., *Principes du droit des gens*, Tome Premier, (Arthur Rousseau, 1896), pp. 272-273.
⒆　田畑茂二郎「外交的保護の機能変化（一）」『法学論叢』第52巻4号（1946年）208-211頁。
⒇　この点につき，権利の実質の観点から，外交的保護権を手続き的権利と捉える立場があるが，個人が国家を通じて自らの権利を実現するという実体的権利が国際法上認められない以上，外交的保護権を手続き的に利用可能たらしめるのはあくまで国内法上の問題というべきである。加藤信行「自国民の対外紛争」杉原高嶺『紛争解決の国際法（小田滋先生古稀祝賀）』（三省堂，1997年）208-209頁。
(21)　国内法につき，谷口安平ほか編『解説実務書式大系26・27〈紛争解決編I・II〉』（三省堂，1995年），国際法につき，宮野洋一「国際法学と紛争処理の体系」国際法学会編『日本と国際法の100年・第9巻』（三省堂，2001年）32頁。
(22)　Eichengreen, B. and Portes, R., "After the Deluge : Default, Negotiation, and Reajustment during the Interwar Years", Eichengreen, B. and Lindert, P.H. (eds.), *The International Debt Crisis in Historical Perspective*, (The MIT Press, 1989), pp. 15-25.

(23) Nwogugu, E.I., *The Legal Problems of Foreign Investment in Developing Countries*, (Manchester University Press, 1965), p. 231.
(24) 例えば、1934年の中国とアメリカ・ラジオ・コーポレーションの間の紛争。"Note of the Secretary General Concerning the Functioning of the Permanent Court of Arbitration", *Netherlands International Law Review*, Vol. 7, (1960), p. 321.
(25) The Permanent Court of Arbitration, "Rules of Arbitration and Conciliation Settlement of International Disputes between Two Parties of Which Only One Is a State", *American Journal of International Law*, Vol. 57 (1963), pp. 500-511.
(26) Permanent Court of Arbitration "Optional Rules for Arbitrating Disputes Between Two Parties of Which Only One Is a State", effective July 6, 1993; "Permanent Court of Arbitration Procedures for Cases under the UNCITRAL Arbitration Rules"
(27) 池田文雄『投資紛争解決法の研究』(アジア経済研究所、1969年) 98-99頁。
(28) 例えば、日韓投資保護協定第1条2項および第15条3項、日・シンガポール経済連携協定第72条(a)および第82条。
(29) Fedax N.V. v. Republic of Venezuela (Case No. ARB/96/3), March 9, 1998, *I.L.M.*, Vol. 37, pp. 1381-1383. 他に公表されている事件として、Ceskoslovenska obchodni banka, a.s. v. Slovak Republic (Case No. ARB/97/4), May 24, 1999, *ICSID Review*, Vol. 14.
(30) Feller, A.H., *The Mexican Claims Commissions, 1923-1934, A Study in the Law and Procedure of International Tribunals*, (The Macmillan Company, 1935)
(31) US Department of State, *The Treaty of Versailles and After, Annotation Text of the Treaty*, (United States Government Printing Office, 1947), pp. 624-630.
(32) Dore, I.I., *The UNCITRAL Framework for Arbitration in Contemporary Perspective*, (Graham & Trotman, 1993), pp. 53-54.
(33) 司法裁判によって国家と私人の紛争を解決する方法として、その国の国内裁判所または第三国の国内裁判所によるものがある。国内裁判は司法裁判として有効な紛争解決手段のひとつであるが、本稿は国際的な紛争解決手段を検討対象としており、また、国内裁判は裁判権免除や外国判決の承認・執行など別の文脈の問題を有しているため、ここでは検討の対象外とする。なお、わが国で発行されるソブリン・サムライ債にかかわるわが国の国内法上の問題について、拙稿「ソブリン債をめぐる法的課題—アジア債券市場の予備的考察」『企業と法創造』第1巻4号 (2005年) 179-182頁。
(34) Ralston, J.H., *International Arbitration from Athens to Locarno*, (Stanford University Press, 1929), p. 240.
(35) *The Proceedings of the Hague Peace Conferences, supra* note 8, pp. 9-31.
(36) Amerasinghe, C.F., *State Responsibility and Injuries to Aliens*, (Clarendon Press, 1967), pp. 84-88.
(37) なお、本稿の検討対象外であるが、仲裁廷が依拠しうる準拠法の範囲や実定法上の性

質については多くの議論がある。例えば、山内惟介編著『国際契約法』(中央大学出版部、2000年) 11-36頁。
(38) 2001年にデフォルト宣言され、多数債権者を抱えたアルゼンチン債では、30以上の債権者団体の申立てが ICSID になされているが、仲裁廷が組織される目処は立っていない。International Monetary Fund, *Progress Report to the International Monetary and Financial Committee on Crisis Resolution*, April 12, 2005, pp. 29-30.
(39) 毛利良一『グローバリゼーションと IMF・世界銀行』(大月書店、2001年) 31頁。
(40) World Bank, *World Debt Tables*, 1982-83, p. 22.
(41) 『通商白書 (昭和59年版)』44-47頁。
(42) 向壽一『国家破産—累積債務とマネー循環』(講談社、1990年) 66頁以下。
(43) 白石四郎ほか編『累積債務と長期波動』(世界書院、1998年) 14-20頁。
(44) これらさまざまな当事者のそれぞれの観点から累積債務の再構築を検討したものとして、田中五郎「発展途上国の債務危機〔Ⅰ〕~〔Ⅴ〕」『拓殖大学論集』199号 (1992年) および『拓殖大学論集 社会科学』第1巻2号 (1993年) ~第3巻3号 (1996年)。
(45) 池本清「累積債務問題の経済学」『経セミ』394号 (1987年) 34頁。
(46) 以下の各国の通貨危機の動向については、吾郷健二「発展途上国の通貨危機と世界システム」尾上修悟編著『新版国際金融論』(ミネルヴァ書房、2003年) 269頁以下。
(47) Stiglits, J.E., *Globalization and Its Discontents*, (W.W. Norton and Company, 2002), pp. 201-203.
(48) 例えば、アルゼンチンのモラトリアム宣言では、対象となった円建てアルゼンチン債を保有した日本の中小の公益法人は、公表されただけで19法人 (簿価ベースで35億円) にのぼった。『日本経済新聞』2002年3月27日付け朝刊5頁。
(49) Krueger, A., "International Financial Architecture for 2002 : A New Approach to Sovereign Debt Restructuring", Given at the National Economists' Club Annual Members' Dinner, November 26, 2001. その後、2002年11月に事務局による具体案 The Design of the Sovereign Debt Restructuring Mechanism-Further Considerations が提示され、2003年2月、これに対する理事会の検討結果 Proposed Features of a Sovereign Debt Restructuring Mechanism が公表された。
(50) SDRM の内容を詳細に検討したものとして、荒巻健二「SDRM—IMF による国家倒産制度案とその評価」『開発金融研究所報』第15号 (2003年) 38頁以下。
(51) International Monetary Fund, *The Design of the Sovereign Debt Restructuring Mechanism-Further Considerations*, November 27, 2002, pp. 9-11.
(52) SDRM 構想では、IMF の専務理事が7人から11人の選定パネルを指名し、この選定パネルが危機時に審判官となる12人から16人の候補者を選定して理事会を通じて総務会で承認を得、危機が発生したときは SDDRF の President がこれらの候補者から4人の審判官からなるパネルを組織し、うち1名が第一審を行い、他の3名は上訴審を扱うとしている。Ibid., pp. 58-70.

(53) *Ibid.*, pp. 25-27.
(54) *Ibid.*, pp. 42-45.
(55) *Ibid.*, pp. 35-38.
(56) ペルーの国家債務に関して，各国で執拗に訴訟提起をくり返し，自己にのみ有利な弁済を獲得しようとしたエリオット事件につき，荒巻・前掲注（50）68-70頁。
(57) International Monetary Fund, *supra* note 51, pp. 55-56.
(58) *Ibid.*, pp. 45-47.
(59) 久保田隆「国際金融システム改革の法的検討～国際金融機関間の連携強化とcollective action clauses～」『国際商事法務』第28巻9号（2000年）1052-1056頁。
(60) Buchheit, L.C. and Gulati, G.M., "Sovereign Bonds and the Collective Will", *Emory Law Journal*, Vol. 51, pp. 1324-1325.
(61) International Monetary Fund, *The Design and Effectiveness of Collective Action Clauses*, Prepared by the Legal Department, June 6, 2002, p. 6.
(62) International Monetary Fund, *Collective Action Clauses: Recent Developments and Issues*, Prepared by the International Capital Markets, Legal and Policy Development and Review Departments, March 25, 2003, pp. 8-9.
(63) 『集団行動条項を巡る国内法制上の論点に関する研究会報告書』（国際金融情報センター，2004年）9頁以下。
(64) International Monetary Fund, *supra* note 61, pp. 6-7.
(65) *Ibid.*, pp. 7-8.
(66) Group of Ten, *Report of the G-10 Working Group on Contractual Clauses*, 26 September 2002.
(67) Haldane A.G., et al., "Optimal Collective Action Clause Thresholds", Bank of England Working Paper, no. 249, (2004), pp. 5-6; International Monetary Fund, *supra* note 38, pp. 6-9.
(68) International Monetary Fund, *Progress Report on Crisis Resolution*, September 21, 2005, p. 15.
(69) International Monetary Fund, *supra* note 61, p. 18.
(70) *Ibid.*, pp. 15-16.
(71) この弊害を除去するために，JP Morgan の Bartholomew によって Two-step アプローチが提案されている。この方法では，債務再構築に参加する債券保有者に集団行動に適した条項と旧債券よりも有利な条件を含む共通の仮債券（Interim Debt Claim）を発行し，これに基づいて設置される債権者委員会を通じて債務再構築を行い，最終的に合意に至ったときは，改めて新債券を発行するとするものである。しかしながら，仮債券の発行の段階で債券保有者の同意を得られるか，旧債券の保有を希望する債権者が不利になる場合に裁判でかかる仮債券の発行が差し止められる可能性もあるなどの問題もある。Bartholomew, E., *Two-step Sovereign Debt Restructuring: A Market-based Approach*

in a World without International Bankruptcy Law, April 24, 2002.
(72) Becker, T. et al., "Bond Restructuring and Moral Hazard : Are Collective Action Clauses Costly?", IMF Working Paper, WP/01/92, (2001), pp. 3-5.
(73) 他方でも、ニューヨーク州法準拠のソブリン債に導入されているCACsは財務代理人方式によるものが多く、個別の債券保有者の訴権も認められている。International Monetary Fund, supra note 68, p. 7.
(74) International Monetary Fund, supra note 61, pp. 12-13.
(75) Ibid., p. 14.
(76) Ibid., pp. 15-16.
(77) Bedford, P., "Sovereign Bond Contracts : A Workshop at the Bank of England", Financial Stability Review, Issue 18, (2005), p. 103.
(78) EMEAPは、1991年、広く東アジアとオセアニアの中央銀行の実務者の協力を推進するため設置され、1996年以降は毎年総裁会議を開き、翌年のアジア通貨危機を経て、現在ではより密接に地域協力を促進する機関となっている。現在の加盟国は、日本、オーストラリア、ニュージーランド、中国、香港、インドネシア、韓国、マレーシア、フィリピン、シンガポール、タイの各中央銀行である。そのうち、先進国たる日本、オーストラリア、ニュージーランドを除いた8カ国がABFの投資対象となっている。2003年に米ドル建てのアジア諸国のソブリン債に投資するABF1が設定され、2005年のABF2は現地通貨立てソブリン債への投資を目的とするものである。ABF2では、PAIFのほか、国別に投資する8つのファンド（single-market fund）が設定されている。Ma, G. and Remolona, E.M., "Opening Markets through a Regional Bond Fund : Lessons from ABF2", BIS Quarterly Review, June 2005, pp. 84-86.
(79) 2006年5月現在のポートフォリオは、韓国20.88％、シンガポール18.52％、香港18.39％、中国11.29％、マレーシア10.67％、タイ9.85％、インドネシア6.67％、フィリピン4.4％となっている。なお、PAIFの詳細は、http://www.abf-paif.com/eng/index.aspx参照。
(80) ABF Pan Asia Bond Index Fund, Prospectus, 28 June 2005, p. 57.
(81) Ibid., p. 56.
(82) Ibid., pp. 43-45.
(83) Ibid., pp. 58-59.
(84) Ibid., p. 59.
(85) Walker, G.A., International Banking Regulation : Law, Policy and Practice, (Kluwer Law International, 2001), pp. 307-316.
(86) Cohen, D. and Portes R., "Toward a Lender of First Resort" IMF Working Paper, WP/06/66, (2006), pp. 17-19.
(87) 例えば、DIPファイナンスの手法を利用したものとして、Arora, A. and Caminal, R.-O., "Rethinking the Sovereign Debt Restructuring Approach", Law and Business

Review of the Americas, Vol. 9, (2003), pp. 644-647.

【付記】本稿は，文部科学省によって採択された21世紀 COE プログラム「企業社会の変容と法システムの創造」より交付された「平成17年度研究拠点形成費補助金奨励研究費」による研究成果の一部である。

また，本稿執筆にあっては，日本銀行国際局の竹内淳氏（現フランクフルト事務所長），Queen Mary University of London の Dr. G.W. Walker, Dr. M. Yoko-Arai, Mr. R.-O. Caminal, Allen & Overy の Dr. P.R. Wood, 国際決済銀行香港事務所の Mr. J. Gyntelberg, Ms. S. Cheung, 香港金融庁の Mr. K.-H. Li, National University of Singapore の Assis. Prof. Y. Lee Ching Ling, Bank of Thailand の Ms. R. Pongpen はじめ多くの方に助力を頂いた。全員のお名前を記すことはできないが，この場を借りて感謝申し上げる次第である。

(早稲田大学《企業法制と法創造》総合研究所研究員)

論　説　自由論題

ガット第20条における必要性要件
—— WTO 設立後の貿易自由化と非貿易的関心事項の調整メカニズム ——

内 記 香 子

Ⅰ　問題意識
Ⅱ　ガット第20条の規範構造
Ⅲ　GATT 時代の必要性テスト
　1　必要性テストの起源
　2　米国・マグロ輸入規制事件の位置づけ
　3　まとめ
Ⅳ　WTO 設立後における判例の展開
　1　韓国・牛肉流通規制事件
　2　その後の展開
　3　考察
Ⅴ　SPS 協定及び TBT 協定における必要性テスト
　1　SPS 協定第5条6
　2　TBT 協定第2.2条
Ⅵ　結　語

Ⅰ　問題意識

「貿易と○○」問題といわれる貿易自由化と非貿易的関心事項の相克は，どのような立法的解決があり得るかという点から交渉の場面でたびたび議論されてきたが，紛争処理手続が整備されるにつれて，既存のルールの中で司法的な解決が求められる機会も増えてきている[1]。その意味で，ガット第20条は，(a)から(j)の10の政策を実施する措置についてそのガット違法性を正当化する例外条項であり[2]，「貿易と○○」問題が紛争処理の場面で議論される中心的な条文で

ある。とりわけ、「貿易と環境」をめぐっては、健康の保護のための措置に関する(b)と、天然資源保存のための措置に関する(g)がよく知られており、環境保護政策のために、一方的な貿易制限措置（unilateral trade measures）をとることのガット整合性が議論されることが多かった。議論の文脈としては、多国間環境協定で許容される貿易制限措置のガット整合性か、あるいはそうした協定のないところで環境保護の目的で貿易制限措置をとることのガット整合性であった。とりわけ後者の文脈においては、GATT時代に有名な米国・マグロ輸入規制事件(I)(II)がある。

しかし、ガット第20条とは、「貿易と環境」の文脈だけでなく、あらゆる文脈で輸入国が採る一方的な非通商政策の実施措置を評価する機能を持っている。WTO上級委員会は次のように述べている。

　「輸入国が、それが一方的に定めた政策を輸出国が遵守あるいは採用しているかどうかで輸入国の国内市場アクセスを条件づけることは、ガット第20条(a)から(j)のいずれかに当てはまる措置の、ある程度共通した側面である。」("[C]onditioning access to a Member's domestic market on whether exporting Members comply with, or adopt, a policy or policies unilaterally prescribed by the importing Member may, to some degree, be a common aspect of measures falling within the scope of one or another of the exceptions (a) to (j) of Article XX.")

本稿は、かかる機能を持つガット第20条の中でも、いわゆる必要性テスト（necessity test）の解釈適用の変遷を分析し、貿易自由化と非貿易的関心事項の調整をWTOがいかに行っているかを明らかにするものである。必要性テストを明示に有しているのは、ガット第20条(a)、(b)及び(d)であるが、本稿では判例の集積がある後者の2つを対象とする。(b)は、「生命又は健康の保護のために」「必要な」措置であること、(d)は、ガットに「反しない法令」の「遵守を確保するために」「必要な」措置であることが要件である。必要テストとは、「必要な」措置であるという部分の要件を充足しているかどうかを評価するた

めのものである。

　必要性テストを文言上有しているかどうかにかかわらず，(a)から(j)の各号は，根本的には，政策目的とそれを実施する措置の「関連性」を評価することで措置の必然性を判断するものと考えられる[6]。「必要」という文言の代わりに，(c)号，(e)号及び(g)号には「関する」，(f)号には「保護のため」，(h)号では「従って」，(i)号では「関わる」，そして(j)号には「不可欠の」という文言がある。必要性テストをはじめとする各号の目的は，求められる度合いは異なるものの，政策目的と実施措置の「関連性」の評価にある[7]。この評価の過程こそが，ガット・WTO紛争処理手続における貿易自由化と非貿易的関心事項の調整のメカニズムの一部を構成しており，この分析を通じて調整全般に関する示唆を得ることができる。

　本稿の構成は次のとおりである。第Ⅱ章では，ガット第20条の規範構造を簡単に紹介する。第Ⅲ章では，GATT時代の必要性テストの判例を回顧する。第Ⅳ章で，WTO設立後の必要性テストの判例法上の変遷を追う。第Ⅴ章では，衛生植物検疫措置の適用に関する協定（以下，「SPS協定」）及び貿易の技術的障害に関する協定（以下，「TBT協定」）における必要性テストを，ガット第20条におけるそれに対する示唆がないかという観点から紹介する。最後の第Ⅵ章でまとめる。

Ⅱ　ガット第20条の規範構造

　GATT時代はガット第20条の事例が少なく，その解釈適用が明確化されるのはWTO設立後，とりわけ1998年に上級委員会報告が発出されたWTO紛争，米国・エビ輸入禁止事件においてである。本件は，海亀を殺傷する方法で獲ったエビの米国内への輸入及び販売の禁止措置が問題となった事件である。本件の包括的な分析は本稿の目的ではないので（また，同事件は必要性テストの論点はない），それは膨大な既出の評釈や文献に譲るとして[8]，ここでは同事件の

上級委員会が示したガット第20条の規範構造を紹介する。それによって，本稿の関心である各号レベルの必要性テストが第20条全体構造においてどのような位置づけにあるのか，明らかにしておく。

第1に，審理の順序として，各号の要件を充たした後に柱書の要件を充たすかどうかを検討すべきであり(9)，また，各号と柱書の役割の分化として，前者が措置それ自体について，後者が措置の「適用方法」("application")について検証するものである(10)，とした点である。

第2に，柱書において具体的に措置の適用方法について検証する場合の要件は3点，すなわち，同様の条件の下にある諸国の間において「恣意的な差別」あるいは「正当と認められない差別」であるかどうか，又は「国際貿易の偽装された制限」であるかどうか，である。本件では，この3つは別個の要件として扱われ，初めの2つが適用され，米国の措置の柱書違反が認定されている。

第3に，柱書の機能について，上級委員会は次のような一節を残している。

　「柱書の解釈適用という作業は，第20条の下で例外を援用する加盟国の権利と，ガットの様々な実体的規定で認められる他の加盟国の権利との間の均衡線を探るという精巧な作業である。」("The task of interpreting and applying the chapeau is, hence, essentially the delicate one of locating and marking out a line of equilibrium between the right of a Member to invoke an exception under Article XX and the rights of the other Members under varying substantive provisions (e.g., Article XI) of the GATT 1994 ...")(11)

つまり，柱書の機能とは，「加盟国の権利と義務のバランスを損う」("impair the balance of rights and obligations")(12) ことのないよう，一定の利益衡量を行うことである。

以上のような規範構造における必要性テストの位置づけは次のとおりである。必要性テストとは，審理の第1段階に過ぎず，それをクリアした場合，その後に上級委員会がいうところの措置の「適用方法」を検討する柱書の適用があり，

それをクリアしなければ措置のガット違法性は正当化されない。柱書の解釈適用については，本稿では包括的な分析は行わないが，何が措置の「適用方法」の問題として分類されるかは，ある程度，上級委員会の裁量の問題と考えられる。本件における柱書の適用に関しては，その一部について，適用方法の問題とは考えられない，という批判もあった。[13]このことは，事案の性格によって，柱書の役割がケース・バイ・ケースに変わってくることを暗示している。[14]それが上級委員会のいうところの柱書の機能，すなわち，加盟国間の権利のバランスをとるための均衡線を探ることなのである。

Ⅲ　GATT 時代の必要性テスト

1　必要性テストの起源

必要性テストにつき，初めて明確な定義を与えたのは，米国・1930年関税法337条事件のパネルである。[15]この事件では，特許侵害している輸入産品に対する輸入差止手続を規定する米国の1930年関税法337条が，輸入産品にのみ特別に厳格な手続を設定していることから，ガット第3条4違反であることが認定された。それに対して米国は，ガット第20条(d)による正当化を主張した。

パネルは，法令遵守のために「必要」な措置であるかどうかを判断する基準について次のように述べた。すなわち，「他の代替措置で，採用することが合理的に期待できるものであって，ガット整合的なものが利用可能である場合には」("... if an alternative measure which it could reasonably be expected to employ and which is not inconsistent with other GATT provisions is available to it")，必要性を充たしているとは言えず，さらに，そのようなガット整合的な措置が合理的に利用可能でない場合には，「最もガット整合的でない」("the least degree of inconsistency with other GATT provisions") 措置を用いることが求められる。[16]こ:
こでパネルは続けて，そのような必要性の原則は「実体法や実体法によって保たれる実施レベルの変更を締約国に求めるものではない」("... this does not

mean that a contracting party could be asked to change its substantive [patent] law or its desired level of enforcement of that law …"[17]) ことを指摘している。この点は、WTO 設立後の判例でも強調される点であり、加盟国が「保護・実施水準」("level of protection/enforcement") を自由に設定できることはこの当時から認められていたことが分かる。

　結局、本件では、337条の様々な手続的側面につき、必要性があると判断された手続もあれば、それを否定されたものもあった。必要性が否定された根拠は、米国内で発生した特許侵害に関する連邦裁判所手続にはないが輸入産品に関する337条手続にだけ課される手続があったため、そのような非対応性を取り除いてガット整合的な措置を採ることができたからであった。

　上述のテストは、「最小非整合性」("least inconsistency") テスト、あるいは「最小通商阻害性」("least trade restrictive") テストとも呼ばれるようになる。ガット最小非整合性を求めるということは、「最小通商阻害性」を求めるということと同義と考えられたからと思われ[18]、「最小非整合性」と「最小通商阻害性」を区別して使っている識者はほとんどいない[19]。

　しかし、「最小非整合性」あるいは「最小通商阻害性」テストという呼称は、上記パネルが指摘したもうひとつの要件、すなわち「合理的に利用可能」("reasonably available") かどうかの要件を看過しており、パネルが提示したテストの要件を正確に表現していない。その合理的利用可能性が問題になったのが、続くタイ・タバコ規制事件であった[20]。

　本件では、タイのタバコの輸入禁止措置がガット第11条違反と認定され、例外条項として援用されたのはガット第20条(b)であった。パネルは、上記337条事件パネルの判断を根拠に、ガット第20条(d)の必要性のルールを同条(b)にも適用するとした[21]。そして、必要性を充たす措置とは、ガットに整合的あるいはより非整合的なその他の代替的措置であって、締約国がその健康保護の政策目的を達成するために合理的に採用できるもの（alternative measure consistent with

the General Agreement, or less inconsistent with it, which [a contracting party] could reasonably be expected to employ to achieve its health policy objectives）であると した。
(22)

　必要性の判断において，パネルは，まずタイの健康保護の目的を，輸入タバコに含まれる有害物質からの健康の保護（質的側面）及び国内のタバコ消費量の減少（量的側面）の２つであるとした。輸入タバコに含まれる有害物質からの健康の保護については，成分表の表示によって対処が可能であること，国内のタバコ消費量の減少のためには，タバコの広告規制や政府のタバコ独占体による販売制限で対処可能であるとした。これらの代替措置は国内産品と輸入産品に一律に課すことができるものである一方で，タイの措置は輸入制限という輸入産品のみに対する措置であるという点で必要性を充たすものではないと判断している。
(23)
(24)

　確かにパネルは，締約国がその「健康保護の政策目的を達成するために」合理的に利用可能な代替措置を探求すると述べており，337条事件と同様，合理的に利用可能性の探求の中であくまでも設定された保護水準を尊重する見解を示している。しかし，実際にパネルが挙げた代替措置（成分表の表示や広告規制）が，タイの設定した保護水準に見合ったものであったのか疑問であるという批判があった。保護水準についての考慮なしでは，現行の措置よりも最小非整合的な措置を常に考え出すことが可能となり，そのため際限のない（open-ended）テストとなってどのような措置も必要テストをクリアすることができないという懸念もあった。
(25)
(26)

　また，本件の判断の結果，タイはタバコの輸入を解禁することになったわけだが，健康保護という目的の重大性に照らせば，代替措置ではなく輸入禁止措置が必要であったという批判もあった。必要性とは，政策目的に対して必要かどうか（本件では健康保護のために必要かどうか）解釈されるべきであるはずなのに，本件のような必要性テストでは目的の考慮が行われていないという指摘も
(27)

あった。

さらにパネルが，国内産品と輸入産品に一律に課すことができる措置にこだわったことに対しては，必要性の判断内に輸入産品と国内産品の扱い方の一貫性（consistency）を含めることは妥当ではなく，かかる一貫性の検討は柱書の「偽装された制限」で行うべきではないか，という批判があった。前述のとおりWTO設立後，米国・ガソリン精製基準事件及び米国・エビ輸入禁止事件によって柱書の適用方法はある程度明確化されるが，GATT時代のパネルの柱書の適用については批判が多かった。すなわち，柱書の「偽装された制限」の禁止の率直な解釈とは，「内国措置に対しては緩和された内国民待遇を要求すると同時に，国境措置についても国内の同種の害悪に対処する措置と対応関係にあることを要求すること」であるが，GATT時代のパネルでは「通商制限或いは内国規制の透明性の問題である」と異なる理解をしているというものである。仮に，タイ・タバコ規制事件のパネルが，タイ国内のタバコの生産に規制がない事実をとらえて，当該輸入禁止措置が「国内の同種の害悪に対処する措置と対応関係にあることを要求」しようとしているのであったならば，柱書の「偽装された制限」要件において判断すべきであったという指摘である。

なお，WTOの現行の判例法によれば，内外無差別の要件は，柱書の「同様の条件の下にある諸国の間において恣意的な差別あるいは正当と認められない差別」の中で課されることになっている。「同様の条件の下にある諸国の間において」という文言には，輸入国と輸出国間の関係も含まれるという理解である。

2 米国・マグロ輸入規制事件の位置づけ

必要性テストの事例としては特異な存在でありながら，その高度に政治的な重要性から必ず触れられるのが，米国・マグロ輸入規制事件(Ⅰ)(Ⅱ)である。これは，イルカを殺傷する方法で漁獲したマグロの輸入及び販売を禁止した米国の

措置について，それぞれメキシコ(I)とEC(II)が申立てを行った事件である。この事件には，イルカの保護という環境政策が背景にあったことから，「貿易と環境」という観点からはGATT時代最も著名な事件と言ってよい。正当化の論拠としては，ガット第20条(b)だけではなく(g)の有限天然資源の保存も争われたが，ここでは(b)の必要性テストについてのみ振り返ることにする。

米国・マグロ輸入規制事件(I)で，パネルがまず問題としたのは，米国が米国の「管轄外」("extrajurisdictional")のイルカの生命を保護する措置も(b)が対象としているかどうか，という点であった。パネルは，米国の措置が認められるようなことになれば，締約国は他の締約国に対して生命・健康保護の政策を一方的に決定することができるようになってしまうとして，(b)によって正当化はされないとした。(32)

パネルの必要性テストに関する見解は，この後の部分である。仮に管轄外の保護措置が認められるとしても，イルカは多数の国々の領海や公海を回遊しているので，米国は国際的な協力取決め（international cooperative arrangements）を通じて合理的に利用可能なイルカの保護措置の選択肢を尽くすべきであった，としたのである。(33)

米国・マグロ輸入規制事件(II)では，必要性テストにまた異なる視点が加えられている。このパネルが必要性の判断でこだわったのは，その他の国の政策を変えることを強要するような措置（so as to force other countries to change their policies within their own jurisdictions）を採ることが(b)で「必要」と認められるかどうかであった。パネルは，ガット第20条の各号は狭く解されるべきで，さらにガットの目的・原則を維持できるような方法で解釈すべきなので，他国に政策変更を強要するような措置を「必要」であると認めることはできない，と判断したのである。(34)

他国に政策変更を強要する措置の妥当性の問題は，WTO設立後，米国・エビ輸入禁止事件によって次のように修正されている。本稿第Ⅰ章で引用した同

事件上級委員会の見解によれば，ある程度一方的で強制的な措置というのはガット第20条が対象とする措置の共通した側面であり[35]，とすれば，政策変更を強要する措置であるという特性だけでアプリオリに正当化が認められないということにはならない[36]。

さらに，マグロ輸入規制事件(I)の必要性テストにおいて，代替措置として国際的協力措置が指摘されていた点については，これが必要性テストで要求されるべき措置なのか疑問である，という見解があった[37]。WTO設立後，二国間で協議をすることが必要性テストに含まれるかどうかについて米国・賭博規制事件で争われ，上級委員会はそれを否定する判断をしている[38]。

他方で，国際的協力措置を採ることが必要性テストではなく柱書の解釈において問題になったのが，米国・エビ輸入禁止事件であった。同事件で上級委員会は，米国が，一部の国家に対しては海亀保護のための協力措置を事前交渉した一方で，原告らとは交渉を行わず差別的に扱ったことが，柱書の「正当化されない差別」に当たると判断した[39]。この判断から，協力措置を事前交渉することが柱書において求められていると言えるのかどうか議論がある。この判断は，あくまでも，原告らとは交渉を行わなかったという差別の事実についてのみ柱書違反としたものであって，交渉自体を義務化するものではないという見解が妥当であろう[40]。

3 まとめ

以上，GATT時代の必要性テストの事例を振り返ったが，この時代の判例法でWTO設立後にも受け継がれる意味のある点は2つである。第1に，必要性テストの内容が合理的に利用可能な最小非整合的な代替措置の存在であるとされた点であり，これはWTOでも踏襲される。しかし，その具体的な内容，特に「合理的に利用可能」の意味はWTO設立後に明確にされることになる。第2に，GATT時代には明確に意識されることはなかったけれども重

要な点として，米国・1930年関税法337条事件でもタイ・タバコ規制事件でも共にパネルは保護・実施水準の妥当性については評価していない（つまり，締約国は自由に保護・実施水準を設定できる）。この点は後にWTO上級委員会も確認している。[41]

Ⅳ　WTO設立後における判例の展開

1　韓国・牛肉流通規制事件[42]

WTO設立後，必要性テストに転機が訪れるのは，韓国・牛肉流通規制事件においてであるが，まず同事件までの判例動向を見ておこう。

初めて必要性テストが適用されたのは米国・ガソリン精製基準事件であった。[43]本件は，空気清浄化を目的として施行された米国のガソリン精製基準規則について，ベネズエラ及びブラジルが申立てを行った事件である。同規則は，ガソリンの精製基準につき，国内精製業者に対しては個別基準を適用するが，外国の精製業者に対しては法定基準を適用するものであり，後者の固定的な法定基準をクリアすることの方が難しい設定になっていた。同規則は，国産ガソリンと輸入ガソリンを差別する措置であるとしてガット第3条4違反と判断された。それに対して，米国は，同規則のガット違反は，ガット第20条(b)(d)及び(g)によって正当化されると主張した。ガット第20条(g)の論点しか上訴されなかったため，必要性テストを有するガット第20条(b)及び(d)の判断がなされたのはパネルの段階に留まった。

パネルは，本件はガット第20条(d)の範囲の問題ではないとして(d)の適用を退けたため，(b)だけが適用された。パネルは，米国・1930年関税法337条事件及びタイ・タバコ規制事件を引用し，合理的に利用可能な最小非整合的な代替措置の存在について検討した。そこで，米国は，代替措置（例えば，外国の精製業者からデータを提出させる方法）は外国の精製地の特定の困難さや制度の悪用，あるいは外国の精製業者に対する罰則の適用の困難さから利用可能ではない，

と主張した。しかし，パネルは，かかる行政上の困難は認められないとして，正当化されないと結論付けた。このように，本件では，GATT時代の必要性のテストが踏襲されている。あえて評価する点があるとすれば，米国が主張したような行政的な困難さが代替措置を採用できないことの理由としては認められないとして，合理的に利用可能な措置の範囲について示唆したことであろう。[44]

本稿の関心との関連では，本件の上級委員会が，天然資源の保存に関する(g)号の要件審査の後に，柱書において必要性テストに類似した検討を行ったことの方が興味深い。[45]

本稿第Ⅱ章で述べたように，この上級委員会は，柱書の適用においては措置それ自体よりも措置の「適用方法」が重要であるとしたが，実際にこの上級委員会が柱書の適用において行った議論は，問題となった措置の他に利用可能な措置があったという措置の実体的な内容に関わるものであり，[46]措置の「適用方法」に関する議論と言えるものではないという指摘がある。[47]このことは，そもそも，どの号が問題になったのかによって，ある程度，柱書の役割が変わってくることを示唆しているのかもしれないが，[48]実はこの上級委員会の判断は，後のアルゼンチン・牛革製品事件[49]のパネル判断（上訴なし）に少なからず影響を与えている。

この事件では，アルゼンチンの輸入皮革に対する課税措置がガット第3条2違反とされ，それがガット第20条(d)により正当化されるかどうかが論点のひとつとなった。このパネルは，20条の解釈適用の随所で，先例である米国・ガソリン精製基準事件及び米国・エビ輸入制限事件の上級委員会判断に従おうと努めている。しかしパネルは，20条(d)の必要性の解釈において合理的に利用可能な代替措置を検討せずに，それを柱書の適用において検討してしまった。[50]その理由としては，米国・ガソリン精製基準事件の上級委員会が行った柱書の適用に影響されたことが考えられる。本件パネルは，上級委員会が柱書の適用において措置の「適用方法」にそれほど注目しておらず，措置それ自体について検

討を行っていることを指摘しており，本件の判断もそれに沿うものであることを示唆している。[51]

こうした流れを経て，韓国・牛肉流通規制事件の上級委員会報告が発出される。本件は，米国及びオーストラリアが，韓国の牛肉の輸入制度について申立てをした事件である。主要な争点は，輸入牛肉の小売りについては国産牛肉を扱わない専門の輸入牛肉店が行うことを義務づける制度「二元小売り制度」（"dual retail systems"）（デパートやスーパーマーケットなど大型店においては国産牛肉と輸入牛肉を分けて販売場所を設けることを義務づける制度を含む）がガット第3条4違反かどうかという点であった。上級委員会は，パネルの判断を概ね支持し，この制度をガット第3条4違反と認定した。韓国は，本件措置は不正競争防止法の遵守を確保するための措置であり，輸入牛肉を国産牛肉と偽って販売する詐欺を取り締まるために必要な措置であるとして，ガット第20条(d)の例外を主張した。上級委員会は，GATT時代と同様，加盟国は，保護・実施水準を自由に設定できる権利があることには変わりはないことを認める一方で，ガット第20条(d)の必要性の判断において，次のような判断を示した。[52]

上級委員会は，必要性に含まれる措置には幅があり，「不可欠」（"indispensable"）に必要な措置から，必要性に単に「貢献する」（"making a contribution to"）措置までが含まれるという。[53]「不可欠」な措置は当然に第20条(d)の要件を充たす一方で，[54]「不可欠でない」（"not indispensable"）措置が「必要」であるかどうかは，様々な要素を比較衡量するプロセス（a process of weighing and balancing a series of factors：以下，「バランシング・プロセス」という）において判断され，[55]その要素には次の3つが含まれるとした。[56]すなわち，①措置が法規則の実施にどれくらい貢献するのか（the contribution made by the compliance measure to the enforcement of the law or regulation at issue），②法規則によって保護される共通利益や価値の重要性（the importance of the common interests or values protected by that law or regulation），③輸出入にその法規則が与える影響（the accompanying impact of the law or regulation on imports or exports) である。さらに上級委員会は，かかる考慮は，米国・1930年関税法337条事件で示した基準に沿ったもので，結局，バランシング・プロセスは，より非整合的な措置が「合理的に利用可能」かどうかを判断する過程に含まれる (comprehended) と述べるのである(57)。

しかし，本件措置に対する判断の過程において，上記3つの要素は明示的に現れてこない。具体的には次のような判断であった。まず，検討された代替措置は，店頭での販売において詐欺がないかどうか競争法で通常の取締りをするという方法であった。韓国は，この代替措置では，法の実施水準を達成することはできないと主張した(58)。上級委員会は，韓国が設定した実施水準は，牛肉の原産地を偽装するケースをかなり減少させることに過ぎず (a significant reduction of violations)，詐欺の完全な排除ではないのであり (the total elimination of fraud)，そうであればその他の措置によってそのレベルが達成できないか検討しなければならないとした(59)。結局，上級委員会は，競争法による通常の取締りには人材及び費用がかかるとした韓国の主張を退け(60)，この代替措置は韓国にとって「合理的に利用可能」であると結論づけたのである(61)。

このように，実際の判断では，上級委員会が初めに示した3要素は言及されていない。その代わり検討されたことは，韓国の設定した実施水準はどのレベルかという議論と，その実施水準を充たす代替措置が「合理的に利用可能」であるかどうかという，判断の過程としてはGATT時代の必要性テストに近いものが採られているのである。

ここで2つの問題点が挙げられる。第1に，上級委員会が示した3つの要素は，従来の合理的に利用可能な代替措置の評価とどのような関係にあるのかという問題である(62)。上級委員会は，3つの要素は，「不可欠でない」措置の場合，「合理的に利用可能」な代替措置の判断に考慮要因として含まれるとしている。これが意味するところは，「不可欠」な措置の場合にはバランシング・プロセス

はないということなのか。また,「不可欠でない」措置の場合のバランシング・プロセスと代替措置の関係はいかなるものなのか。

第2に,3つの要素の相互関係の問題である(63)。上級委員会は,「共通利益や価値の重要性」について,それがより重大なものであれば,より簡単に必要であると受け入れられるとしている(64)。同様に,「貢献度」についても,措置が法規則の実施により多く貢献するほど必要であり,「貿易に対する影響」が小さいほど必要であると考えられるとする(65)。そこから,3要素には何らかの相互関係があることがうかがえる。例えば,「共通利益や価値の重要性」が大きければ,「貿易に対する影響」はあまり考慮されることがないといった相互関係であり,これがまさに上級委員会がいうところのバランシング・プロセスなのだろうか。以上の2つの問題に後のケースが応えているのか,検討してみる必要がある。

2 その後の展開

韓国・牛肉流通規制事件の後,3要素について言及した事例として,まずEC・アスベスト規制事件の上級委員会判断がある(66)。本件で問題になったのは第20条(b)の必要性であった。上級委員会は,「合理的に利用可能」な措置の判断において様々な要素が検討されなければならないとする。そして,要素のひとつである「共通利益や価値の重要性」について,本件措置の目的は,アスベストによってもたらされる健康被害を阻止することであり,これは「最高位に不可欠で重要な価値」("the value pursued is both vital and important in the highest degree")であると表現している(67)。また,「貢献度」の要素について,代替措置がこの目的を達成するのに貢献するものであるかどうかを検討しなければならないと述べた。そしてこれ以降の判断では,目的から設定された健康の保護水準が導かれ,その保護水準を達成する代替措置が合理的に利用可能であるかどうかが検討されている。結局,提示された代替措置——アスベスト使用規制

(controlled use)——では，健康被害の完全な阻止として設定された高い保護水準は達成できないと判断されている。ここでも，「合理的に利用可能」かどうかの判断に，「最も不可欠で重要な価値」と保護水準の問題がどのように影響しているのか明確な説明はない。

次に3要素の問題を議論しているのは，カナダ・小麦公社事件のパネルである（この争点についての上訴はなくパネル段階のみの判断に留まった）。カナダは，問題となった小麦許可制度は，（輸入産品を国内産品として偽って販売するような）詐欺的行為の防止のためであるとして，第20条(d)での正当化を主張した。パネルはまず，「共通利益や価値の重要性」について，詐欺的行為の防止は，商業的な目的として重要ではあるが，「最高位に不可欠で重要な価値」である人の健康の保護と同等の重要性は持たないと述べている。次に，「貢献度」については，当該制度は詐欺的行為の防止のためにいくらかの貢献はしている（make some contribution）ことを認めている。そして，これ以降の判断は，先の2つの上級委員会と同様，合理的に利用可能な代替措置があるかどうかの検討に入っている。パネルはここで考慮する要素を4つ挙げる。すなわち，貢献度，実施の困難さ（the difficulty of implementation），貿易に対する影響，及び実施水準の達成の4つである。そして検討の結果，この4つを充たす代替措置が存在するとした。しかし，このパネルは，考慮要因をチェック・ポイントとして用いているだけで，「共通利益や価値の重要性」との関連でどのような衡量をしたのかについては言及がない。

初めて何らかの衡量を試みているように思われるのは，米国・賭博規制事件であった。この事件で問題となったのは，サービス貿易に関する一般協定（以下，「GATS」）第14条の例外規定であったが，このパネル・上級委員会ともにガット第20条の必要性テストを踏襲している。争点となったのはGATS第14条(a)及び(c)であったが，議論が重複しているため本稿では前号のみ取り上げる。GATS第14条(a)は，「公衆の道徳の保護又は公の秩序の維持のために必要な措

置」を扱っている。問題は，海外からの賭博サービスの提供を規制する米国の措置（いくつかの関連した州法）が(a)の必要性テストを充たすかどうかであった。

本件パネルは，韓国・牛肉流通規制事件の判断に従い，3つの要素に照らして本件措置を検討した。まず，「共通利益や価値の重要性」について，パネルは，本件措置は，マネーロンダリング・組織犯罪・詐欺・未成年賭博・健康被害の防止のために採られていることを認め，EC・アスベスト規制事件と同様に「『最高位に不可欠で重要な価値』と性格づけできる大変重要な社会的利益」（"very important societal interests that can be characterized as 'vital and important in the highest degree'"）であるとした。また，措置がこれら価値の保護のためにどれくらい効果があるのかという「貢献度」についても，問題の措置は少なくともある程度（at least to some extent）貢献していると言えると肯定的に判断した。[76] 他方，3つ目の要素である「貿易に与える影響」については，全面的禁止であるから，当然に影響は多大であるとしている。[77]

しかし本件では，そのような多大な影響を貿易に与えたとしても，遠隔地賭博から保護されなければならない国家の関心（concerns）が存在することが認められている。[78] 遠隔地賭博を規制しなければ，例えば，量・速さの点でマネーロンダリングを促進させてしまうこと，[79] 低い参入障壁によって詐欺の可能性が高まること，[80] 賭博を行う孤独な環境によって健康被害が増大すること，[81] 未成年賭博の危険性を防止するのが困難なことが指摘されている。[82]

ここまでの判断を読む限り，パネルは，「最高位に不可欠で重要な価値」に基づく本件措置であるからこそ「貿易に対する影響」は重視しないという考えなのではないかと思われるのであるが，このパネルは，この後，米国が申立国アンティグアと協議・交渉せず，協定整合的で合理的に利用可能な代替措置を探求する可能性を尽くさなかったという判断をするのである。[83] この点は米国・マグロ輸入規制事件(I)の判断を想起させるものであり（事実，パネルも同事件を引用している），また，このパネルは，前述の米国・エビ輸入制限事件上級委員

会の多国間アプローチが望ましいという見解にも少なからず影響を受けているようである。[84]

　このパネルは，3要素とこの代替措置を総合考慮する「バランシング・プロセス」を行うのであるが，結論として，代替措置を探求すべきだったと判断していること以外に，どのような衡量が行われたのか明確に読み取ることができない。パネルは「貿易に対する影響」が大きいことを強調していることから，それだからこそ代替措置を尽くすことが重要だと考えているようにも読めるところもあり[85]，また，本件措置が「不可欠」("indispensable") であっても代替措置を尽くすことが求められると述べていることから[86]，価値の重要性にかかわらず代替措置があれば常にそれを選択することが重要だと考えていると読めるところもあるが，いずれも推測の域を出るものではない。

　このパネルの残した課題について，本件の上級委員会の判断も明確に応えるものではない。上級委員会はまず，協議・交渉が代替措置となり得ることについては，パネルの判断を否定している。すなわち，「問題となっている米国の措置と同様の目的を達成する交渉結果を得る目的でアンティグアと協議することは，代替措置として検討されるのに適当ではない。なぜなら，協議とは，プロセスでしかなく，協議の結果は不確実であり，問題となっている本件措置と比較することはできないからである。」[87]

　この点を除けば，上級委員会は，パネルが行った3要素の検討をほぼ全面的に支持し，協議・交渉以外の代替措置が挙げられていないことから，米国の措置は，GATS第14条(a)の必要性テストを充たしていると判断した[88]。結局，3要素の検討で問題の措置が「不可欠」であるとされた判断と[89]，代替措置の有無の判断との関係については不明なままとなった。「不可欠」な措置であれば，代替措置の検討はどのようなものとなるはずだったのか，その点が重要なのであり，例えば，本件上級委員会は，代替措置と既存の措置を比較する際に，「共通利益や価値の重要性」を考慮することを示唆していた[90]。他方，上級委員会が

3要素に関するパネルの判断までは支持していることから,「最高位に不可欠で重要な価値」であれば「貿易に対する影響」は重視しないという衡量は少なくとも否定はされていない。(91)

必要性テストに関する直近の事例は,ドミニカ・タバコ輸入販売措置事件(92)である。本件では,ドミニカが,輸入タバコに対して,タバコ税証紙をドミニカ国内の税務機関の監督の下ですべての箱に貼付する義務を課していたことがガット第3条4違反と認定された。ドミニカは,当該措置はガット第20条(d)の法令遵守のために必要な措置であると主張した。上級委員会は,本件パネルは先例に従って当該措置の3つの要素について検討したとして,パネル判断を支持している。すなわち,①税収入の確保(租税回避及びタバコ密輸の防止)という措置の目的は「最も重要な利益」("most important interest")(93)であること,②貿易に対する影響は大きくないこと,しかしながら,③当該措置が租税回避及びタバコ密輸の防止に対しては,実際は限定的な貢献度しかないこと,である。(94)

パネルはこの後,先の事例と同様に,合理的に利用可能な代替措置があるかどうかを検討するのであるが,この部分の判断も上級委員会に支持されている。パネルは,既存の措置の「貢献度」の要素に照らせば,ドミニカが達成したい水準を確保する代替措置があるとした。上述のとおり,既存の措置が限定的な防止効果しかないことに照らせば,輸入前の生産工程においてタバコ税証紙を貼付する措置が実施水準を充たす代替措置として利用可能であるという。(95)ドミニカは,実施水準はゼロ・レベル(租税回避や密輸をゼロにすること)であると主張していたが,既存の措置の「貢献度」を見ればそのようには考えられないとされた。つまり,既存の措置の目的に対する「貢献度」が低かったことから,措置の実施水準が実際はそれほど高くないものと判断され,その水準に見合った代替措置がある,という判断となった。このケースは,少なくとも,「貢献度」の要素が保護・実施水準の確定に寄与し,その水準に見合った代替措置が検討されるという関係を示唆している。

3 考　察

　韓国・牛肉流通規制事件の問題のひとつは，3要素の検討が合理的に利用可能な代替措置の判断にどのような影響を与えているのかが判然としないことにあった。もともと韓国・牛肉流通規制事件では，3つの要素は合理的に利用可能な代替措置の判断に考慮要因として含まれるとされていた。しかし，最近の判例の傾向は，3要素の検討をした後で，合理的に利用可能な代替措置の検討をするという，2段階の判断枠組みのように見える。とりわけ，合理的利用可能性の審査において，代替措置が保護・実施水準を充たすかどうかが明確に検討されるようになっている。

　第1の見方としては，これまでの判例によれば，合理的に利用可能な代替措置の審査は，3要素の検討とはほとんど独立して行われているということができる。ドミニカ・タバコ輸入販売措置事件が，「貢献度」の要素から実施水準を確定し，それに見合った代替措置を探すという関係を示唆している点においてのみ，当該要素と代替措置の間に関連性が見受けられるだけで，「共通利益や価値の重要性」が高いほど代替措置が認められ難いとか，「貿易に対する影響」が大きいほど代替措置が認められ易いといった関連性は，説明されていない。いずれのケースも，判断の要は，設定された実施・保護水準を達成する代替措置があるかどうかに尽き，まさにそれが合理的利用可能性の審査なのである[96]，という考え方である。しかし，この場合，3要素の検討に意味がなくなり，上級委員会のいう「バランシング・プロセス」とは何だったのかという疑問が生じることになる。

　他方で，実施・保護水準を達成する代替措置があるかどうかの判断には，3要素のひとつ，「共通利益や価値の重要性」が影響しているのではないかという第2の見方もできる。「共通利益や価値の重要性」の評価において，「最高位に不可欠で重要な価値」という表現が用いられたのはEC・アスベスト規制事件と米国・賭博規制事件であり，健康・生命の保護と公衆の道徳の保護が対象

となっていた。それに対して，第20条(d)が対象となった3つの事件においては，韓国・牛肉流通規制事件では価値の重要性について言及はなく，また，カナダ・小麦公社事件については重要であるが「最高位に不可欠で重要な価値」ではないとされ，さらにドミニカ・タバコ輸入販売措置事件では「最も重要な利益」という表現が使われている。

　仮に「最高位に不可欠で重要な価値」と表現されたものとそうでないものを区別できると考えた場合，「最高位に不可欠で重要な価値」が認められたEC・アスベスト規制事件では，検討の結果，該当する代替措置なしという判断がなされている（なお，同様の価値が認められた米国・賭博規制事件上級委員会では代替措置が挙がっていない）。その理由は，価値が最高位に重要であるからこそ，代替措置が高い保護水準を達成するものであるかどうかが厳格に審査され，当該水準を厳密に維持するものでなければ代替措置として認められることがないからであると推論できる(97)。他方，代替措置ありとされた韓国・牛肉流通規制事件とドミニカ・タバコ輸入販売措置事件では，主張した高い実施水準は認められなかった。つまり，代替措置の水準よりも，設定された実施水準がそもそもどのレベルなのかについての審査が厳しい。ここに，「最高位に不可欠で重要な価値」とされたものとそうでない価値に対する対応の違いが現れていると見ることもできる。

　この点において，韓国・牛肉流通規制事件のもうひとつの問題，すなわち，3つの要素の相互関係が関係してくる。これまでの事例でそれらの相互関係について示唆しているケースは唯一，米国・賭博規制事件であり，「最高位に不可欠で重要な価値」であれば「貿易に対する影響」は重視しないという衡量が示唆されていた（もっとも，EC・アスベスト規制事件も，暗黙にそのような衡量をしていたと見ることができるかもしれない）。とすれば，「最高位に不可欠で重要な価値」でない場合，「貿易に対する影響」が重視され，設定された実施・保護水準の達成度を多少下げることになっても通商阻害性がより低い代替措置をと

ることが要求されることになる可能性がうかがえる。

仮にこの推論が正しいとすれば，EC法における「比例性テスト」（"proportionality test"）と類似の利益衡量がWTOで行われることになる。同テストは，EC法では法の一般原則であり，EC裁判所の判例によれば厳密には3段階の審査から成るという。すなわち，①目的を達成するのに効果的かどうか，②貿易に対する影響は最小限かどうか，③貿易に対する影響が目的の達成度と比べて不均衡ではないか，の3段階である。(98)上級委員会の挙げた3要素は，全く同一ではないにしろ，欧米の識者に，このEC法の3段階の審査を想起させるものであった。(99)

比例性テストで問題になるのは，特に③のテストである。目的から得られる利益に比べて措置による貿易に対する影響が大きいかどうかという単純な比較ではなく，得られる利益と貿易に対する影響の不均衡性を見るところに意味がある。(100)③のテストが意味するところは，既存の措置では貿易に対する影響が著しく大きいのに対し，代替措置として少し目的の達成度は劣るものの貿易に対する影響が小さいものがある場合，後者を選択することが求められる。従って，設定された実施・保護水準を下げなければならなくなる点が問題だと言われている。(101)

このことを，韓国・牛肉流通規制事件の文脈で例えると，A措置（＝二元小売制度）は詐欺防止の達成度が80％で貿易の阻害度は70％，B措置（＝競争法による取り締まり）は詐欺防止が70％で貿易の阻害度は20％の場合，通商阻害性と措置の達成度の均衡性の点から見ると，B措置は達成度がA措置よりも10％劣るものの通商阻害性がA措置よりも小さいので，B措置がA措置よりも適切な措置であるということになる。

しかし，そもそもこの③のテストを用いることには，EC裁判所でさえ慎重であるという。(102)この背景には，裁判所が措置の目的に対する評価を適切に行えるのかどうかという疑念，あるいは措置の目的の重要性を裁判所に評価される

ことに対する国家からの抵抗がある。同様に，WTOのパネル・上級委員会がそれを行う場合は，加盟国の規制主権への介入であるという反感を招くことが懸念される。

さらに，「最高位に不可欠で重要な価値」と表現されたものとそうでないものを区別する見方に対しては次のような2つの反論が可能である。第1に，誰が何を基準に「最高位に不可欠で重要な価値」を判断するかである。WTOのパネル・上級委員会がそれを判断することについては議論のあるところだろう。健康・生命の保護と公衆の道徳の保護が「最高位に不可欠で重要な価値」であることは議論がないとしても，ガット第20条(d)（法令遵守確保の措置）が対象とする様々な価値の重要性はどのようにランク付けするのか。本稿の初めにも述べたように，第20条の各号は政策目的とそれを実施する措置の「関連性」を評価するものであって，価値の重要性を評価するものではないはずである。

第2の反論は，前述の実施・保護水準追及の立場からのものである。「最高位に不可欠で重要な価値」が認められたEC・アスベスト規制事件と米国・賭博規制事件では，既存の禁止措置が最も高いレベルの保護水準を設定しており，主張した水準と既存の措置が体現している水準に矛盾はない。そのため，その非整合性が追求されることがなかっただけであり，「最高位に不可欠で重要な価値」であっても，高い水準を主張する一方で，それに見合った効果を持つ措置を採っていない場合はその矛盾が追求される可能性も否定できない，と見ることもできる。つまり，判断の要はやはり実施・保護水準を達成する代替措置があるかどうかであり，設定した実施・保護水準を達成する措置を実際に採っているかどうかが重要であるということになる。

この点に関連して，次のような方法で実施・保護水準の一貫性（consistency）をチェックすることの有用性を指摘する識者もいる。すなわち，韓国・牛肉流通規制事件上級委員会によれば，牛肉と同種あるいは類似の産品について，どのような措置が採られているのかそれと比較することで，実施・保護水

準の一貫性を評価することができるというものである[108]。つまり、同種あるいは類似の産品について、同じ政策目的にもかかわらず、より非通商阻害的な措置が採られていれば、それが「合理的に利用可能」な代替措置の候補となり得るという考え方である。この方法であれば、「最高位に不可欠で重要な価値」かどうかの評価を回避できるという点において、加盟国の規制主権への介入を防ぐことができる。

以上の考察を経てもなお、必要性の判断枠組み——3つの要素（貢献度、価値の重要性、貿易に対する影響）＋（最小非整合的な）「合理的に利用可能」な代替措置——の実際の運用の仕方には不明瞭な部分が残る。特に、価値の重要性と貿易に対する影響がどのように最終的な結論に影響しているのかが判然としない。もっとも、様々な要素を考慮してケース・バイ・ケースに紛争解決する方法が、上級委員会がいうところの「バランシング・プロセス」なのかもしれない。より明確な運用方法が示されるのかどうかは、今後の判例の動向を見守るしかない。

V　SPS協定及びTBT協定における必要性テスト

ところで、必要性テストは、ウルグアイ・ラウンドで成立した2つの新協定、SPS協定及びTBT協定にも規定されている。両協定では必要性テストの規定は例外条項ではないので、申立国に立証責任がある点がガット第20条と違うことが前提としてあるが、両協定におけるその規定振りと適用がガット第20条(b)及び(d)における必要性テストに何らかの示唆を与えていないか、以下で検証する[109]。

1　SPS協定第5条6

SPS協定は、SPS協定前文で「衛生植物検疫措置をとることに関連する千九百九十四年のガットの規定、特にその第二十条(b)の規定の適用のための規

則」であるとしており，さらに，同協定第2条4が，衛生植物検疫措置がSPS協定に適合するものである場合はガット第20条(b)の規定に適合するものと推定すると規定している。従って，SPS協定の必要性テストは，ガット第20条(b)のそれに示唆を与えるものとなろう。

SPS協定の必要性テストは，ガット第20条・TBT協定・SPS協定の中で，文言上，最も詳細な規定振りがなされている。SPS協定は，第5条6において，「……当該衛生植物検疫措置が当該衛生植物検疫上の適切な保護の水準を達成するために必要である以上に貿易制限的でないことを確保する」と規定し，さらに同項の注が次のように説明を加えている。[110]

> 「技術的及び経済的実行可能性を考慮して合理的に利用可能な他の措置であって，衛生植物検疫上の適切な保護の水準を達成し，かつ，貿易制限の程度が当該一の措置よりも相当に小さいものがある場合を除くほか，必要である以上に貿易制限的でない。」

初めて第5条6を適用したのは，オーストラリア・鮭検疫事件であった。[111] 第5条6の注から3つの要件が構成され，その後の事例においても踏襲されている。[112] すなわち，第1に，技術的及び経済的利用可能性を考慮して合理的に利用可能で，第2に，適切な保護水準を達成し，第3に，貿易制限の程度が相当程度に小さい，代替措置があるかどうかという審査である。

これらの要件を，ガット第20条の3要素（貢献度，価値の重要性，貿易に対する影響）と比較すると，形式的には両者が類似したものであることが指摘されている。[113]「貢献度」は，（ドミニカ・タバコ輸入販売措置事件で示唆されたように）第2要件である適切な保護水準を達成するかどうかに関連している。「価値の重要性」は，SPS協定の目的が「人，動物若しくは植物の生命若しくは健康を保護する」[114] ことにあり，かつその目的は「最高位に不可欠で重要な価値」であることが明確であるため，明示の要件となっていないと考えられる。貿易に対する影響は第3要件にあるが，そこでは，「貿易制限の程度が相当程度に小さい」[115]

("significantly less restrictive to trade") となっている。つまり，既存の措置と比較して，貿易制限の程度が「相当程度」小さい措置でなければ代替的なものとならないということであり，この点は措置を課している側の被申立国に有利な要件である可能性がある。

鮭検疫事件の上級委員会では，パネルの認定にいくつか誤りがあったことで事実認定に欠如があり，第5条6の適用が完結していない。それでも本件の上級委員会の判断の中で必要性テストにつき示唆的な部分がある。それは，第2要件にある適切な保護水準の扱いに関するものである。SPS協定では，適切な保護水準の設定は，加盟国の「特権」("a prerogative of the Member")であるとされている。(116) この点は，加盟国が保護・実施水準を自由に設定する権利があると捉えるガット第20条と同じである。

この適切な保護水準につき上級委員会は，「加盟国によって設定された適切な保護水準と，既存のSPS措置は明確に区別されなければならない(117)」とし，また，「現行の措置が適切な保護水準を示唆していると考えることは，措置が常に適切な保護水準を達成しているということを推定するものであるが，それは正しくない(118)」という(119)。この判断は，パネルが，オーストラリアの現行のSPS措置が達成している保護水準から，適切な保護水準を推定しようとしたことを否定する文脈でなされたものであった。本件の具体的な事実によれば，オーストラリアの現行の措置（禁輸）から推定されるレベルは危険ゼロ・レベル（zero-risk level）であるが，オーストラリアがパネルで主張したレベルはゼロではなく非常に危険度が低いレベル（very low level）であった。

この上級委員会の見解は，韓国・牛肉流通規制事件とドミニカ・タバコ輸入販売措置事件のガット第20条(d)の適用において上級委員会が行った判断と反対であるという指摘がある(120)。両事件で上級委員会は，被申立国の主張した高い実施水準を受け入れなかった。しかし，鮭検疫事件の上級委員会のこの見解は，「人，動物若しくは植物の生命若しくは健康を保護する」という「最高位に不

可欠で重要な価値」に関わる衛生植物検疫措置だからこそ示されたという見方もできる。

仮にそうであれば，SPS協定では，「最高位に不可欠で重要な価値」だからこそ被申立国が主張した適切な保護水準が尊重され，それと同等の水準を達成する代替措置で，「貿易制限の程度が相当程度に小さい」ものがなければ代替措置ありとはならない，ということになる。

しかし，実際にその後第5条6の適用があった，日本・農産物検疫事件[121]，オーストラリア・鮭検疫事件（履行確認パネル手続）[122]，日本・リンゴ検疫事件（履行確認パネル手続）[123]では，いずれも代替措置が比較的容易に認定できている。事案の詳細は別稿に譲るが，その理由としては，適切な保護水準を達成する代替措置であるかどうかの審査が客観的にできたことにあると考えられる。いずれの事例でも，第5条6の適用の前に既に第5条1の危険性評価がなされたり，専門家の助言を得たりしており[124]，その過程においてある程度，現行の措置ではないその他の措置で保護水準が達成できることが科学的に認められていたからである。SPS協定の事例では，代替措置が適切な保護水準を充たすものかどうかという点が，客観的に評価できるという傾向があるように思われる。

2　TBT協定第2.2条

TBT協定の必要性テストは第2.2条に規定される。

> 「加盟国は，国際貿易に対する不必要な障害をもたらすことを目的として又はこれらをもたらす結果となるように強制規格が立案され，制定され又は適用されないことを確保する。このため，強制規格は，正当な目的が達成できないことによって生ずる危険性を考慮した上で，正当な目的の達成のために必要である以上に貿易制限的であってはならない。」

続けて，「正当な目的」が例示列挙されている。

「正当な目的とは，特に，国家の安全保障上の必要，詐欺的な行為の防止及び人の健康若しくは安全の保護，動物若しくは植物の生命若しくは健康の保護又は環境の保全をいう。」

TBT協定には，SPS協定のようにガットとの関係についての規定がないが，EC・アスベスト規制事件の上級委員会が，ガットとは異なった，追加的な義務を課す法であるという見解を示している。[125] 学説上は，とりわけガット第3条及び第20条と，TBT協定の関係について考察されることが多かった。[126] 本稿の関心においては，TBT協定第2.2条に限れば，上述のとおり，様々な正当な目的が例示列挙されているところから，対象としている政策目的の広さという意味でガット第20条(d)との類似性が認められるだろう。

第2.2条が適用された紛争はないが，同条の起草過程は必要性テストの考え方に示唆的な視点を提供している。第2.2条は，既に現行条文と全く同じ文言のものが1990年11月の段階で起草されていたが，[127] 興味深いことに，1991年12月「ダンケル・ドラフト」の段階では，この条文案に次のような注が付いていた。

> 「この条文は，強制規格と正当な目的が達成できないことによって生ずる危険性の比例性を確保することを目的とする。」("1. This provision is intended to ensure proportionality between regulations and the risks non-fulfilment of legitimate objectives would create.")[128]

この注はその後1993年12月の最終文書までには削除されている。米国政府は，SPS協定の第5条6の注に似たようなものをTBT協定にも挿入したかったが，それは成功しなかったという。[129]

比例性（proportionality）という文言が起草過程で削除されたことから，TBT協定第2.2条における比例性テストの導入は否定されたと考える識者もいる。[130] 他方で，同条第2文「正当な目的が達成できないことによって生ずる危険性を考慮した上で，正当な目的の達成のために必要である以上に貿易制限的

であってはならない」("[T]echnical regulations shall not be more trade-restrictive than necessary to fulfil a legitimate objective, taking account of the risks non-fulfilment would create") という文言からは，それが完全に否定されるものではないという識者の指摘もある。すなわち，「正当な目的が達成できないことによって生ずる危険性を考慮した上で」という部分について，目的が達成されないことに伴う危険性が高い場合は通商阻害性が大きい措置も許容されるが，その危険性が低い場合には通商阻害性がより小さい措置を選ぶべきであるということを示唆しているという指摘である。(131) 比例性という文言が起草過程からなくなっても，その趣旨は現行条文でも変わらないという考えである。

その答えは，この条文に関する紛争を待つことになるが，このようなTBT協定第2.2条における比例性テストをめぐる議論は，ガット第20条(d)において，「最高位に不可欠で重要な価値」でない場合に比例性テストを導入する議論と，同じ関心を持つものである。前述のとおり，TBT協定第2.2条は様々な正当な目的が例示列挙されているところから，「最高位に不可欠で重要な価値」からそうでない価値まで幅広い価値を対象としている。そこに，比例性テストを導入する可能性が考えられた背景があったのかもしれない。

Ⅵ　結　語

ガット第20条における必要性テストは，WTO設立前と後では判例法上，次のような異同がある。GATT時代には，最小非整合的な合理的に利用可能な代替措置の有無によって必要性が判断されるという枠組みだけが確立していた。それが，WTO設立後はより明確化し，3つの要素（貢献度，価値の重要性，貿易に対する影響）＋（最小非整合的な）「合理的に利用可能」な代替措置が検討されるという「バランシング・プロセス」となっている。

しかし，どのような場合にいかなる「バランシング・プロセス」が採られるのかは不明瞭なところが残っている。3要素の相互関係，さらに，3要素と代

替措置の関係について、どのような衡量を行ったのか、明確な説明があった事例はない。3要素にかかわらず、「合理的に利用可能」な代替措置の検討において、設定された保護・実施水準を達成する代替措置があるかどうかが一貫して検討されているようにも見える。その一方で、価値の重要性によって、設定された保護・実施水準を達成する代替措置があるかどうかの審査の厳格性が変わっているようにも見える。

このままでは判断枠組みの明確性という点で問題であるが、その一方で、ケースごとに弾力的な対応をすることが、上級委員会がいうところの「バランシング・プロセス」なのであるならば、これ以上の体系的な説明は行われないかもしれない。貿易自由化と非貿易的関心事項の調整を担うWTO紛争処理機関としては、ケース・バイ・ケースの対応が可能で、時代の要請を考慮できる判断枠組みを維持することの方が重要であるという考え方もできよう。その意味では、これまでの必要性テストをめぐる上級委員会報告はその任務を果たしているものとして評価できる。

SPS協定及びTBT協定における必要性テストは、これまでも学説上はしばしばガット第20条のそれと比較されてきた。前章で見たとおり、SPS協定及びTBT協定における必要性テストの現状は、ガット第20条に対して示唆的な部分もあるが、明確なフィードバックがあるわけではない。今後、協定間で必要性テストの考え方に共通した潮流が見られるかどうかは引き続き検討していく必要がある。

ガット第20条（及びGATS第14条）に関するWTO紛争一覧

WT/DS番号	申立国	被申立国	事件名	採択日	ガット20条(b)	ガット20条(d)	ガット20条(g)	GATS14条(a)	GATS14条(c)
WT/DS2, 4	ヴェネズエラ・ブラジル	米国	米国・ガソリン精製基準事件	1996/5/20	○*		○		
WT/DS58	インド・マレーシア・パキスタン・タイ	米国	米国・エビ輸入禁止事件	1998/11/6			○		
WT/DS58/RW	マレーシア	米国	同上・履行確認	2001/11/21			○		
WT/DS135	カナダ	EC	EC・アスベスト規制事件	2001/4/5	○				
WT/DS155	EC	アルゼンチン	アルゼンチン・牛革製品事件	2001/2/16		○*			
WT/DS161,169	米国・オーストラリア	韓国	韓国・牛肉流通規制事件	2001/1/10		○			
WT/DS246	インド	EC	EC・一般特恵制度事件	2004/4/20	○*	○*			
WT/DS276	米国	カナダ	カナダ・小麦公社事件	2004/9/27		○*			
WT/DS285	アンティグア	米国	米国・賭博規制事件	2005/4/20		○*		○	○
WT/DS290,174	米国・オーストラリア	EC	EC・地理的表示事件	2005/4/20		○			
WT/DS302	ホンデュラス	ドミニカ	ドミニカ・タバコ輸入販売措置事件	2005/5/19		○			○
WT/DS308	米国	メキシコ	メキシコ・ソフトドリンク税事件	2006/3/24		○			

＊上訴がなくパネル段階のみの判断

表に挙がっている事例で、本文中で触れられなかったものについて言及する。メキシコ・ソフトドリンク税事件は、ガット第20条(d)の①ガットに反しない「法令」の②「遵守を確保する」措置であることの意味であることを明らかにしている。同事件上級委員会は、ガット第20条(d)とは加盟国の国内法制度を構成している規則のことであり、国内制度に編入された国際条約や直接適用される国際条約をも含むこと、また、「遵守確保」とは当該法令が絶対的な確実性を持って遵守を確保するものでないのではなく、よりよいことを指摘している。EC・地理的表示事件は、ガットに「反しない」法令を充たすことができていない事例であった。EC・一般特恵制度事件においてパネルは、(b)之柱での②要件である「生命又は健康の保護のための」要件及び②「必要な」措置要件、さらに③柱書の適用までをすべて行っているが、基本的には①「生命又は健康の保護のための」の措置であることを否定した事例である。

（1）「貿易と〇〇」問題の司法的解決を詳しく扱った論文として，Joel P. Trachtman, *Trade and ... Problems, Cost-Benefit Analysis and Subsidiarity,* 9 EUR. J. INT'L L. 32 *et seq* (1998).
（2）従って，これを援用する被申立国が，措置の正当化を「一応の推定」が可能な程度に立証する責任を負う。
（3）米国・マグロ輸入規制事件(I) GATT パネル報告（未採択）30 I.L.M 1594 (1991)；米国・マグロ輸入規制事件(II) GATT パネル報告（未採択）33 I.L.M 839 (1994)．
（4）平覚「メキシコ・米国間のイルカ・マグロ紛争に関する1991年 GATT パネル報告―貿易と環境に関するその意義」『商大論集』（神戸商科大）45巻3号（1993）参照。
（5）米国・エビ輸入制限事件上級委員会報告，WT/DS58/AB/R（1998年11月6日採択）para.121.
（6）Robert E. Hudec, *The Relationship of International Environmental Law to International Economic Law, in* INTERNATIONAL, REGIONAL, AND NATIONAL ENVIRONMENTAL LAW 149 n. 24 (Fred L. Morrison and Rudiger Wolfrum eds., 2000).
（7）米国・ガソリン精製基準事件上級委員会報告，WT/DS2/AB/R,WT/DS4/AB/R（1996年5月20日採択）p. 27（"It does not seem reasonable to suppose that the WTO Members intended to require, in respect of each and every category, the same kind or degree of connection or relationship between the measure under appraisal and the state interest or policy sought to be promoted or realized."）
（8）例えば Sanford Gaines, *The WTO's Reading of the GATT Article XX Chapeau: A Disguised Restriction on Environmental Measures,* 22 U. PA. J. INT'L ECON L. 739, 745 n.24 (2001) に挙げてある文献の数を見よ。日本語の文献としては，川島富士雄「米国のエビ及びエビ製品の輸入禁止」『ガット・WTO の紛争処理に関する調査　調査報告書IX』（公正貿易センター，1998）が詳しい。
（9）米国・エビ輸入制限事件上級委員会報告・前掲注（5）para. 119.
（10）同上 paras.115-116. このことは，既に米国・ガソリン精製基準事件上級委員会においても指摘されていた。米国・ガソリン精製基準事件上級委員会報告・前掲注（7）p. 22.
（11）米国・エビ輸入制限事件上級委員会報告・前掲注（5）para. 159.
（12）同上。
（13）Hudec, *supra* note 6, at 149.
（14）米国・エビ輸入制限事件上級委員会報告・前掲注（5）para. 159. ("[T]he line moves as the kind and the shape of the measures at stake vary and as the facts making up specific cases differ.")
（15）米国・1930年関税法337条事件 GATT パネル報告（1989年11月7日採択）GATT B.I.S.D 36th Supp. (1990).

(16) 同上 para. 5.26.
(17) 同上。
(18) Alan O. Sykes, *The Least Restrictive Means*, 70 UNIV. CHI. L. REV. 403, 406 (2003).
(19) Steve Charnovitz, *GATT and the Environment: Examining the Issues*, 4 INT'L ENVTL. AFF. 203, 214 (1992).
(20) タイ・タバコ規制事件 GATT パネル報告（1990年11月7日採択）GATT B.I.S.D 37th Supp. (1991).
(21) 同上 para. 74.
(22) 同上 para. 75.
(23) 同上 para. 76.
(24) 同上 para. 81.
(25) CATHERINE BUTTON, THE POWER TO PROTECT : TRADE, HEALTH AND UNCERTAINTY IN THE WTO 31 (2004).
(26) Charnovitz, *supra* note 19, at 213 ; Steve Charnovitz, *Green Roots, Bad Pruning: GATT Rules and Their Application to Environmental Trade Measures*, 7 TUL. ENVTL. L. J. 299, 327 (1994); Aaditya Mattoo and Petros C. Mavroidis, *Trade, Environment and the WTO: The Dispute Settlement Practice Relating to Article XX of GATT, in* INTERNATIONAL TRADE LAW AND THE GATT/WTO DISPUTE SETTLEMENT SYSTEM 327, 338 (Ernst-Ulrich Petersmann ed., 1997).
(27) David P. Filder, *Trade and Health: the Global Spread of Diseases and International Trade*, 40 GERMAN Y.B. INT'L L 300, 345 (1997).
(28) Thomas J. Schoenbaum, *International Trade and Protection of the Environment : The Continuing Search for Reconciliation*, 91 AM. J INT'L. L. 268, 276 (1997).
(29) Charnovitz, *supra* note 26, n.145 ; Steve Charnovitz, *Exploring the Environmental Exceptions in GATT Article XX*, 25 J. WORLD TRADE 37, 50 (1991).
(30) 川瀬剛志「モントリオール議定書と GATT/WTO にみる地球環境保護と自由貿易の法的相克」『商大論集』（神戸商科大）46巻4号（1995）839-840頁。
(31) 米国・エビ輸入制限事件上級委員会報告・前掲注（5）para. 150. 米国・ガソリン精製基準事件上級委員会報告・前掲注（7）p. 24 n. 46 も参照のこと。
(32) 米国・マグロ輸入規制事件(I)GATT パネル報告・前掲注（3）para. 5.27. 但し, この「管轄外」の問題につき, 続く米国・マグロ輸入規制事件(II)のパネルは, 領域外の生命保護も属人的管轄を通じて認められるという判断をしている。米国・マグロ輸入規制事件(II) GATT パネル報告・前掲注（3）paras. 5.31-5.33. さらに, 米国・エビ輸入制限事件上級委員会は, 米国による海亀の保護政策と米国の管轄権の関係の文脈において, 回遊性を持つ海亀と米国との間に十分な関連（sufficient nexus）があるとして, 輸入国の領域外の保護措置が第20(g)の適用範囲に含まれることを認めている。

米国・エビ輸入制限事件上級委員会報告・前掲注(5)para. 133.
(33) 米国・マグロ輸入規制事件(I) GATTパネル報告・前掲注(3) para. 5.28.
(34) 米国・マグロ輸入規制事件(II) GATTパネル報告・前掲注(3) paras. 5.38-5.39.
(35) 前掲注(5)参照。
(36) Petros C. Mavroidis, *Trade and Environment after the Shrimp-Turtles Litigation*, 34 J. WORLD TRADE 73, 74 (2000).
(37) Sykes, *supra* note 18, at 418.
(38) 後掲注(87)。
(39) 米国・エビ輸入制限事件上級委員会報告・前掲注(5)para. 172.
(40) Robert Howse, *The Appellate Body Rulings in the Shrimp/Turtle Case: A New Legal baseline for the Trade and Environment Debate*, 27 COLUM. J. ENVTL. L 491, 507-508 (2002).
(41) 後掲注(52)及び本文参照のこと。
(42) 韓国・牛肉流通規制事件上級委員会報告、WT/DS161/AB/R(2001年1月10日採択)。
(43) 本件の詳細な分析は、川瀬剛志「ガソリンケース再考」『貿易と関税』47巻1号(1998)を参照のこと。
(44) Deborah Akoth Osiro, *GATT / WTO Necessity Analysis: Evolutionary Interpretation and Its Impact on the Autonomy of Domestic Regulation*, 29 LEGAL ISSUES ECON. INTEGRATION 123, 139 (2002). 行政的な困難さが代替措置を採用できないことの理由としては認められないことは、韓国・牛肉流通規制事件上級委員会報告・前掲注(42)でも示唆されている。後掲注(60)及び本文参照のこと。
(45) Gabrielle Marceau and Joel P. Trachtman, *The Technical Barriers to Trade Agreement, the Sanitary and Phytosanitary Measures Agreement, and the General Agreement on Tariffs and Trade: A Map of the World Trade Organization Law of Domestic Regulation of Goods*, 36 J. WORLD TRADE 811, 830 (2002).
(46) 米国・ガソリン精製基準事件上級委員会報告・前掲注(7)p. 25.
(47) 批判として、Hudec, *supra* note 6, at 149 n. 25.
(48) Marceau = Trachtman, *supra* note 45, at 853 n. 164.
(49) アルゼンチン・牛革製品事件パネル報告、WT/DS155/R(2001年2月16日採択)。
(50) 同上 para. 11.329.
(51) 同上 n. 566.
(52) 韓国・牛肉流通規制事件上級委員会報告・前掲注(42) para. 176.
(53) 同上 para. 161.
(54) 同上。
(55) なお、「バランシング・プロセス」という表現は、本件上級委員会が示した判断枠組みを表す。利益衡量の考え方として、例えば、後述のEC法における「比例性テ

スト」と意図的に区別している。
(56) 韓国・牛肉流通規制事件上級委員会報告・前掲注(42) para. 164.
(57) 同上 para. 166.
(58) 同上 para. 175.
(59) 同上 para. 178.
(60) 同上 para. 181.
(61) 同上 para. 182.
(62) Marceau = Trachtman, *supra* note 45, at 827 ("It is not clear how these variables affect each other, nor is it clear how their balancing would affect the final determination that a measure qualifies under Article XX and how this new test relates to the traditional 'least trade restrictive alternative reasonably available' test.")
(63) *Id.*
(64) 韓国・牛肉流通規制事件上級委員会報告・前掲注(42) para. 162.
(65) 同上 para. 163.
(66) EC・アスベスト規制事件上級委員会報告, WT/DS135/AB/R（2001年4月5日採択）。
(67) 同上 para. 172.
(68) 同上 para. 174.
(69) カナダ・小麦公社事件パネル報告, WT/DS276/R（2004年4月6日発出）。
(70) 同上 para. 6.224.
(71) 本件パネルは実施の困難さを考慮要因として明示的に挙げているが、これは、行政的な困難さを代替措置が採用できないことの理由として認めなかった先例から導き出したものと考えられる。前掲注(44)参照。またEC・アスベスト規制事件上級委員会報告・前掲注(66) para. 169 ("We certainly agree with Canada that an alternative measure which is impossible to implement is not 'reasonably available'") も参照のこと。他方、SPS協定の必要性テストにおいては、「技術的及び経済的利用可能性」を考慮することが明示の要件となっている。後掲注(112)及び本文参照。
(72) カナダ・小麦公社事件パネル報告・前掲注(69) para. 6.226.
(73) 米国・賭博規制事件パネル報告, WT/DS285/R（2004年11月10日発出）、同事件上級委員会報告, WT/DS285/AB/R（2005年4月20日採択）。
(74) なお、GATS第14条(c)は、「法令の遵守を確保するために必要な措置」を扱う。
(75) 米国・賭博規制事件パネル報告・前掲注(73) paras. 6.492, 6.533；上級委員会報告・前掲注(73) para. 323.
(76) 米国・賭博規制事件パネル報告・前掲注(73) para. 6.494.
(77) 同上 para. 6.495.
(78) 同上 para. 6.533 ("[W]e find that, …the United States has legitimate specific con-

cerns with respect to money laundering, fraud, health and underage gambling that are specific to the remote supply of gambling and betting services, which suggests that the measures in question are 'necessary' within the meaning of Article XIV(a) …"）；米国・賭博規制事件上級委員会報告・前掲注(73) para. 323 ("Although the Panel recognized the 'significant restrictive trade impact' of the three federal statutes, it expressly tempered this recognition with a detailed explanation of certain characteristics of, and concerns specific to, the remote supply of gambling and betting services.")

(79) 米国・賭博規制事件パネル報告・前掲注(73) para. 6.499.
(80) 同上 paras. 6.506-6.507.
(81) 同上 para. 6.510.
(82) 同上 para. 6.515.
(83) 同上 para. 6.531.
(84) 同上 para. 6.526. しかし、この点は米国・エビ輸入制限事件では号レベルではなく柱書の問題として扱われたことは前掲注(39)及び本文のとおりである。
(85) 同上 para. 6.533.
(86) 同上 para. 6.534.
(87) 米国・賭博規制事件上級委員会報告・前掲注(73) para. 317.
(88) 同上 paras. 323-326. しかし、結局本件では、必要性テストはクリアしたものの、問題となった州法のひとつが、国内の賭博サービス業者には遠隔地賭博サービスの提供を認めるが、外国の賭博サービス業者にはそれを認めていなかったため、内外無差別要件を充たせず、柱書違反と判断された。同上 para. 364.
(89) 同上 para. 323 ("[T]he Panel appears to have accepted virtually all of the elements upon which the United States based its assertion that the three federal statutes are 'indispensable'.")
(90) 同上 para. 307 ("A comparison between the challenged measure and possible alternatives should then be undertaken, and the results of such comparison should be considered in the light of the importance of the interests at issue.")
(91) 同上 para. 323 ("Thus, this analysis reveals that the Panel did not place much weight, in the circumstances of this case, on the restrictive trade impact of the three federal statutes.")
(92) ドミニカ・タバコ輸入販売措置事件パネル報告, WT/DS302/R（2004年11月26日発出), 同事件上級委員会報告, WT/DS302/AB/R（2005年5月19日採択)。
(93) ドミニカ・タバコ輸入販売措置事件パネル報告・同上 para. 7.215.
(94) ドミニカ・タバコ輸入販売措置事件上級委員会報告・前掲注(92) para. 71.
(95) 同上 para. 72.
(96) Osiro, *supra* note 44, at 139 ("Reasonableness meant that an instrument with less

impact on trade could not be used if it did not achieve the maximum protection required. The alternative was only acceptable if it could achieve the same degree of protection sought, elimination of health risk."); Frank J. Garcia, *The Salmon Case: Evolution of Balancing Mechanisms for Non-Trade Values in WTO*, in TRADE AND HEALTH IN THE WORLD TRADE ORGANIZATIONTRADE, 133, 152 (George A. Bermann & Petros C. Mavroidis eds., 2006) ("A measure is not 'reasonably available' if it does not achieve the non-regulatory purpose set by the Member.")

(97) Sykes, *supra* note 18, at 416 ("Thus, for example, if the regulatory objective relates to some highly valued interest such as the protection of human life, then the challenged regulation will be upheld if there is any doubt as to the ability of the proposed alternative to achieve the same level of efficacy."); Robert Howse and Elisabeth Tuerk, *The WTO Impact on Internal Regulations: A Case Study of the Canada-EC Asbestos Dispute*, in THE EU, THE WTO : LEGAL AND CONSTITUTIONAL ISSUES 283, 325 (G. de Burca & J. Scott eds., 2001) ("[T]he importance of the values and interests at stake will also operate to determine the level of scrutiny when a panel is considering a claim that the measure is 'indispensable' to achieve a member's chosen level of protection.")

(98) Meinhard Hilf and Sebastian Puth, *The Principle of Proportionality on its way into WTO/GATT Law*, in EUROPEAN INTEGRATION AND INTERNATIONAL COORDINATION 199, 202-203 (Armin von Bogdandy, Petros C. Mavroidis, and Yves Meny eds., 2001); Jan Neumann and Elisabeth Türk, *Necessity Revisited: Proportionality in World Trade Organization Law After Korea-Beef, EC-Asbestos and EC-Sardines*, 37 J. WORLD TRADE 199, 202-203 (2003).

(99) 例えば, Axel Desmedt, *Proportionality in WTO Law*, 4 J. INT'L ECON. L. 441 *et seq* (2001); Howse=Tuerk, *supra* note 97 ; Hilf=Puth, *supra* note 98 ; Marceau=Trachtman, *supra* note 45 ; Osiro *supra* note 44 ; Neumann=Türk, *supra* note 98 ; Sykes, *supra* note 18がある。村瀬信也「ガットと環境保護」『日本国際経済法学会年報』3号 (1994) 6頁も参照のこと。

(100) 比例性テスト (proportionality test) は, 目的と貿易への影響を比較するだけの "balancing test"・"cost-benefits analysis" とはこの点において異なるが, 比例性テストはそのひとつのタイプとして理解され, 用語の使い方にも互換性があるようである。Trachtman, *supra* note 1, at 74, 77.

(101) Neumann=Türk, *supra* note 98, at 204.

(102) Jan H. Jans, *Proportionality Revisited*, 27 LEGAL ISSUES ECON. INTEGRATION 239, 248 (2000).

(103) Daniel A. Farber & Robert E. Hudec, *GATT Legal Restraints on Domestic Environmental Regulations*, in 2 FAIR TRADE AND HARMONIZAION ; LEGAL ANALYSIS

59, 81 (Robert E. Hudec & Jagdish Bhagwati eds., 1996) ; Mattoo＝Mavroidis, *supra* note 26, at 342-343.

(104) Marceau＝Trachtman, *supra* note 45, at 851.

(105) Howse＝Tuerk, *supra* note 97, at 326 ; Marceau＝Trachtman, *supra* note 45, at 852 ; JOHN H. JACKSON, WILLAM DAVEY & ALAN O. SYKES, LEGAL PROBLEMS OF INTERNATIONAL ECONOMIC RELATIONS 544 (2002).

(106) Neumann＝Türk, *supra* note 98, at 213 ("... the wording 'necessary' implied a relationship between ends and means and in no way indicates that the end could be put into question.")

(107) Desmedt, *supra* note 99, at 470 ("[T]he absence of balancing could be compensated by other requirements imposed on a Member such as, for example, the need to prove the consistency of a level of enforcement and/or protection with relevant measures."); Button, *supra* note 25, at 33 ("Where a Member's health regulations disclose inconsistencies—either in the level of protection sought, or in the means employed to achieve similar regulatory ends—those inconsistencies may indicate that there is a problem with a particular regulation.")

(108) 韓国・牛肉流通規制事件上級委員会報告・前掲注(42) para. 172.

(109) 本稿と同じ関心を持つ文献として，Desmedt, *supra* note 99, at 453-460 ; Marceau＝Trachtman, *supra* note 45, at 831-833 ; Neumann＝Türk, *supra* note 98, at 217-227 を参照。

(110) ウルグアイ・ラウンドにおけるこの規定の起草過程によれば，この注は，1991年12月の「ダンケル・ドラフト」の段階では挿入されていなかったが（THE GATT URUGUAY ROUND : A NEGOTIATING HISTORY (1986-1992) Vol. III, 653 (Stewart P. Terence ed., 1993)，1993年12月の最終文書の時点では挿入されている。また，第5条6の本文ついても，「ダンケル・ドラフト」の段階から1993年12月の最終文書までに次のような重要な変更がなされている。それまでは，「最小通商阻害的であること」（"the least restrictive to trade"）という表現が用いられていたところ，現行の「適切な保護の水準を達成するために必要である以上に貿易制限的でないこと」（"not more trade-restrictive than required to achieve their appropriate level"）という文言になったことである。この文言は，加盟国の保護水準を尊重した表現である。「最小通商阻害的であること」という文言を変更して，上述の注を挿入することは，米国内の環境保護団体の要請に米国政府が応える形で交渉をした成果のようである。"U.S. Forces Pro-Green Changes in GATT Sanitary & Phytosanitary Text." *Inside U.S. Trade*, Dec. 10, 1993; " GATT TBT Agreement Reveals Failure of U.S. to Secure Changes." *Inside U.S. Trade* Dec.24, 1993.

(111) オーストラリア・鮭検疫事件上級委員会報告，WT/DS18/AB/R（1998年11月6日採択）para. 194.

(112) この要件は,ガット第20条においては明確に要件化されてこなかったが,いくつかの判例においては考慮されたこともあった。前掲注(44)参照。
(113) Garcia, *supra* note 96, at 151.
(114) SPS協定前文より。
(115) Marceau = Trachtman, *supra* note 45, at 833.
(116) オーストラリア・鮭検疫事件上級委員会報告・前掲注(111) para. 199.
(117) 同上 para. 200.
(118) 同上 para. 203.
(119) もっとも,本件の上級委員会も,保護水準が不明確であるような場合には,パネルが判断を行ってもよいという見解を示している。同上 para. 207.
(120) Desmedt, *supra* note 99, at 465.
(121) 日本・農産物検疫事件上級委員会報告,WT/DS76/AB/R(1999年3月19日採択)。
(122) オーストラリア・鮭検疫事件履行確認パネル報告,WT/DS18/RW(2000年3月20日採択)。
(123) 日本・リンゴ検疫事件履行確認パネル報告,WT/DS245/RW(2005年7月30日採択)。
(124) 但し,日本・農産物検疫事件上級委員会は,代替措置を認めたパネルの判断が,申立国である米国の主張に基づくものではなく,専門家の意見に基づくものであったため,これを立証責任のルールに反するとして破棄した。日本・農産物検疫事件上級委員会報告・前掲注(121) paras. 130-131.
(125) EC・アスベスト規制事件上級委員会報告・前掲注(66) para. 80.
(126) Howse = Tuerk, *supra* note 97, at 308 ; Jackson, Davey and Sykes, *supra* note 105, at 594-595.
(127) "MTN Agreements and Arrangements : Technical Barriers to Trade." *Inside U.S. Trade*, Nov. 2, 1990, at S. 2.
(128) THE GATT URUGUAY ROUND : A NEGOTIATING HISTORY, *supra* note 110, at 527.
(129) *Inside U.S. Trade*, Dec. 24, 1993, *supra* note 110.
(130) John J. Barcelo III, *Product Standards to Protect the Local Environment-The GATT and the Uruguay Round Sanitary and Phytosanitary Agreement*, 27 CORNELL INT'L L. J. 755, 773 n. 88 (1994); Neumann = Türk, *supra* note 105, at 221.
(131) ALAN O. SYKES, PRODUCT STANDARDS FOR INTERNATIONALLY INTEGRATED GOODS MARKETS 78-79 (1995); Robert E. Hudec, *GATT/WTO Constraints on National Regulation: Requiem for an "Aim and Effects" Test*, 32 INT'L LAW. 619, 643 (1998); Desmedt, *supra* note 99, at 460.
(132) メキシコ・ソフトドリンク税事件上級委員会報告,WT/DS308/AB/R(2006年3月24日採択) para. 79.
(133) EC・地理的表示事件パネル報告(対米国),WT/DS174/R(2005年4月20日採

択) paras. 7.297, 7.448;同事件パネル報告（対オーストラリア), WT/DS290/R（2005年4月20日採択) para. 7.332.
(134) EC・一般特恵制度事件パネル報告, WT/DS246/R（2003年12月1日発出) para. 7.210。

【付記】草稿に対して，川島富士雄（名古屋大学）助教授，川瀬剛志（大阪大学）助教授よりコメントを賜った。この場を借りて謝意を表したい。

（大阪大学大学院国際公共政策研究科講師）

〈文献紹介〉

Deborah Z. Cass,
The Constitutionalization of the World Trade Organization: Legitimacy, Democracy, and Community in the International Trading System

(Oxford: Oxford University Press, 2005, xxvi+266 pp.)

小場瀬琢磨

1 WTO発足に伴う世界通商体制強化は，政府間主義的性格を強く帯びていた国際通商体制がそれ以上のものに発展したことを示唆している。透明性，参加加盟国の自律性の範囲，民主主義に関する議論が喚起されているのもその表れといえよう。また加盟の進行，国際統治組織としての性格強化，各国の規制に対する国際通商法の介入，途上国の発展の要求など，目下WTOをめぐって多様な現象が生じている。このように絶えず変化発展するWTOはいかなる理論的視座によって捉えるべきか。著者によれば，上記の諸現象はいずれも憲法的問題（constitutional problem）を含み，その解決にあたってもWTOの立憲化（constitutionalization）の主張が決定的役割を果たしているという（x頁）。そこで，非国家的な関連における立憲化の意義を問い，これを従来のWTO立憲化論に当てはめ，その批判論にも照らして評価した上で，WTO立憲化のあり方について批判的省察を試みたのが本書である（18頁）。著者はロンドン大学経済政治学院（LSE）講師として国際経済法を講ずる。本書は著者がハーバード大学に提出した博士論文を基にしている。

2 著者の分析の大枠は次の通り。第1部「WTO立憲化議論の起源」は，立憲化論を評価する上で必要な評価軸を整理し（2章），立憲化の起源としての国際経済法の発展と立憲化論の現代的背景を概観する（3章）。第2部「WTO立憲化の三つの展望」は，従来の立憲化論を三つに分類し，一章ずつを割いて批判を加える（4-6章）。さらに第3部「反立憲化」は立憲化に批判的な学説を概観しつつ著者の議論を補強する（7章）。最後に結論と著者自身による立憲化の展望が示される（8章）。著者の得た結論は，①従来の立憲化論は不適当であり，②民主主義の主張を容れた手続に関するWTOの変容および各国の経済的発展を指向したWTOの再方向づけが必要となる，の二つである。

3 以下，本書の核心部分である4章以下を中心に内容を概観する。WTO立憲化を分析するにしても，まず立憲化評価軸の定立が必要となる。そこで著者は，政治的・法的制度の変化を分析する際に一般的に用いられてきた立憲化論を整理し，六つの中核的要素を抽出した（2章）。すなわち，①ある制度内における主体間の社会的，政治的，経済的関係に対する規律の生起，②新たな根本規範の生起（ある法が新たな法制度に属

するかどうかを識別する有権的基準も含む），③法秩序の創設と事後的改変を権威づけ る憲法共同体の存在，④共同体の構成員が当該制度の立法に参与する討議過程 (deliberative process)，⑤共同体内部での国家と中央の憲法的機構との関係再定位, および，⑥立憲化過程の社会的受容という意味での社会的正統性である。これらに依拠 しつつ著者は，WTO 立憲化に関する三つのモデルに批判的検討を加えていく。

第一の「組織統御主義」(institutional managerialism) は，組織 (institution) を WTO の条約の定め, 紛争解決過程, 多様な行為主体から成る組織体など WTO の構造 と組織体を包摂する幅広い概念として理解した上で, 組織と憲法 (constitution) とを 一体視し（一定の討議過程の存在を重ねみる), WTO が単なる法の総体から新たな法秩 序へと変容した（すなわち根本規範の変化）と評価する立憲化論である。著者は，この 立憲化論が正統性の不十分な官僚的・法律主義的な憲法をもたらすおそれがあることに 批判を向けている。この際の批判点は次の通りである。①いかなる権威によって憲法的 とされる特徴が形成されるのかが不明瞭であり自己正統化が生じる点，②政治的または 裁量的にも適用されうる法それ自体は必ずしも正統性を担保しえない点，③機構間均衡 や憲法的機構間での権限配分決定権といった要素が配慮されていない点，④各国の政策 を犠牲にした形での WTO 法の介入を招きかねず, 通商自由化を社会的, 政治的, 経済 的目的よりも上位に置くおそれがある点，⑤立憲化の基礎と考えられている事実と法と の相互関係について省察が欠けている点，最後に⑥ WTO における私法の役割が無視さ れている点である（4章）。

第二の「権利に基礎を置く立憲化」は，国内裁判所は WTO 法を直接適用して個人の 権利を保護すべきであって，これは WTO 法による国内法の司法審査を促進し WTO の 実効性と正統性も高めるとするペータースマン (E.-U. Petersmann) の提唱による立憲 化論である。この議論は近年「通商の権利」を人権と捉える人権アプローチによってさ らに補強されている。著者はペータースマンに対する従来の批判を挙げ概ねこれに同調 する。もっとも著者自身の批判はむしろこの立憲化モデルの展望に対して向けられてい る。すなわち, 権利に焦点を当てることは立憲化の本質的要素ではない上に，この立憲 化モデルが共同体の存在および参加型討議過程に付随的関心しか寄せていないという批 判である（5章）。

第三の「司法の規範生成」モデルは，WTO 立憲化の要因を紛争解決機関の司法的な 働きに求め, 憲法的構造が積極的な規範解釈を通じて創り出されていると説く立憲化論 である。このモデルは具体的には次のように立憲化との関連を論ずる。紛争事案の客観 的審査を任務とする紛争解決機関の働きは, 事実の認定評価に関する加盟国の決定に規 律を加え, 結果として加盟国の自律性を減じさせている。WTO 法上の義務の実施履行 にも同様に規律が及んでいる。ここに制度内での関係再定位が見出される。また, 差別 概念の精緻化は国内憲法理論と共鳴する点があり, 憲法的理論の形成とみなしうる。積

極的な事実発見・認定方法には，新たな自律的法秩序の生起，新たな根本規範，および，非国家主体の参加を通じた正統性補強につながる側面がある。他レジームとの関係でのWTO法の外延画定にはWTO法の一貫性と一体性という憲法的観念が含まれ，これは新たな根本規範と独立した法秩序の存在につながる。通商に関わる加盟国の自律的判断権がWTO法の規律を受ける限りで，WTOには権限の配分という憲法機能が具わっている，と。以上に対して著者は，共同体の存在と討議過程の二要素について配慮が十分ではないという批判を加えている（6章）。

　結論を含む第3部は反立憲化の議論を扱う。著者は反立憲化論を①弱い反立憲化論，②中間的立場の反立憲化論，③強い反立憲化論の三つに分ける。①は，立憲化がとりわけ非貿易的関心事項に関する各国の決定権を制限し，制限の限界も不明確であることを指摘する。②は，参加性，代表性，透明性および応答性という討議の要請がWTOでは不十分にしか扱われていないこと，自由通商以外の価値を犠牲にして経済的目的が強調されていること，また，WTOの決定の経済的効果と配分的結果が十分に考慮されていないことを指摘する。③は，WTOにおける私法の欠如とWTO立憲化の社会的正統性に批判を向ける（7章）。著者は概ね①②の立場に共鳴的である。従来の立憲化論に代えて著者が提示するWTO立憲化像は「通商民主主義（trading democracy）」（8章）で述べられる。WTOの立憲化は，立憲化における決定的地位からの国家の凋落，グローバリゼーション時代の国家間関係の性質変化，統治方式の変化と増大などの現代国際社会の状態を考慮に入れるように，手続に関する変容を受けるべきだと著者は主張する。さらに，無差別，多角，自由化，透明性の原則と，これに対立的な利益との唯一の調和は，WTOの究極的目的（telos）を無差別通商による経済的発展とすることによって図られるという立場を明らかにし，WTO体制の第一次的目的を自由貿易よりも発展に向けなおすべきだという主張を加えている。最後に，立憲化の企ては正統性，民主主義，および，共同体の存在をいっそう真摯に考慮すべきだとして本書を締め括る。

　4　WTO立憲化論の意義，射程，賛否をめぐり様々な学説が展開されている中，国際経済法学のみならず社会学や政治学にもわたる広範な立憲化論を渉猟して従来のWTO立憲化論に批判的評価を加えた本書は，WTO立憲化論の貴重な先行業績に数えられるであろう。もっとも「立憲化論」の内容は，多様な憲法的側面に対する論者の焦点の当て方に左右されることが多い。そこで以下では著者の立憲化論の特徴と立憲化論の今後の課題を整理し，若干の評価を加える。

　第一の特徴は，非国家主体をも包摂する討議過程と正統性の強化を繰り返し強調していることである。結果，著者の立憲化論はWTO体制の変容にも及ぶものとなっている。では，何が正統性欠如の要因であり何が討議対象とされるべきか。著者の叙述からは，環境保護，公衆衛生，貧困撲滅，発展など自由貿易以外の価値に触れる場合のWTO法上の義務内容は，国家主権を温存する形にとどめるべきだという立場を随所に読みとる

ことができる。そこから著者の含意を探ると,非貿易的価値と通商自由化との調整の必要な事項について討議制導入の余地があるかもしれない。これに対しては,著者の議論の射程はあくまで既存のWTO実定法規の適用によって解決しえない問題のある場合や専門技術性に裏打ちされた法運用によってはWTOの正統性が担保されえない場合に限られる,との反論もありうる。こうした反論を踏まえると,貿易以外の価値に絡むような場合のWTO法制度の限界が示された上で,そこにつなげる形で立憲化論が展開されていれば,著者の議論はより説得力を獲得していたと考えられる。同時に,既存WTO法制度の限界と立憲化論との接合という研究課題がここに見出される。

著者が立憲化を論ずる際には非貿易的な価値や発展といった「憲法的価値」の側面に重点が置かれていることが多く,これが著者の立憲化論の第二の特徴ともなっている。その一方で,立憲化過程を通じて確立されるべき「憲法的原則」とは何かについて著者は多く論じていない。著者が2章で示した諸要素もあくまで立憲化を分析するための道具概念にすぎず,著者自身も立憲化の動態的過程を分析するには不適当だとしている(240頁)。法の支配や権力の抑制と均衡といった伝統的な憲法原則に対しては,2章で著者の示した立憲化評価軸の派生要素という位置づけしか与えられていない。しかし,紛争解決手続の活性化した今日のWTOが権力の行使主体であるという認識に立てば,上記の伝統的憲法原則がWTO立憲化論においても取り上げられる可能性は否定できない。そこから,憲法的価値と憲法的原則,憲法の動態と静態の両面に配慮した分析がWTO立憲化論の深まりに必要であるとの示唆を得る。

以上のように本書には接合や補足を要する点もあるが,これは立憲化のもつ法的,政治的,社会的関連性の広がりと深さを投影したものに他ならない。むしろ,討議過程を重視した民主主義という観点から世界通商体制のより骨太の正統づけを唱えた点,および,WTO立憲化論を深化させていく際に不可避となるであろうWTOの究極的目的の議論に関して「発展」を提示した点において,本書は国際経済法の解釈論の枠内では摑み得なかった側面を大胆に提出した新たな業績として評価できる。

(早稲田大学大学院法学研究科博士後期課程)

Hal S. Scott (ed.),
Capital Adequacy Beyond Basel : Banking, Securities, and Insurance
(Oxford : Oxford University Press, 2005. xiii+340 pp.)

久保田　隆

本書は,国際金融法研究の第一人者であるハーバード大学Hal S. Scott教授の編によ

るバーゼル合意（特に現在審議中のバーゼルII）に対する批判の書である。毎年，多くの金融実務家や金融法研究者が Hal S. Scott 教授の門を叩くが，私が師事した十年前には既にバーゼル合意に関する批判的研究を精力的に行っており，1994年には東京大学・岩原教授と共著でバーゼル I に対する批判論文を公刊している（Group of Thirty Occasional Paper, No. 46）。また，最近出版された国際金融法のケースブック（Hal S. Scott, *International Finance*, Thomson Sweet & Maxwell, 2004. xix＋666 pp.）においてもバーゼル合意にかなりの頁数を割いている。

さて，バーゼルIIは国際金融法の分野で現在最も重要なトピックスであるが，金融実務家や経済学者はともかく，法学者による研究はそれほど多くない。そこで，バーゼル合意を巡る状況を紹介した後，本書の内容を説明し，併せてバーゼルIIを巡る他の主な議論を紹介したい。

1　バーゼル合意

バーゼル合意とは，G10諸国の中央銀行や銀行監督当局をメンバーとするバーゼル銀行監督委員会が合意したルールで，国際的に活動する金融機関に一定の自己資本比率の維持を要求する。バーゼル合意は法的規制ではないが，1975年に定められたバーゼル・コンコルダートにより事実上の強制力を持つ。

すなわち，バーゼル・コンコルダートによれば，銀行の外国拠点の監督は銀行免許を付与した国（母国）と銀行としての活動が行われている国（受入国）の双方が規制管轄権を持つ（共同責任）ため，仮にバーゼル合意の国内法化を母国政府が拒む場合，受入国での銀行の営業活動が認められず，締め出しを食らう恐れがある。更に，IMF 改革の一環で導入された FSAPs（Financial Sector Assessment Programs）により，バーゼル合意の遵守状況は IMF・世銀によって監視されるため，各国はバーゼル合意を誠実に執行せざるを得ない。一方，条約に比べてソフトローであるバーゼル合意の法形成が容易である背景としては，バーゼル合意の決定メカニズムの優位性（東京大学・神田教授によればスピード，専門性，エンフォースメント）や国内法化に当たって法改正を伴わず国会審議を必要としない点（バーゼル合意の国内法化が参加メンバー国の銀行監督当局が自国法の下で既に有している銀行免許・監督権限の中で処理でき，例えば，日本ならば大臣告示の改正等で済む）が挙げられるが，これに加えて各国監督当局が基準実施に向けて行うきめ細やかな関与が有効に機能している点も指摘できる。

さて，1988年にバーゼル I と呼ばれる最初のルールが策定され，2004年6月にその改訂版であるバーゼルIIが最終合意された。バーゼル I の内容は，金融機関の信用リスクにのみ着目して金融機関に8％以上の自己資本比率維持を求める簡単なものであったが，バーゼルIIではこの信用リスクを精緻化し，オペレーショナルリスクと市場リスクを含めた総合的なリスク管理を求めている。また，①最小限の自己資本，②監督当局による審査，③市場規律を3つの柱とし，金融機関自らがリスクを第一次的に計測することも

許容するなどバーゼルIよりも監督当局の関与が間接的になった。バーゼルIIは影響度調査（QIS）を経て2006年末（日本は2007年3月末）からの実施が予定されており，日本は順調に進んできた（2006年3月末に金融庁告示第19号でバーゼルIIの国内法化完了）が，米国では連邦議会の介入等もあって意見が纏まらず，実施を1年程度遅らせる見通しである。なお，EUではCRD（capital requirements directive）と呼ばれるEU指令でバーゼルIIの内容を取り込んでおり，適宜微修正を加えつつ国内法化を順調に進めている。

2　本書の位置づけ

バーゼル合意に対しては経済学者等から批判がなされている。既にバーゼルIにおいて，銀行経営上最適な自己資本比率と一致するとは限らない一律の基準の遵守を全ての銀行に求める結果，かえって銀行経営に悪影響を及ぼす危険がある点等が批判されてきたが，これはバーゼルIIになっても未解決で，精緻化されたはずの自己資本比率も依然8％のまま不変であり，むしろ情報開示奨励による市場規律の強化に重点を置いた別の規制が望ましいと主張されている。本書もこうした批判と方向性を同じくするものである。

すなわち，本書はこのバーゼルIIについて，①信用リスク規制を見直し，オペレーショナルリスク規制を導入した点，②銀行，証券，保険の各子会社を持つ金融持ち株会社へも適用を義務付けた点を批判し，望ましい規制のあり方として今よりも市場規律や銀行の内部モデルに重点を置いたルールに転換すべきと主張している。

本書は序章および8章にわたる個別論文から成り立っている。

序章は編者であるHal S. Scottが担当し，各章を要約した後，結論，すなわち，①証券会社，保険会社，銀行は（持ち株会社への銀行自己資本比率規制の適用を通じた統一的な規制に服させるのではなく）各々異なる自己資本比率規制に服すべきこと，②特に証券会社や保険会社については，自己資本比率規制よりも市場規律に任せる方が望ましいこと，を明らかにしている。第一章はRichard Herring（経済学者）とTil Schuermann（ニューヨーク連邦準備銀行上級エコノミスト）が担当し，銀行・証券・保険の金融3業態は各々異なる自己資本比率規制に服すべきであり，バーゼル合意による新たな規制を加えなくても既に市場規律によって適切な資本配分が達成されていることを実証分析によって示している。第二章はScott E. Harrington（経済学者）が担当し，保険会社が適切な市場規律に服していることを実証分析した上で，保険規制が将来的には銀行規制のモデルとなり得ることを主張する。第三章はHowell E. Jackson（ハーバード大学ロースクール教授）が担当し，銀行に適用される自己資本比率規制をバーゼルIIでは保険会社等を傘下に持つ銀行持ち株会社にも適用する結果，過大な規制になる問題を検討する。第四章はPaul Kupiec（FDIC局次長）が担当し，銀行に劣後債発行を要求することで市場規律に服させる規制の方が現行規制よりも効率的だと論じている。第五

章は Mark J. Flannery（経済学者）が担当し，発行体の自己資本比率が一定基準を割り込むと自動的に普通株式に転換する「リバース無担保転換社債」という新金融商品を開発し，この商品を通じて市場規律を適正に機能させる提案をしている。第六章はMichel Crouhy（コンサルタント）と Dan Galai（経済学者）と Robert Mark（コンサルタント）が担当し，バーゼルIIの自己資本比率規制は，銀行が現に採用している内部モデルに基づいて自己資本を決めた場合よりも劣る結果になると示している。第七章はAndrew P. Kuritzkes（コンサルタント）と Hal S. Scott が担当し，オペレーショナルリスク対策を自己資本比率規制に盛り込む困難さを指摘し，自己資本比率規制によらず，市場規律と監督による方が望ましいと主張する。第八章は Philip A. Wellons（ハーバード大学ロースクール）が担当し，1993-2000年の米国の証券会社と銀行は，特に大手において，十分な自己資本量が確保されていたものの，自己資本比率規制で要求される自己資本水準を満たしていなかったことを示す。

このように，本書は国際金融法学者と経済学者，コンサルタント，政策担当者の協力による意欲策であり，少なくとも理論的には首肯できる部分も多い。しかし，実際に日米のバーゼルIIの政策当事者にヒアリングしたところでは，本書が指摘する証券規制・保険規制に与える悪影響を問題視する見方はあまり一般的ではなく，実務からの要望も聞かれないとのことであった。もっとも，銀行・証券・保険の3業態が経営統合する「金融コングロマリット化」が進展する中，本書の問題提起が今後脚光を浴びる可能性もあろう。

3 バーゼルIIを巡る議論の動向

バーゼルIIについては最近，本書の他にも，①国際経済法的な観点から，Kern Alexander, Rahul Dhumale, John Eatwell, *Global Governance of Financial Systems : The International Regulation of Systemic Risk*, Oxford, 2006, 320pp., ②金融実務家的な観点から，John Tattersall and Richard Smith (Pricewaterhouse Coopers LLP) eds., *A Practitioner's Guide to The Basel Accord*, City and Financial Publishing, 2005, xxii + 317 pp., ③経済学及び政策当局者的な観点から，Benton E. Gup ed., *The New Basel Capital Accord*, 2004, xi + 462 pp. など様々な出版物が出されている。以下，各々の内容を簡単に紹介しよう。

まず，①は，バーゼル合意を含む国際金融規制システムの再構築を提言する書物である。現在，バーゼル合意は発展途上国には遵守義務はないが，その導入が国際競争上有利に働くため，発展途上国も導入に前向きである。しかし，このことは反面，先進国が作成した基準を発展途上国に押し付ける側面を事実上持ったため，発展途上国を含む多くの国々が基準策定に預かれる仕組みを考案すべきという主張がなされている。一方，IMF 改革（国際金融システム改革）によっても依然，国際金融システムのリスク対策は不十分であり，金融監督を各国当局に任せるのではなく，国際的な統一機関に主導さ

せる必要性が説かれている。そこで本書は，各国当局の代表によって構成される Global Financial Governance Council を創設し，その指導下，自己資本比率規制等は多国間条約によって法的拘束力を持つハードローとして定め，その実現方法はバーゼル合意等により拘束力のないソフトローとして定める体制作りを提案している。この提案は GATS のような条約機関による意思決定方法を想定すれば多少現実味もあるが，やはりバーゼル合意が持っている意思決定の迅速さなどのメリットが大きく損なわれるのではないかとの疑問が残る。

次に，②は，バーゼルIIの批判や代替策を論じる書物ではなく，バーゼルIIの内容を実用的に解説したものである。本書は，バーゼルIIの細部にわたり，詳細な解説を行うだけでなく，EU，アジア，北米における各国によるバーゼルIIの導入状況も解説しており，有用度が高い。本書によれば，バーゼルII導入に当たり，中国はG10諸国のバーゼルII導入後数年経ってからバーゼルIIを導入する方針である。

また，③は，様々な立場からの論文集であるが，法的には第15章のハンガリー中央銀行のエコノミストによるバーゼルIIへの懐疑論が興味深い。すなわち，本論によれば，バーゼルIIは英米法の規制の定め方を採用しており（特に監督当局による審査と市場規律），金融当局による裁量的なルール形成を可能とする作りとなっているが，詳細な成文法規定を定め，法適用の厳格性を重んじる大陸法諸国がこれにうまく対応することは難しい。大陸法の伝統の強い EU は全てのケースに当てはまる詳細な規定を成文化する EU 自己資本規制指令（CRD）を作ったが，やはりうまく対応できるか懐疑的である。また，ハンガリーの銀行の多くは多国籍銀行の支店であるが，英米法の伝統を持つ母国監督当局と大陸法の伝統を持つ受入国（ハンガリー）当局との調整がうまく行くかも疑問である，とする。大陸法と英米法の規制システムの相違を如何に乗り越えていくか，特にバーゼル・コンコルダートに基づく母国・受入国共同責任の下でのモニタリング体制を如何に構築するかというこの問題は法的に大変興味深く，今後更に深く検討すべき課題といえよう。

（早稲田大学大学院法務研究科教授）

Herbert Kronke, Werner Melis, Anton Schnyder (Hrsg.),
Handbuch Internationales Wirtschaftsrecht

(Köln : Dr. Otto Schmidt, 2005, 2212 S.)

山 内 惟 介

1　本書『ハンドブック国際経済法』は，広義の国際経済法研究でも知られるドイツ

のクロンケ（ハイデルベルク大学，UNIDROIT 事務総長），スイスのシュニィーダー（チューリッヒ大学）両教授とオーストリア経済団体（Wirtschaftskammer）付設国際仲裁裁判所所長メリス博士の共編になる実務手引書である。ドイツ語圏諸国（ドイツ，オーストリア，スイスおよびリヒテンシュタイン）で国際経済取引法務に携わる弁護士や企業法務担当者に対して必要最小限の知識を包括的かつ簡便に提供すべく編まれた本書は，文献上豊富な蓄積を有するドイツ語圏でも初めての試みである。編者によれば，本書の特徴は，①学術的・体系的一貫性より業務分野や取引類型に比重を置いた実践的内容，②主権国家の法体系という自己完結的な枠組みに代え，個別分野ごとに国家法，EU 法および国際法による規律を総合した包括的説明，③実務と学理の枠を超え，豊富な実務経験を有する高名な専門家の執筆になる高水準の記述，これら3点にある（VII頁）。以下はその概要である。

2　全文2212頁に及ぶ浩瀚な本書は全15章から成る（「A 序論」，「B 物品取引」，「C サーヴィス取引」，「D 通信」，「E 運送」，「F 知的所有権取引」，「G 配送取引」，「H ファイナンス」，「I 支払流通」，「J 外国投資に対する法的保護」，「K 法人法・会社法」，「L 証券取引所法・資本市場法」，「M 競争法」，「N 労働法」，「O 紛争処理」）。巻頭には略語表（9頁）と全章を通じての主要参考文献が掲げられている（4頁）。本書の対象領域は，民法，商法，会社法，株式法，民事訴訟法，倒産法，経済法，銀行法，資本市場法，仲裁法，国際私法，国際民事訴訟法など多方面に亘り，ドイツ語圏4カ国の国家法のほか，ヨーロッパ法，国際法にも及ぶ。

「A 序論」（1-11頁）では，国際経済法の法源が国家法，国際法（条約，慣習法など），モデル法（国際仲裁に関する UNCITRAL 1985年モデル法，フランチャイズ契約上の説明義務に関する UNIDROIT 2002年モデル法），実務原則（国際商事契約に関する UNIDROIT 2004年原則）など多岐に亘ること，国際経済法の主体が自然人，企業，国家，国家間組織，地域機構，非政府組織など，国際商取引に関与するすべてに亘ること，本書で言及された諸分野のほか，環境法や文化財保護法なども国際経済法の対象に含まれることなどが概説される。

「B 物品取引」（13-99頁）は，①1997年化学兵器条約等の武器輸出規制枠組み，WTO，EFTA，EWR など，国際法，EU 法，対外経済法，輸出入規制を行うドイツ，オーストリアなどの国家法を概観した対外取引法，②1980年契約準拠法に関するローマ条約，国際売買契約に関するハーグ条約ドイツ語圏4カ国の国家法を整理した国際売買契約の準拠法，③1980年国連動産売買条約を概観した国連動産売買条約（CISG），④2000年 INCOTERMS を取り上げた商慣習・INCOTERMS，これら4つの項から成る。

「C サーヴィス取引」（101-254頁）では，①国際法・ヨーロッパ法上の枠組みとして GATS（General Agreement on Trade and Services），WTO，EU 条約，EU と EFTA との関係などが取り上げられるほか，②保険契約，③銀行取引契約，④請負契約

(特に建物や施設の建築に関する契約),⑤委託研究契約など,個別契約類型ごとに国際法・ヨーロッパ法・国家法上の規律の概要が紹介される。

「D 通信」(255-324頁)では,①国家独占から市場への発展,②国際法・ヨーロッパ法上のGATS第4次追加議定書,国際通信連合,2002年テレコミュニケーション指令などが概説された後,③規制官庁,市場へのアクセス,競争法的規制など個別項目ごとにヨーロッパ法と国家法が概観され,最後に④展望が示される。

「E 運送」(325-428頁)では,①1956年国際道路貨物運送契約に関する条約(CMR),1985年国際鉄道に関する条約(COTIF)などの国際法・ヨーロッパ法の枠組みの概観に続けて,②複合運送,道路運送,鉄道運送,航空運送,③運送保険契約などに関するドイツ語圏諸国の抵触法と実質法が紹介される。

「F 知的所有権取引」(429-602頁)では,①パリ同盟条約,TRIPS協定のほか,技術保護,著作権,ソフトウェアなどに関する国際法・ヨーロッパ法上の枠組みが概観され,②技術移転,③ソフトウェア,④商標,⑤著作権などに関する個別契約類型に即して,関係諸国の抵触法と実質法が詳細に紹介されている。

「G 配送取引」(603-714頁)では,まず①商事代理人契約,②フランチャイズ契約,③販売代理店契約の3類型につき,関係諸国の実質法と抵触法が説明される。これに続けて,ヨーロッパ共同体条約第81条および第82条,1999年の適用除外指令2790号などを含むヨーロッパカルテル法による超国家的枠組みが説明され,実務家への配慮として,主要なチェック項目リストも配置されている(636,712頁)。

「H ファイナンス」(715-946頁)では,まず①1988年ファクタリングに関するUNIDROIT条約,2002年ハーグ有価証券条約,2002年消費者向け金融サーヴィス商品の通信販売に関する指令65号などの国際法・ヨーロッパ法的枠組みが紹介される。その後,②ファイナンス・モデルの項で,短期・中期のファイナンス手段(信用状,ファクタリング,リース等),中期・長期のファイナンス手段(輸出保険,ユーロ・クレジット等),特別のファイナンス(プロジェクトファイナンス,証券化),保証などが取り上げられ,さらに③ファイナンス・マネジメント(デリヴァティブ)の項で抵触法,実質法,倒産法,金融機関監督法,租税法の枠組みが,また,④担保の項で,スタンドバイ信用状に関する国連条約他の国際法・ヨーロッパ法の枠組みと人的保証・動産担保権についての個別問題がそれぞれ略述される。

「I 支払流通」(947-1041頁)では,①外貨建て債務に関するヨーロッパ条約,国際振込みに関するUNCITRALモデル法などの国際法・ヨーロッパ法の枠組みが概観され,②国境を越える支払流通に関する外国為替法上の規制,③為替取引契約,④両替取引,⑤個別の支払い流通手段(振込み,手形小切手,信用状取引),のそれぞれにつき関係諸国の抵触法と実質法が紹介される。

「J 外国投資に対する法的保護」(1043-1110頁)では,①UNCTADによる活動な

どに触れた簡単な前書きを受けて，②受入国法における投資保護，③ヨーロッパ法における投資保護，④ヨーロッパ人権条約による所有権保護，⑤その他の国際法上の投資保護，⑥投資保険（MIGAを含む），これら5つの項で関係諸国の国家法や各条約法が概説される。末尾にはICSIDを考慮した投資に関するドイツのモデル契約例（2003年現在のもの）とドイツ，オーストリアおよびスイスがそれぞれに締結している二国間投資保護条約の一覧表が掲げられている。

「K 法人法・会社法」（1111-1403頁）では，①1974年国家の経済的権利義務憲章，会社法とコーポレートガヴァナンスに関するEU委員会アクションプラン，ヨーロッパ経済利益団体，ヨーロッパ会社などの国際法・ヨーロッパ法の枠組みがまず紹介される。その後，②企業主体に関する国際私法による規律の枠組みが概観され，さらに，③会社，結合企業，ジョイントヴェンチュアのそれぞれに即した契約・定款の作成，④企業買収など，個別項目ごとに国家法および国際法・ヨーロッパ法による規律の態様が紹介されている。

「L 証券取引所法・資本市場法」（1405-1622頁）では，まず①WTO，GATSなど，国際法・ヨーロッパ法の枠組み，②市場秩序法・市場監督法を含む国際資本市場法の概要（経済抵触法を含む）の構成，③関係諸国の主要法源が示される。これに続けて，④資本市場での企業のファイナンス（債券と株式），有価証券取引と企業買収法，インサイダー取引と情報開示義務，投資活動の4項目に即して多様な問題が取り上げられ，細目が紹介されている。

「M 競争法」（1623-1733頁）では，①国際法・ヨーロッパ法におけるカルテル法関連の諸制度の概観に続けて，②補助金，ヨーロッパ助成法，③国際カルテル私法，④誠実義務の4項目について，関係4カ国の規律の枠組みが紹介されている。

「N 労働法」（1735-1811頁）では，①契約債務準拠法に関するローマ条約，ヨーロッパ共同体条約第39条による人の自由移動，ヨーロッパ経営協議会に関するヨーロッパ共同体指令などの国際法・ヨーロッパ法の枠組みの紹介に続けて，②労働契約法，③経営組織法，④労働協約法，⑤労働争議法のそれぞれにつき，詳しく説明されている。

「O 紛争処理」（1813-2154頁）では，①2005年合意管轄に関するハーグ条約，2000年民事および商事の事件における裁判管轄権および裁判の承認執行に関する理事会指令2001年44号，関係諸国間条約他の法源を紹介した後，内国裁判所の国際裁判管轄権，訴訟係属，外国裁判の承認・執行等について詳論した「国際民事訴訟法」，②UNCITRALモデル法，UNCITRAL仲裁規則，ICC仲裁規則，ドイツとオーストリアの仲裁機関の仲裁規則，WIPO仲裁規則，ICSID仲裁規則，関係諸国の仲裁法制を概観した「仲裁」，これら2つの項において，多様な問題が検討されている。

3 このように，本書が対象とする範囲は極めて広い。本書はドイツ語圏諸国の企業と取引を行うわが国の実務家に対して貴重な資料と有益な示唆を簡明に提供しているだ

けではなく，国際経済法務に関心を抱くわが国の研究者に対しても各専門分野の実務的要点を知る上で極めて有益な概観を与えることであろう。歴史，理論，比較など多岐に亘る研究実績（個別主題に関する多くの博士論文や専門書を含む）を踏まえ，豊富な裁判例，行政先例，企業法務を反映した実務の展開をもとに，学理と実務の双方にわたって豊富な蓄積を有するドイツ語圏の法律家により編まれた本書は，多くの優れた著者の協同作業によってなし得た，文字通り大きな成果といわなければならない。

学術研究書という視点から一部の読者は本書の記述（その典型は，契約準拠法の決定に関するドイツ法およびオーストリア法の説明が6頁弱に圧縮されている点にみられる）にある種の物足りなさを感じられるかもしれないが，この点は，多忙な実務家の利便性に配慮した執筆目的に起因するものであり，本書の致命的欠陥とは言い得ない（立ち入った研究のためには，豊富に掲げられた参考文献リストが有益な示唆を提供することであろう）。問題関心に応じて本書の存在意義も当然に異なり得るが，国際経済法を，それ自体完結した一国の実定法分野としてではなく，国際社会における法の機能と役割を考慮しつつ全地球的規模で独禁法やWTO法など多様な個別領域を多面的かつ複合的に結合し，国際経済活動に対する法規制を国家法と国際法とを併用してグローバルに行う包括的な分野として位置付ける筆者の理解からは，本書は今後の国際経済法体系を構築する上でひとつの里程標と考えられる。こうした見方から，諸国の立法者や条約起草者が当然に抱くべき，国際的な産業政策や金融政策を前提とした立法や行政の指針，企業経営者がビジネスリスクとの兼ね合いで抱くリーガルリスクへの配慮などへの言及が行われていたならば，本書の価値も一層高まったものと思われる。

それでも，本書のようなドイツ語圏での優れた成果をみると，会員数にも会員の専門領域にも極度に偏りのあるわが日本国際経済法学会の現状はなお途上にあるとの切迫感を禁じ得ない。本書のような著作を乗り越える成果を諸外国に対して外国語で示すことのできる段階にまで，わが国の研究および実務の水準を高めるよう務めることこそがが学会の当面の課題といえよう。本書により関心を刺激されたわが国の学界関係者による本格的かつ重厚な研究が期待されるところである。

（中央大学法学部教授）

Peter Van den Bossche,

The Law and Policy of the World Trade Organization

(Cambridge : Cambridge University Press, 2005. xxxviii+737 pp.)

荒 木 一 郎

　『世界貿易機関の法と政策』と題する本書は,「条文, 判例及び資料」(Text, Cases and Materials) という副題が示すとおり, WTO法全般について体系的・実務的観点から解説したものである。著者のピーター・ヴァンデンボシェはベルギー生まれのEU法・国際経済法研究者であり, マーストリヒト大学教授である。彼は, 1997年から2001年までWTO上級委員会事務局の筆頭参事官を務め, 特に2001年に上司のデボラ・ステガー女史が個人的な事情から急遽事務局を去ることになった時には, 後任者が決まるまで上級委員会事務局長事務取扱の職にあった。彼はジュネーブに着任する前から既にマーストリヒト大学で教鞭をとっており, それまでの理論的考究に実務家としての経験を積み重ねて, 研究者として大成した人物である。評者は, 事務局勤務時代に著者と知り合う機会を得たが, いかにも実直な人柄であり, 該博な知識と緻密な思考に基づいた手堅い議論をするので, 同僚からも尊敬され, 上級委員会委員の信頼も厚かったように記憶している。

　本書序文によれば, 本書は第一義的には大学院における教材として編纂されたものであるが, 同時に通商法弁護士や通商政策担当者にとっての入門書となることを意図して書かれたものだという。この企図は見事に成功しており, WTO法について, 最新の判例・学説の動向を踏まえた有用なレファレンスとして活用することができる。

　タフツ大学フレッチャー・スクールのトラクトマン教授は, 書評において本書の内容を極めて高く評価しながらも, 米国式のケースブックに慣れた者にとっては, 本書における判例の引用はあまりにも少なく, かつ細切れであって, ケースメソッドによる判例の紹介には役立たないと批判している (Journal of International Economic Law 9 (1), 233-235)。この批判は, 米国と欧州における法学教育の方法の違いを如実に示すもので, 日本の大学で普通に行われているような体系的講義のための教材としては, 本書のように判例をうまく整理してくれた方がむしろ使いやすいのではないかと思われる。また, 要所に理解を助けるための設問があるほか, 各章の終わりには教室での議論を喚起するための演習課題が付されており, これも国際経済法の教材の作り方として大いに参考になる。

　本書は全8章から構成される。第1章「経済のグローバル化とWTO法」は, 本書全

体の序論として,まず経済のグローバル化について賛否両論を紹介している。その上で,WTO法の基本原理を解説し,WTO法の法源,WTO法の国際法・国内法における位置づけについて主要な議論を紹介している。第2章「世界貿易機関」は,GATTからWTOに至る歴史,WTOの目的と機能,WTO加盟国の地位,WTOの組織,WTOにおける意思決定方式等について紹介している。どの教科書にも書かれているような内容であるが,WTOの現状を淡々と記述するにとどまらず,反グローバリゼーションの立場からの批判も踏まえた書きぶりとなっており,NGOの関与についてかなりのページ数を割いていることが特徴的である。第3章「WTOの紛争処理」は,WTOの紛争解決了解(DSU)についての紹介である。手続の流れからDSUの問題点,改正提案に至るまでの記述が,最新の判例を踏まえつつ,要領よくまとめられている。第4章「無差別原則」は,最恵国待遇原則について,まず1994年のガット(以下「ガット」という。)第1条について,続いてGATS第2条について,判例の展開を踏まえて解説している。さらに,内国民待遇原則について,まずガット第3条について,続いてGATS第17条について同様に解説している。第5章「市場アクセスのルール」の記述は,大きく①物品の貿易における関税障壁,②物品の貿易における非関税障壁,③サービスの貿易における障壁の3つの部分に分かれている。それぞれの部分では,譲許表や約束表の実例を示しつつ,WTOにおける市場アクセス交渉の実態を踏まえ,また,紛争事例の分析を通じてこの分野におけるWTO法の全貌を明らかにしようとしている。第6章「不公正貿易に関するルール」では,ダンピング防止税に対するWTOの規律,補助金及び相殺措置に対するWTOの規律が,最新の判例の動向を踏まえつつ要領よく紹介されている。第7章「貿易自由化と他の社会的価値・利益」は,いわゆる非貿易的関心事項の紹介にとどまらず,第1章から第6章までで紹介しきれなかった調整原理について一挙に議論を展開している。すなわち,まずガット第20条(一般的例外)の紹介に始まり,GATS第14条(一般的例外)についての記述がある。続いて,安全保障例外としてガット第21条とGATS第14条の2をまとめて紹介している。さらに,経済の緊急事態に関する例外として,ガット第19条及びセーフガード協定の紹介があり,続いて地域統合に関する例外として,ガット第24条,授権条項(地域統合に関する部分),GATS第5条についての紹介がある。続いて,国際収支擁護のための例外としてガット第12条及び第18条B並びにGATS第12条の紹介がある。最後に,経済開発のための例外としてガット第18条及び授権条項(一般特恵制度に関する部分)の紹介がある。第8章「将来の課題」では,開発途上国の問題及びいわゆるシンガポール・イシュー(投資,競争,政府調達,貿易円滑化)についての簡単な紹介がある。本書の末尾には,冒頭で提起された経済のグローバル化是非論に対する答えとして,ミレニアム開発目標を定めた国連総会が「開かれていて,衡平であり,ルールに基づき,予見可能で無差別的な多角的貿易体制」にコミットしているとしたことを踏まえ,そのような体制がなければ,経済のグローバル化

と国際貿易は人類にとって祝福ではなく災厄となる可能性が高いと述べられている。それによって経済的不平等，社会的不正義，環境の悪化，文化の破壊がより深刻になるからというのである。そして，ドーハラウンドが国際社会に理想的な多角的貿易体制をもたらす希望が述べられている。

　本書を通読して感じることは，本書がこのような高い理想に燃えつつ，同時に実務的感覚にあふれるものであるということである。このことは，例えば紛争処理に関する第3章の結論部分で，前上級委員会委員のエーラーマン教授の言を引きつつ効率的な紛争解決手続と非効率的な政治的意思決定過程の不均衡に警鐘を鳴らした上で，「体制に対する負荷を軽減する唯一の方策は，各国政府が紛争の解決に当たり紛争裁定者に任せきりにすることなく，より活発な外交を通じて事態を打開しようと努めることである」というバーマン元EU駐米大使の発言で締めくくっている点などに顕著に表れている。

　また，本書の優れたところは，索引がよく整備されていることである。試みに，「日本」という項目を引いてみよう。そこには，①ダンピング防止協定交渉，②WTO予算への貢献，③関税，④ダイヤモンド取引（キンバリー・プロセスへの言及），⑤DSU改正交渉への貢献，⑥政府調達，⑦通商政策史（現在よりも1913年当時の方が貿易依存度が高かったというエピソード），⑧サービス貿易における市場アクセス約束，⑨「四極」の一員であること，⑩貿易政策審査，⑪紛争解決手続において被申立国となった件数，⑫WTO法の国内での直接適用可能性（否定的），⑬WTOにおける役割といった項目が並んでいる。最後の「WTOにおける役割」がDSU改正交渉への貢献だけにとどまっていることは，評者としては大いに不満であるが，残念ながら著者の目にはそのようにしか映っていないということであろう。ちなみに，「中国」や「インド」の項目を見ると，「WTOにおける役割」としてより多くのページが参照されている。また，「欧州共同体」や「米国」の項目には，そもそも「WTOにおける役割」という見出しがない。このように不満はあるものの，類書に比較すれば，日本とWTOとの関わりについて，それなりの情報を提供してくれる価値ある索引であるといえよう。もちろんこれは単なる一例であり，他の項目もよく考えられて選ばれている。

　このようにレファレンスとしても価値が高い本書であるが，単著であるために，内容にいささか精粗のばらつきが見られることはやむを得ないと思われる。例えば，本年報第14号において紹介されているMatsushita＝Schoenbaum＝Mavroidis編著の *The World Trade Organization, Law, Practice and Policy* と比較した場合，農業協定やTRIPS協定の取り上げ方が必ずしも体系的でない（もちろん必要最低限の情報は提供されているから，入門書としてそれで不都合があるというわけではないが）。また，通常は通商救済手段としてダンピング防止税及び相殺関税と並んで扱われることが多いセーフガードについて，第7章で「その他」扱いにしているのも，不親切と思われる向きがあるかも知れない。さらに，同じく第7章でガット第20条の一般的例外の問題を単独で取り上げた

結果，第4章の内国民待遇原則の議論で問題となった「目的・効果テスト」との関連が不明確になってしまったという批判もあり得る（上記の書評において，トラクトマン教授は，間接的な言い回しながらこのような批判をしているようである）。しかし，単著である以上，WTO法に関するすべての項目について百科辞典的に取り上げることを期待することは適当でないであろう。むしろ著者自身の思い入れが深い部分を掘り下げて取り上げていることに好感が持てる。

　最後に，WTO法研究者共通の嘆きであるが，研究の対象が日々に進化・発展するために，著作がすぐに陳腐化してしまうという問題がある。本書は，執筆時点（2004年9月）での最新の判例を取り入れるために最大限の努力をしているが，当然ながら本書刊行後に上級委員会が示した判断については触れられていない。例えば米国・綿花事件（WT/DS267），米国・賭博規制事件（WT/DS285），EU・砂糖事件（WT/DS265, 266, 283）等の上級委員会報告書で示された重要な判断は，本書に反映されていない。近い将来に本書の改訂版ないし補訂版が出版されることを期待したい。

（横浜国立大学大学院国際社会科学研究科教授）

Patrick Daillier, Géraud de La Pradelle, Habib Ghérari
(sous la direction de),
Droit de l'économie internationale

(Paris : Pedone, 2004. xvi+1119 p.)

豊　田　哲　也

　本書はパリ第10大学の国際法センターが中心となり，主にフランスの59人の研究者らの知見を結集して「国際経済の法」の全体像を明らかにしようとした取り組みの成果である。本書の執筆を指揮した同国際法センターのダイエ（Patrick Daillier）所長とプレ（Alain Pellet）前所長は，フランスの代表的な国際法の教科書の一つ（P. Daillier et A. Pellet, *Droit international public*, 7ème éd., 2002）の共著者でもある。本書は6つの部（parties）から構成されている。

　第1部「国際経済の法的・制度的枠組み」は，「国際経済法秩序の展開」，「アクター」および「法的文書と規範」と題された3つの編（titres）から構成される。ここでの総論的考察においては，まず国際経済法秩序の歴史の概観が示された後で，労働権の国際的保護を端緒とする個人の経済的権利保護の強化が国際経済法秩序に与えてきた影響が検討される。その上で，その他の国際経済法秩序のアクター（国家，国際組織および企業）や国際経済法規範の国際レベルと国内レベルでの諸形態に考察が加えられ，さ

らに，国際経済法秩序の特徴として，ソフトローの果たす役割の大きさや現実主義的思考の強さなどが指摘される。

 第2部「通貨と金融」は，「ブレトン・ウッズ体制の誕生」，「通貨システム」および「金融・決済システム」の3編から構成される。ここでは，19世紀中頃の金本位制を基礎とする国際的な通貨システムの成立からブレトン・ウッズ体制の誕生に至るまでの経緯の簡単な概観の後に，国際レベルおよび地域レベルでの通貨システムについての考察や，国家の規律の及ばない私的な国際通貨の性質を持つユーロカレンシー（ユーロドルやユーロ円などの総称）についての考察が展開され，さらに，国際レベルおよび地域レベルでの金融システムと私人の貸付による私的な国際金融システムについての考察が展開される。

 第3部「通商」は，ガット／WTO体制を論じる「法的枠組みの全体像」と「主要な私的貿易業務」の2編から構成され，本文の3割以上を占める最も長い部である。第1編「法的枠組みの全体像」はさらに6つの小編（sous-titres）に分割され，ガットからWTOに至る通商制度の展開とガット／WTO体制を支配してきた基本原則についての考察の後に，物品貿易とサービス貿易に関する諸規律，個別分野（農業，繊維，航空機，公共入札）の特性や経済の発展段階あるいは地域的経済統合への参加を踏まえた特別制度について検討が加えられる。第2編「主要な私的貿易業務」は通商を通商当事者間の私的契約の観点から考察するものであり，国際契約の主要な諸類型（売買契約，運送契約，建設契約，販売契約，代理契約）や技術や知的財産の保護の諸問題について掘り下げた検討が加えられている。

 第4部「資本の国際移動」は，「普遍的な法的枠組」，「法制度の主要な要素」，「地域的な法的枠組み」および「フランスにおける外国投資の法とEC域外におけるフランス投資の法」の4編から構成される。まずは，グローバルな次元において，天然資源に対する恒久主権についての途上国の主張などの影響で，国際投資を規律する統一的な法制度が未だに形成されていない状況の中で，もっぱら二国間の投資協定によって国際投資法秩序が形成されていることが指摘され，その上で，投資協定等にみられる一般的な諸原則に考察が加えられる。さらに，地域的機構（欧州連合や米州機構）やOECDの枠組みにおける国際投資法秩序の形成についても考察が加えられ，最後に，外国投資に関するフランスの法制度が対外投資と対フランス投資の両面から検討される。

 第5部「私人の移動と居住」は，「自然人」と「企業」の2編から構成される。ここでは，労働者の移動に関する国際的レベルおよび欧州レベルの諸規範，フランスにおける外国人の法的地位，企業の国籍等の諸問題が検討される。

 第6部「国際経済関係の紛争」は，「紛争予防の技術」，「非司法的解決」および「司法的解決」の3編から構成される。ここでは，経済的原因による国際紛争の予防と非司法的解決と司法解決をめぐる諸問題が検討される。

本書の特色は，その分野横断的なアプローチに見いだされる（cf. Bibliographie critique, *Revue Générale de Droit International Public*, tome 109 (1), pp. 255-56)。国際経済法の概念は狭義には経済に関する国際法（国家間関係法）を意味するが，本書は，国際経済の現実の観察を考察の出発点として，国際法の一分野としての狭い意味での国際経済法には含まれない国際取引法までをも含む広い意味での国際経済法（それを本書では書名にもあるように「国際経済の法（le droit de l'économie internationale)」と呼んでいる）を論じる。そのために，国際法と国内法（国際私法を含む）との境界を越えて国際経済に関する全ての法規範が包括的に検討対象とされ，国際法と国内法とを別次元の法として理解する伝統的なアプローチは退けられている。

本書がそうしたアプローチをとるのは，本書が「実用的な観点から国際経済法の諸規則を明らかにする」(p.2) ことを目的として掲げ，国際経済法を実用的・現実的に論じようとするものだからである。本書が実用主義的な観点から分野横断的なアプローチをとった意義は，それが国際法と国際私法とを峻別する学問的伝統を受け継ぐフランスの執筆者らによる試みであった点に見いだされるように思われる。そうしたアプローチをとるならば，伝統的な観念にこだわることなくトランスナショナル・ローの名の下に一定の規範群を経験的に括り出すことも一つの方法であろう。しかし，本書の執筆者らは国際法と国際私法との区別を明確に意識した上で，伝統的な国際法や国際私法とは異なる「国際経済の法」の特質を明らかにすべく，国際法においては国家間条約以外の非典型的な国際法源（国際組織の決定，国家の一方的行為等）から生じる法規範の存在を指摘し，国際私法においては伝統的な抵触法的な理論枠組みに収まりきらない実体的国際私法規範（les règles matérielles de droit international privé）などの存在を指摘するのである。そうした議論が本書において完全に成功しているとまで言うことはできないが，国際法と国際私法の概念枠組みを維持した上で，どのような研究課題がどのような形で残されているかを伝統的な理論枠組みの中で明らかにする問題提起の書として本書は十分に役割を果たすものであろう。加えて，国際法でも国際私法でもない国際商事慣習法（lex mercatoria）についてのフランスの論争の紹介（第 8 - 3 章）も興味深い。

また，やや中途半端に終わったうらみもあるが，国際経済法におけるグローバルな次元の法と地域的な次元の法との関わりについても本書は少なからぬ知見を提供している。地域的経済統合に関するフランスの経験は多様であり，ECによる市場統合やユーロによる通貨統合の経験のみならず，CFAフランによる西アフリカでの通貨統合の経験もある。そうしたフランスの経験を踏まえた本書のいくつかの章の論述は，国際経済法秩序における世界主義と地域主義との関係という大きな問題に一定の示唆を与えているであろう。

最後に，あえて批判を述べるとするならば，本書においては多くの執筆者らの協力により国際経済法の諸分野において掘り下げた考察が展開されているにかかわらず，国際

経済法の手続き的な側面についての考察はやや控えめであるとの印象を受ける。第6部が「国際経済関係の紛争」に関する諸問題に充てられていることは既に述べたが、WTO の紛争解決手続きについては非司法的解決の一種としてわずか十数頁が割かれているに過ぎない。WTO のパネルや上級委員会による広い意味での一種の判例形成は、今日の国際経済法秩序の発展の考察において最も重要な要素の一つであり、本書の他の部分での論述の水準を考えるならば、紛争解決手続きの概観にとどまらず、さらに掘り下げた分析が求められるべきだったと思われる。法規範を実体法規範と手続法規範とに峻別し、実体法規範の研究に重きを置く大陸法学的な伝統の影響なのであろうか。また、資金洗浄の問題や外国公務員に対する贈賄の防止の問題、国際的な租税調和の問題など、国際経済の法を論じるのであれば欠くことのできないように思われるいくつかの点についての議論が見当たらないことも気にかかる。

以上に簡単に紹介したとおり、本書は、国際経済の法的規律の現実事象に着目し、国際経済法学を多面的に論じたものである。全86章の各章が独立した学術論文としての価値を持つものであるが、それと同時にフランスの国際経済法学全般をほぼバランスよく紹介する参考書としても価値を持つものである。本書の1100頁あまりを通じてフランスの国際経済法学の全体像をかいま見ることができると言っても過言ではないであろう。各章の末尾には原則として詳細な文献目録が付されている。フランスの国際経済法学の現状を知り、さらに関連のフランス語の諸文献をひもとく際の案内として本書は便利な一冊となるであろう。

(東京大学大学院法学政治学研究科 COE 特任研究員)

川瀬剛志・荒木一郎（編著）
『WTO 紛争解決手続における履行制度』

(三省堂, 2005年, xviii＋483頁)

平　　覚

発足後10年を迎えた WTO において、紛争解決手続はその実績を高く評価されているが、他方では、米欧間などに DSB 勧告の履行が極度に難航する重大案件が存在し、紛争解決手続の実効性を脅かしかねない状況にある。独立行政法人経済産業研究所の研究プロジェクトの成果として出版された本書は、こうした不履行案件を含む WTO 紛争案件を素材として、履行プロセスに含まれる履行の難易を規定する諸要因を個別に取り上げ、主として国際経済法および国際政治経済学の視角から履行・不履行のメカニズムの分析を試みたものである。全12章、12編の論文と資料としての「WTO 紛争解決勧告履

行状況一覧表」および参考文献一覧等から構成される本書について，以下，各章の内容を紹介し，若干の感想を付すことにする。

第1章「WTO紛争解決手続における履行問題―問題の所在と解決方法―」(ウィリアム・J・デイヴィー) は，紛争解決手続の実態をとくに時間的要素を念頭に概説した後，これまでの履行実績を分析し，現状改善のための制度改革案を提示する。手続遅延の実態は，相当部分が不履行または履行遅延に由来すること，全般的な履行実績は良好であるが，不履行または履行遅延は4極(米，EC，日本および加)と豪に集中していること，ならびに，補助金，SPSおよび通商救済分野の紛争がとくに履行問題を提起してきたことが詳細な統計的資料に基づいて指摘される。履行問題の具体的解決策としては，とくに不履行の場合の救済手段について金銭賠償，遡及的算定，対抗措置の程度の段階的引上げが説得的に提案されており，興味深い。WTO事務局の法務部長経験者の執筆による本章は，本書全体の序論としてふさわしいものになっている。

第2章「WTOにおける紛争解決機関勧告履行手続の法的性格―国際法上の諸制度との比較の視点から―」(阿部克則)は，DSB勧告履行手続を第三者機関の判断の履行という「第二次遵守」手続としてとらえ，他の国際法上の「第二次遵守」手続に比較して，実際に機能している「ユニーク」な制度であるとする。また，DSU22条に基づく譲許その他の義務の停止と一般国際法上の対抗措置の違いから，DSB勧告履行手続は，履行確保を第一義的目的としつつ，かつ相互主義パラダイムに基づくWTO協定特有の側面も併せ持つ複合的性格の制度であると結論づける。履行手続のこのような法的性格づけはきわめて説得的であるが，それがWTO紛争解決手続全体の法的性格づけにどのように影響するのか，その点についての考察を著者の次の論考に期待したいところである。

第3章「WTO紛争解決制度における対抗措置の法と経済分析―履行促進の視点からの有効性―」(久野新)は，主に公共選択論の考え方を用いながら，履行促進に効果的な対抗措置のあり方を検討する。DSUに基づく対抗措置は，同等性要件の存在により措置の程度が相当に制約を受けるが，他方でDSUにおいて認められる品目選択や品目数と関税率の組み合わせに関する自由度により，違反国において違反措置撤回に向けた反対圧力を醸成できる余地があること，また，対抗措置の発動は効率性の観点から決して奨励されるべきものではなく，違反国に履行を促し，違反措置から生じているコストの拡大を防止するための手段として機能することが見込まれる場合にのみ，一時的な措置として活用されるべきことなどが指摘される。国内の紛争処理実務担当者が効果的な対抗措置を機動的に発動する上で，有益な指針を提供する論考である。

第4章「DSB勧告履行の国際政治経済学的分析―対抗措置をめぐる3つの視座を中心に―」(飯田敬輔) は，国際政治経済学で利用される「ゲーム論」，「2レベルゲーム」，および「コンストラクティヴィズム」の各理論に照らして履行を促す対抗措置の実効性要因を客観的に抽出しようとする。ゲーム論によれば，対抗措置の強度と信頼性

がそれであり，2レベルゲームによれば，さらに国内的制約が加わり，そのため「ターゲティング」問題が浮上する。また，コンストラクティヴィズムによれば，対抗措置の正当性や加盟国によるWTO規範の内面化が重要になるとされる。著者は，このような考察から得られる政策的インプリケーションとして，個々の案件について対抗措置の発動を警告するだけでは履行の実現は困難であり，説得と代償も最後には必要になるとする。前章と同様，実効的な対抗措置の内容を戦略的に決定するという観点から有益な指針を提供しているが，最後の説得と代償の位置づけについてはやや唐突の感がある。

第5章「国際規範の遵守と国内政治—コンストラクティヴィズムによる日本・農産物リンゴ検疫事件の分析—」(大矢根聡) は，「(1)なぜ，WTO下にあっても貿易紛争はエスカレートするのか。(2)それにもかかわらず，なぜ各国はWTO裁定を遵守し，紛争の決着を選好するのか」を検証するため，コンストラクティヴィズムに基づく分析枠組みを提示し，これを日本・農産物検疫事件における国内政治過程の追跡によって実証しようとする。日本の関係者が規範認識において極度に国内規範を内面化していたことが紛争をエスカレートさせたことは，合理的な利害計算を前提とする従来の議論に再検討を迫るものであり，また，WTO紛争解決手続を通じて規範認識が国内規範の当然視からWTO裁定自体の尊重へと転換したことは，WTOの紛争解決プロセスに対立から遵守へのダイナミズムが内在していることを示唆するという著者の主張は，興味深く，かつ説得的である。日本国内の政府・産業界の主要関係者に対する聞き取り調査により実証性を確保しようとした著者の労を多としたい。

第6章「通商救済法案件の履行—影響を及ぼす制度・手続上の諸要因について—」(瀬領真悟) は，通商救済法適用案件(「法それ自体」案件を除く)におけるDSB勧告の国内的履行に関し，履行を困難にするWTO紛争解決手続上の制度やWTO協定の解釈のあり方について検討する。そのような可能性があるものとして，著者は，審査基準の厳格さ，パネル設置要請内容の明確化について申立国に課せられる負担，パネル・上級委員会による訴訟経済権限の行使および勧告や措置是正提案の内容の抑制的傾向を取り上げて分析する。履行奨励のためには，審査基準の緩和や訴訟経済権限の行使の抑制および特定的な措置是正提案が望ましいとするが，同時にそれらがもたらす弊害も指摘している。両論併記的な結論にとどまっているが，問題点の指摘とみるべきか。

第7章「産業政策案件の履行—補助金協定案件を題材にして—」(渡邊伸太郎) は，補助金協定案件において，産業政策の手段である補助金の特徴に由来する申立国の監視コストと被申立国の不履行や再発への誘因を，カナダ・ブラジル航空機補助金案件などの分析を通じて，詳細に検討する。著者は，WTO紛争処理システムにとって補助金協定案件の履行促進のための「最終的かつ効果的な」手段は，履行促進目的の譲許停止額設定であると主張する。しかし，立法論は別にして，補助金協定4.10条および同注にいう「適当な」かつ「均衡を失し」ない対抗措置という制約の中でそれほど効果的である

のか，にわかには同意しがたい。

第8章「WTO協定違反勧告の履行における法規範の正当性—FSC外国販売会社税制を巡る米欧紛争を題材として—」（東條吉純）は，米国の輸出取引を優遇する外国販売会社（FSC）税制が補助金協定上の禁止される輸出補助金に該当するかが問われた米国・FSC税制事件を題材として，租税補助金に関するWTO規範の曖昧さとともに，本件パネル・上級委員会によるWTO法規範の解釈適用が，正当性の観点から批判を免れず，履行遅延要因となったことを明らかにする。国際課税ルールを含め租税制度全体の制度設計が各国の主権管轄事項とされる中で，WTO協定による国際的規律がどこまで可能であるのか，今後の立法論の大きな課題も提示した。なお，あえて論述の難解さを1点のみ指摘すれば，「規範的な性格付けを予定しない"but for"テスト」（p. 275）とは，どのような意味であろうか。

第9章「『農業案件』の履行・不履行問題—統計的アプローチからの示唆—」（内記香子）は，WTO紛争解決手続に付された農業案件を統計的に分析し，意外にもとくに農業案件だからといって必ずしも履行が困難な状況にはないことを実証する。そして，履行を促した要因として，パネル・上級委員会の判断内容の説得力や明確性およびDSU履行確認手続の制度的効果の2つを取り上げ，事例分析を通じてこれらの要因の作用を確認する。しかし，それ以上に，「履行・不履行段階まで達した農業案件は，……『選択された』紛争であり，……WTOで違反認定をもらうことで履行がスムーズに行くという理由で選択される場合もあるはず」（p. 289）とする著者の鋭い洞察は，とくに農業案件については正鵠を射るものかもしれない。

第10章「『貿易と環境』案件における履行過程の分析枠組みと事例研究—『非貿易的関心事項』が係わる案件の一例として—」（川島富士雄）は，「貿易と環境」案件の履行過程における不履行の長期的コスト，紛争類型，履行コスト，および対抗措置コストなどの様々な要因を数量的な変数として把握し，履行可能性（あるいは困難性）を評価するための分析枠組みを設定する。そして既存の「貿易と環境」案件の履行過程の分析を通じて分析枠組みの有効性を検証し，手続法，実体法および紛争実務のそれぞれについて説得的な示唆と展望を提示する。とりわけ，WTO紛争解決手続においては，対抗措置コストを予想・負担する利害関係者の動員により履行促進を図るよりも，不履行コストを負担する利害関係者を動員する機能を重視すべきであり，そのためにWTO法が個々の加盟国に相互主義に基づくバランスのとれた十分な利益を提供するよう発展を続けなければならないとする著者の主張は傾聴に値する。広範な文献・資料の渉猟に基づく力作であるが，記号の説明がやや不十分であるように思われる。

第11章「『法それ自体』の違反に関するDSB勧告の履行—米国の事案を中心として—」（川瀬剛志）は，DSB勧告の履行に極度に困難をきたす案件として，履行のために議会による法律の改廃を必要とする「法それ自体」案件を取り上げ，この種の案件に固

有の履行遅滞要因をとくに米国の政治過程を例として探求するとともに，現行 DSU の下での紛争解決手続がそれらの要因に十分に対応できない制度上および運用上の問題を抱えていることを明らかにする。著者によれば，立法過程に配慮して緩やかに設定される勧告実施のための妥当な期間や実損ベースで萎縮効果などの悪影響を無視する譲許停止額の算定は，違反法令の撤廃のための十分なインセンティブとならないとされ，また，パネル・上級委員会の勧告および法解釈は明晰ではなく，「履行」に解釈の余地を残し，さらには WTO 法規範に対する正当性の認識を低下させていると主張される。もっとも，法解釈における条約法条約の文言主義に対する著者の批判は，法解釈における正当性を確保しうる他の代替的アプローチを提示しておらず，必ずしも説得的とは思われない。

第12章「いわゆる大西洋間案件の履行について」（荒木一郎）は，ホルモン牛肉規制事件，バナナ輸入制度事件，FSC 税制事件など，勧告の履行に困難をきたし，政治問題化した米欧間の「大西洋間案件」が，米欧経済関係全体の文脈および歴史的背景においてどのように位置づけられるのか，また，WTO の多角的貿易体制にどのような影響を及ぼしうるのかを考察する。結論的には，これらの紛争が米欧間に修復不可能な亀裂をもたらすものではなく，米欧間の経済紛争を予防し，解決するためのメカニズムは一応機能しており，戦後長い歴史を経て形成されてきた米欧間の信頼関係は揺らいではいないとされる。WTO の役割についての米欧の見解の相違，重商主義の復活およびクラブモデルの崩壊といった危機的シナリオも当面は現実化する可能性は小さく，米欧間の経済的対立が WTO 体制に対して破壊的影響を及ぼす可能性も小さいという楽観的見方が示される。

以上が，本書各章の内容である。「履行問題」について，多面的に，かつ各紛争案件の類型ごとに検討している点に本書の特徴がある。本書の冒頭で，本書の研究成果の意義として，実体法ならびに手続法のそれぞれの解釈論および立法論への示唆と紛争処理実務の改善への貢献が目指されていると述べられているが，そのような意義は，十分に達成されていると断言することができよう。また，学会にとって頼もしいのは，世界水準の研究業績といえる本書の執筆者たちの多くが若手研究者であることである。しかし，最後にあえて評者の不満を1点だけ述べるとすれば，本書は，WTO 紛争解決手続の「履行問題」に焦点を合わせ，もっぱらそこに集中しているが，従来から論争のある WTO 紛争解決手続の法的性質をどのようにとらえ，それとの関係で「履行問題」がどのように位置づけられるのか，出発点における立場の表明に1章が設けられるべきであったのではないかと考える。

(大阪市立大学大学院法学研究科教授)

澤田壽夫・柏木昇・森下哲朗（編著）
『国際的な企業戦略とジョイント・ベンチャー』（国際取引法フォーラム研究叢書）

（商事法務，2005年）

北 川 俊 光

　本書は，澤田教授，柏木教授を中心とする「国際取引法フォーラム」における研究の成果をとりまとめたものである。ここでの研究のねらいは，国際市場におけるジョイント・ベンチャーに関して学問横断的に本格的な法律研究を実施し，その研究成果を企業にも役立つものにすることである。

　企業の国際取引は，国境の枠を越えて縦横に行われており，その一つが，「カネ（海外投資）」を通しての国際市場におけるジョイント・ベンチャーである。ここでの国際市場は，日本市場を含み，ビジネスとの関わりにおける企業の戦略には世界各国の企業に多くの共通点がある。ところが，国際的ジョイント・ベンチャーにおいては，特定の海外市場の選択，相手方パートナーの選定の段階において，そこに適用されてくる法令と国が決まり，拠点設立の方法，出資比率，定款・内部規程の設定などを通して経営支配・管理が決まり，それは出資企業の経営方針・戦略を反映するものとなる。拠点としての実際の運営に当たっては，財務経理，税務，Ｒ＆Ｄ，生産管理，販売，法務，労務，紛争処理からジョイント・ベンチャーの終結・解散・清算などのそれぞれの局面において多様な法律問題がそこにはでてくる。しかも，企業にとっては，それらの法律，税務等の問題のあり方とその問題解決の法的手続・法制度がそれぞれの国によって異なってくるという対応の難しさに直面し，外部からの法律支援が望まれる分野である。今日の日本企業のグローバル化は，国際市場への進出をますます拡大させており，本書のいろいろな専門分野の研究者，実務者による学問横断的なテーマによるジョイント・ベンチャーの本格的な研究およびその研究成果発表は，時宜を得たもので意義は大きい。類書はごく限られており，本書におけるそれぞれの研究成果は，若干の濃淡はあるものの，国際的ジョイント・ベンチャーの専門的な研究として，高く評価できるものになっている。

　本書は，序章，第Ⅰ部総論（1 - 5 章），第Ⅱ部各論（6 -11章）から構成されている。序章「国際的な企業戦略とジョイント・ベンチャー──イントロダクション，概観」（柏木昇）では，編者としての本書全体にわたる視点から，企業がジョイント・ベンチャーを選択する理由，問題点などが，英国学者による研究体系書を加味して論じられている。ジョイント・ベンチャー契約実務の難しさが，マレーシア，インド，中国，カリフォル

ニアにおける日本企業の係争実例を挙げて例証され，関連問題の解決には学問横断的な多方面からの研究が必要であることが強調されており，学問横断的なそれぞれのテーマが，序章に続くそれぞれの章を構成するものになっている。

第1章「国際的ジョイント・ベンチャーの実務と諸態様—商社の実務におけるジョイント・ベンチャー利用の実態と形態選択のポイント」（平野温郎）では，ジョイント・ベンチャーの類型，類型選択の契機，形態決定のための考慮要素が紹介されている。ここでは，序章では本書では取り上げないとされている契約型ジョイント・ベンチャーも議論されている。ジョイント・ベンチャー契約の問題点の指摘は序章での考察と各論（6章）にもつながっている。実務者による理論だけではなく企業の実践的な戦略にも役に立つものになっているが，全体の記述のベースとなる国，文献についての脚注，引用・参考文献がまったく記載されていないのは問題であろう。

第2章「国際合弁契約の構成」（澤田壽夫）では，「Cross-border Joint Venture Agreement」および「Shareholders Agreement」が重要条項の簡潔な解説と共に紹介されており，これは他の章（8章，9章）での解説にも引用されている。

第3章「ジョイント・ベンチャーと契約，一般法理，信頼，そして弁護士」（森下哲朗）では，主に英米の学者の研究を通してジョイント・ベンチャーにおける契約と信頼，弁護士の役割などが解説されている。ここでの議論が，アジア，中近東，中南米などの地域でも通用するのかは疑問で，弁護士の力量より当事者となる企業の主体性，実力そのものが厳しく問われてくるものといえよう。

第4章「国際的ジョイント・ベンチャーにおける会計と税務」（高橋正一）は，学問横断的な重要テーマの一つである。特有の会計・税務法規，国際税務実務の要点などが，日本に重点を置きながら詳細に解説されている。これらは，企業の戦略に資するというよりは，公認会計士による専門的な解説となっている。

第5章「国際的なジョイント・ベンチャーと独占禁止法」（大原慶子）も学問横断的研究に欠かせない重要テーマの一つである。日・米・ECにおけるジョイント・ベンチャーに対する独占禁止法の判断の枠組み・規制の各々の解説が殆どを占めるが，前段の数頁は，日本法の下での競争法的観点からみたジョイント・ベンチャーの特徴が明らかにされている。ここでは企業のジョイント・ベンチャー設定・運営に向けての戦略に役に立つ解説になっており，執筆者の弁護士としての実績が生かされている。欧米以外の国々の独占禁止法的規制（動向）も欲しい。

第6章「合弁企業のガバナンス」（大杉謙一）は，合弁会社の設立時に会社間で協議・交渉の対象となる事項のうち，合弁会社の意思決定権限に関する定め（合弁会社のガバナンス）を取り扱うもので，日本法を中心としながら米国の州の会社法，イギリス法，ドイツ法にも言及されており，法律問題の解説というよりは，これ自体，独立した高度な研究論文になっている。序章（柏木昇）は，合弁契約に関する本格的研究が不足

しているという認識が国際取引法フォーラムにおける研究のスタートであったとしているが，この意味では本章がそれに応えているともいえよう。本章の研究には，平成17年度の会社法が，完成時期の関係で十分に反映されていないが，本書全体の中で一番力のこもった重要な研究発表になっている。

第7章「ジョイント・ベンチャー契約とベンチャー・キャピタル投資契約」（宍戸善一）は，学問横断的テーマの一つといえるが，本章の研究は，これ自体独立した研究として把握できよう。

第8章「ジョイント・ベンチャー契約と付随契約」（柏木昇）は，筆者の実務経験と英国学者の体系書からの付随契約に関わる論点を分析し，問題対応が，インドの事例も含めて明らかになっている。

第9章「ジョイント・ベンチャーの終了」（富澤敏勝）は，ジョイント・ベンチャーの終了を巡る法律問題を様々な角度から余すところなくカバーしながら解明する優れた研究になっている。英国学者の体系書も使用されており，英国のケース，英米法などが引用されているが，筆者の意見と引用資料との区分に分かり難いところがある。

第10章「ジョイント・ベンチャーと紛争事例」（岩崎一生，久保田隆）は，前半は，英国の文献からのジョイント・ベンチャーをめぐる20のイギリス判例，後半では，紛争と国際裁判管轄などの7件の米国連邦地裁の判例を紹介しているにとどまる。紛争事例の分析は，企業のビジネス戦略の設定に大きな予防的支援を与え得るが，この面からの研究は今後の期待であろう。

第11章「中国における国際的ジョイント・ベンチャー」（平野温郎）は，国際市場のうち中国に焦点を当て，実務を踏まえての法律，行政面からの問題点および対応が詳細に解説されており，企業にも参考になる。ただ，本書全体としての研究対象としては，中国のウェイトは低く，中国の法例，法制度からの研究はむしろ例外的で，中国研究類書も多いだけに本書全体としての印象を一体化しているというよりは個別研究の集合体という印象を与えている。

本書の特徴は，ジョイント・ベンチャー研究の主要な課題を学問横断的に把握し，その視点から研究テーマを決定し，それをその分野の専門研究者，実務者が執筆している点であり，そのいくつかは，今後の研究にもつながる貴重なジョイント・ベンチャー研究になっている。そこで把握されている学問横断的な課題も，国際投資の公法的規制の側面などもあろうが，十分である。問題があるとすればそれは本書のねらいと関連する。ここでの国際的ジョイント・ベンチャー研究が企業の戦略設定に効果的な支援を与えるという側面からみると次のような問題は残っているといえるであろう。

その一つは，国際として，どこの国・地域に焦点を当てているのかが曖昧であるという点である。国際的なジョイント・ベンチャーとはいえ，その実態はいずれかの国がジョイント・ベンチャー契約の準拠法として，もしくはジョイント・ベンチャーの設定地

の法として個別化され，企業は，そこでの個別の問題に直面し，解決していかなければならない。本書においてはそれぞれの執筆者により，日本法に重点，日・米・EU法の列挙，英国法に中心，またはアジア諸国の紛争の例示などそれぞれ多様性ある対応がとられているが，それだけに全体としての焦点がはっきりしないということにもなっている。第二は，序章における編者の国際的な企業戦略としての視点が，必ずしも効果的に全体にわたって十分に生かされていない点であろう。多くの章において，それぞれの執筆者は分担テーマについての専門的な法解釈，紹介に終始し，企業の戦略との関わりへの視点からの研究が希薄になっているといえよう。この点，企業の戦略的検討が最も重要になる「ジョイント・ベンチャーの設定」そのものも独立してテーマになり得るのであろう。そのほか，英国学者の体系書の6つの章での使用，同様事例の複数の章での引用は，共同研究のためではあろうが，重複を生んでいるところもあり，その効果の評価は難しい。

　もっとも，これら問題点の指摘は，国際的と名がつく学問横断的な研究テーマに複数の研究者，実務者が取り組むときに発生する共通のものであり，このことが，本書におけるそれぞれのテーマにおける法律的研究の成果および学問横断的ジョイント・ベンチャー研究書としての高い価値を損ねるものではないと確信している。

（関西大学法務研究科教授・弁護士）

日本国際経済法学会会報

1. 本学会の役員その他

理　事　長	村　瀬　信　也	（上智大学）
庶務担当常務理事	舟　田　正　之	（立教大学）
会計担当常務理事	道　垣　内　正　人	（早稲田大学）
研究運営担当常務理事（研究運営委員会主任）	岩　沢　雄　司	（東京大学）
編集担当常務理事（編集委員会主任）	須　網　隆　夫	（早稲田大学）
庶務副主任	出　口　耕　自	（上智大学）
会計副主任	江　藤　淳　一	（上智大学）

学会事務局：〒102-8554　東京都千代田区紀尾井町7-1
　　　　　　上智大学法学部出口耕自研究室
　　　　　　　電話 03-3238-3920　Fax 03-3238-3681

理事・監事（第5期）名簿（50音順）
（2006年7月現在）

＜理　事＞

石　川　　　薫	（外務省経済局長）	石　黒　一　憲	（東京大学）
位　田　隆　一	（京都大学）	岩　沢　雄　司	（東京大学）
江　口　順　一	（帝塚山大学）	小　川　恒　弘	（経済産業省通商機構部長）
小　原　喜　雄	（弁護士）	柏　木　　　昇	（中央大学）
金　子　　　晃	（公認会計士・監査審査会）	北　川　善太郎	（国際高等研究所）
北　川　俊　光	（関西大学）	木　棚　照　一	（早稲田大学）
小　寺　　　彰	（東京大学）	小　室　程　夫	（神戸大学）

櫻 井 雅 夫 （獨協大学）　　佐 分 晴 夫 （名古屋大学）
清 水 章 雄 （早稲田大学）　　正 田 　 彬 （慶應義塾大学）
須 網 隆 夫 （早稲田大学）　　平 　 　 覚 （大阪市立大学）
高 桑 　 昭 （成蹊大学）　　　道 垣 内 正 人 （早稲田大学）
中 川 淳 司 （東京大学）　　　根 岸 　 哲 （甲南大学）
野 木 村 忠 邦 （日本大学）　　稗 貫 俊 文 （北海道大学）
舟 田 正 之 （立教大学）　　　松 井 芳 郎 （立命館大学）
松 岡 　 博 （帝塚山大学）　　松 下 満 雄 （成蹊大学）
松 本 　 健 （公正貿易センター）村 井 　 正 （追手門学院大学）
村 上 政 博 （一橋大学）　　　村 瀬 信 也 （上智大学）
紋 谷 暢 男 （成蹊大学）　　　山 内 惟 介 （中央大学）
山 根 裕 子 （政策研究大学院大学）山 部 俊 文 （一橋大学）
横 川 　 新 （成城大学）

（以上，39名）

<監事>

金 井 貴 嗣 （中央大学）　　鳥 居 淳 子 （成城大学）

（以上，2名）

研究運営委員会

主任　岩沢 雄司　（東京大学）
委員　荒木 一郎　（横浜国立大学）　位田 隆一　（京都大学）
　　　佐藤 恵太　（中央大学）　　　泉水 文雄　（神戸大学）
　　　野村 美明　（大阪大学）　　　早川 吉尚　（立教大学）
　　　福永 有夏　（早稲田大学）(幹事)　間宮 勇　（明治大学）
　　　森下 哲朗　（上智大学）　　　山部 俊文　（一橋大学）

編集委員会

主任　須網隆夫（早稲田大学）

委員　川瀬剛志（大阪大学）　　　河野真理子（早稲田大学）

　　　久保田　隆（早稲田大学）(幹事)　瀬領真吾（同志社大学）

　　　多喜　寛（中央大学）　　　渡辺頼純（慶應義塾大学）

2. 第15回研究大会

本学会の第15回研究大会は，2005年10月30日（日）に京都大学において開催され，約160名の参加者により活発な討論が行われた。大会プログラムは，次の通りであった。

午前の部　（10時～12時20分）

「『国際経済法』・『国際取引法』のあり方を問い直す――法科大学院発足・新司法試験開始を契機として」　　　座長　早稲田大学教授　道垣内正人
- (1)　「国際経済法の射程と研究・教育のあり方」　東京大学教授　中川淳司
- (2)　「国際取引法教育の目的，射程およびあり方」　中央大学教授　柏木　昇
- (3)　「国際経済法コメント」　西村ときわ法律事務所弁護士　米谷三以
- (4)　「国際取引法コメント」　同志社大学教授　髙杉　直

午後の部　（14時～17時）

「『法と経済学』の諸相」　　　座長　神戸大学教授　根岸　哲
- (1)　「法と経済学の基本的な考え方とその手法」　東京大学助教授　松村敏弘
- (2)　「独占禁止法における法と経済学」　京都大学教授　川濱　昇
- (3)　「国際法における法と経済学」　学習院大学助教授　阿部克則
- (4)　「国際私法の経済学的分析－現状と課題」　大阪大学教授　野村美明

3. 2005年度役員会・総会報告

2005年度役員会は，10月29日(土)午後6時から京都大学にて開催された。また，総会は翌30日(日)午後5時から同大学で行われた。以下はその概要である。

(1) 会員の異動等

入会：13名，退会：31名，資格喪失（5年以上の会費滞納）：24名，逝去者：7名

(2) 会費滞納者の資格喪失手続に関する申し合わせ（「本学会の申し合わせ事項」参照）

(3) 役員の交代等

外務省（佐々江賢一郎氏から石川薫氏，経済局長）および経産省（田中伸男氏から小川恒弘氏，通商機構部長）の職務上の理事交代が承認された。また，田村次郎教授および横田洋三教授の理事辞任が承認された。理事の補充として，柏木昇・中央大学教授の理事就任が承認された（任期は他の理事と同様，2006年10月まで）。

(4) 2004年度決算案および2006年度予算案

道垣内会計主任より報告・説明（とくに予算項目の区分等の変更について）があり，原案通り承認された。2004年度決算および2006年度予算は本学会公式ホームページ（http://wwwsoc.nii.ac.jp/jaie/index.html）掲載の通りである。

(5) 年報の編集

須網編集主任より，本年度分の出版が完了したことが報告された。このほか，次のような報告があった。①法律文化社との契約を見直す必要があり，現在編集委員会で検討中である。②著作権に対する支払いについて，現在は学術著作権協会及び出版著作権協会から支払われているが，別の機関ではより高い支払いを得られる可能性があり，編集委員会で変更を検討している。③会員が所属する大学に学会誌が所蔵されていない場合があり，今後会員を通して購入をお願いする予定である。

(6) 研究大会

岩沢研究主任より，今年度の研究大会プログラムについて，分科会方式を採用しなかったこと，公法・私法を融合するようなテーマを扱ったこと，座長，報告者，コメンテーターによる事前の打ち合わせ会合を実施したことが報告された。このほか，次のような報告があった。①今年度以降，報告者の資料費はなしとする。②2006年度の研究大会（10月29日（日），明治大学）のテーマ，実施方法について，具体的な内容は未定であるが，午前は分科会方式で会員から報告希望を募ることを検討している，午後は公法・私法を融合するようなテーマとして米国1916年法に対する日本の対抗立法を扱う予定である。

(7) 役員選出方法に関する申し合わせ（「本学会の申し合わせ事項」参照）

後記申し合わせの承認により，次の理事候補推薦委員会委員が提案され，承認された（敬称略）。

川瀬剛志（大阪大学，経済法），福永有夏（早稲田大学，国際法），森下哲郎（上智大学，国際取引法），江藤淳一（上智大学，国際法），間宮勇（明治大学，国際法），小寺彰（東京大学，国際法），佐野寛（岡山大学，国際私法），稗貫俊文（北海道大学，経済法），山根裕子（政策研究大学院大学，EU法）

(8) 本学会の将来について

村瀬理事長より，国際取引法の研究者にとっても魅力のある学会にしていきたい，国際取引法や国際私法の研究者の入会勧誘も行う，これにあわせて学会の名称を「日本国際経済取引法学会」などと変更することも検討している，来年の理事会・総会で名称変更などの承認を得ることを目指したい，との方針が示され，承認された（本学会ホームページ「理事長より」参照）。

(9) 2006年度研究大会日程・場所

2006年度研究大会は，10月29日（日）に東京・明治大学で行われる予定である。理事会は，前日28日（土）午後6時から開催予定である。

4．本学会の申し合わせ事項

本学会の運営に関する申し合わせ事項のうち，2005年7月以降に新たに承認された申し合わせ事項は，以下の通りである。

「役員選出方法に関する申し合わせ」（2005年10月29日理事会承認）

日本国際経済法学会規約第12条（役員の選出）に基づき，2006年度の役員（理事および監事）選出は，次の方法によるものとする。

1 役員の改選時における新理事の選出は次の手続による。
   (1) 改選年度の前年の理事会で，「理事候補者推薦委員会」（以下，推薦委員会）を設置する。推薦委員会は，専門分野，ジェンダー，地域等の適正な配分を考慮し，かつ世代別に，40歳未満から3名前後，40歳代から3名前後，50−60歳代から3名前後の，計9名の委員で構成されるものとする。推薦委員会委員の委嘱は，常務理事会の原案に基づき，理事会において決定する。
   (2) 推薦委員会は，改選年度の適当な時期までに，次期理事候補者を選考し，その結果を理事長に報告する。理事候補者の選考においては，専門分野，ジェンダー，地域等の適正な配分を考慮し，かつ世代別に，40歳未満から5名前後，40歳代から5名前後，50−60歳代から10名前後の，計20名の候補者を常務理事会に推薦するものとする。常務理事および推薦委員会委員は，推薦委員会の推薦による候補者について，守秘義務を負う。

2 常務理事会は，上記20名の理事候補者に加え，専門分野，ジェンダー，地域等の適正な配分を考慮し，かつ諸般の事情を考慮して，20名の理事候補者（外務省および経済産業省の職務上の者，並びに原則として推薦委員会の委員を含む。）を加えた計40名の理事候補者を，一括して，理事会に提案するものとする。

3 理事会は，常務理事会の原案に基づいて審議の上，規約第12条に定める「候補者」

を選び，理事長から総会に提案し，総会の承認が得られた者を新理事とする。

4　新理事会は，「理事長互選の方法についての申し合わせ」(1992年1月25日理事会承認，2004年11月7日修正承認）に従って，新理事長を互選する。

5　新監事の選出は，常務理事会の原案に基づき理事会において審議し，理事長から総会に提案し，総会の承認が得られた者を新監事とする，との手続による。

なお，「理事選出に関する申し合わせ」(2002年10月27日）は，2006年度の選任においては，これを適用しない。

「会費滞納者の資格喪失手続に関する申し合わせ」(2005年10月29日理事会承認）

規約7条後段に従い，理事会は，3年以上の会費滞納者について（3年目の9月末日までに会費の納入がない場合），資格喪失手続をとることができるものとする。

「退会の申し出に関する確認了解事項」
(2006年2月13日／同年6月11日改訂　日本国際経済法学会常務理事会）

1　退会の申し出とその効力発生時期
　退会の意思表示は，書面又はe-mailによって行なわなければならない。退会は，その意思表示が学会事務局に到達した日を含む年度の最終日にその効力を生じる。

2　退会者の会費納入義務
　退会する者は，退会の効力が発生する年度までの会費を納入しなければならない。

3　退会届及び滞納会費の取扱い
　学会事務局は，退会者に対して，退会届の受理とこれを理事会に報告する旨の連絡をするものとする。その際，退会者がその年度までの会費について滞納分がある場合にはその滞納額の納付を督促する。その後，年度内に納付されない場合には，回収不

能金(損失)として処理する。

5．学会誌への投稿について

　学会では，年報論説欄を，学会での報告者に限らず，会員一般にも開放することにしている。論説の発表希望者は，理事又は編集委員会へご連絡頂きたい。論説原稿の締め切りは4月末日である。編集委員会が決定する2名のレフェリーによる審査の上，掲載の適否を決定する。なお，投稿論文の字数は，20,000字程度とする。

以上

編 集 後 記

　今年も編集後記の執筆までこぎつけたかと思うと，編集主任としていささかの感慨を禁じ得ない。本号は，2005年10月30日に京都大学で開催された第15回研究大会（共通論題「『国際経済法』・『国際取引法』のあり方を問い直す」・「『法と経済学』の諸相」）の報告原稿を中心に編集している。研究大会報告者の原稿を中心にした編集は，例年通りであるが，今年は幸いにして座長および報告者全員より多くの原稿を頂くことができた。執筆された方々にまずは感謝申し上げる。また，本号には，例年より多くの投稿原稿が寄せられ，編集委員会と理事会より各1名にお願いした査読委員による厳正な査読を経て，2つの論稿を掲載することができた。どちらの論稿も，今後本学会を中心となって担って頂くことが期待される若手会員の執筆によるものであり，来年以降も優れた投稿論文により，学会誌の内容がより充実することを期待してやまない。
　さて，編集主任としての筆者の任期も今秋で終了する。次期の編集委員会への引継ぎの意味も込めて，学会員の方々に編集委員会の業務の概要を紹介させて頂きたい。研究大会報告を中心に編集することを前提とした場合，編集委員会の仕事は研究大会当日から始まり，当日には，各報告者に非公式に執筆の可能性を打診する。次の作業は，正式な執筆依頼状の発送であり，例年12月末に執筆依頼文書を各報告者に発送するとともに，書評の推薦依頼を各理事に発送している。第1回の編集委員会は，翌年3月末頃である。ここでは，執筆依頼に対する回答を確認して，学会誌の構成を承認するとともに，書評の対象となる書籍を選定する。書評の執筆者を選ぶのもこの委員会である。4月末以降は，出来上がった原稿が送られてくる。期限までに入稿されない場合は，執筆者への督促を行うのが，この時期の最大の仕事である。また投稿論文に対しては，原則として査読委員を決定し，査読を実施する。大半の原稿が揃った6月末から7月初めには，第2回の編集委員会を開催する。ここでは，投稿論文を含めた最終的な構成を確認するとともに，次年度の学会誌の編集方針を議論する。以上のような作業の流れが合理的であるのか確信はない。次期の委員会には，編集委員会の作業のあり方をも是非改善して頂きたいと思う。

最後に，末筆ながら，このような細かな神経を要する作業に不向きな筆者を支えて頂いた編集委員会委員の方々に厚く御礼申し上げるとともに，毎年，無理な日程・費用での作業をお願いしている法律文化社の岡村勉社長，本年度途中より本学会誌の担当を引き継がれた同社の秋山泰氏に心より感謝申し上げる次第である。

須 網 隆 夫

執筆者紹介〈執筆順〉

道垣内 正人　早稲田大学大学院法務研究科教授

中川 淳司　東京大学社会科学研究所教授

米谷 三以　法政大学法科大学院教授・西村ときわ法律事務所弁護士

柏木 昇　中央大学法科大学院教授

髙杉 直　同志社大学法学部教授

根岸 哲　甲南大学法科大学院教授

松村 敏弘　東京大学社会科学研究所助教授

川濱 昇　京都大学大学院法学研究科教授

阿部 克則　学習院大学法学部助教授

野村 美明　大阪大学大学院国際公共政策研究科・高等司法研究科教授

川名 剛　早稲田大学《企業法制と法創造》総合研究所研究員

内記 香子　大阪大学大学院国際公共政策研究科講師

小場瀬 琢磨　早稲田大学大学院法学研究科博士後期課程

久保田 隆　早稲田大学大学院法務研究科教授

山内 惟介　中央大学法学部教授

荒木 一郎　横浜国立大学大学院国際社会科学研究科教授

豊田 哲也　東京大学大学院法学政治学研究科COE特任研究員

平田 哲　大阪市立大学大学院法学研究科教授

北川 俊光　関西大学法務研究科教授・弁護士

日本国際経済法学会年報　第15号　2006年
「国際経済法」・「国際取引法」のあり方を問い直す

2006年10月30日発行

編集兼発行者　日本国際経済法学会
代表者　村瀬信也

〒102-8554　東京都千代田区紀尾井町7番1号
上智大学法学部内
電話　03(3238)3231

発売所　株式会社　法律文化社
〒603-8053　京都市北区上賀茂岩ヶ垣内町71
電話　075(791)7131　FAX　075(721)8400
URL: http://www.hou-bun.co.jp/

©2006 THE JAPAN ASSOCIATION OF INTERNATIONAL ECONOMIC LAW, Printed in Japan
ISBN4-589-02978-2

日本国際経済法学会編
日本国際経済法学会年報

第9号（2000年）　アンチダンピングと競争政策　国際共助の諸問題　WTOと非貿易的関心事項
A5判・184頁・定価2835円

第10号（2001年）　非貿易的関心事項への取り組みとWTOの今後　世界経済の組織化と二国間経済協力　電子商取引の国際的課題　　　A5判・198頁・定価2940円

第11号（2002年）　GATSと規制改革　マネー・ローンダリング規制の現状と課題　TRIPs協定の現代的展開と再検討　　　A5判・200頁・定価3150円

第12号（2003年）　　　　　　　　　　　A5判・256頁・定価3465円

セーフガードの意義と課題　セーフガードをめぐる法的課題…小寺彰／国際経済法学から見たセーフガード制度…柳赫秀／経済法学から見たセーフガード…泉水文雄／経済学・政治経済学から見たセーフガード措置…木村福成／WTOセーフガード協定に関する行政面からの考察…鈴木英夫
WTO新ラウンド　WTO新貿易交渉の展望と日本の役割…渡邊頼純／WTOの現状と課題…佐分晴夫
自由論題　中国における条約の直接適用とWTO諸協定…山根裕子／WTO加盟交渉における発展途上国に対する「特別のかつ異なる待遇」条項の空洞化…濱田太郎

第13号（2004年）　　　　　　　　　　　A5判・242頁・定価3465円

アジアにおける競争法の展開　発展途上国と競争法・競争政策…松下満雄／アジアにおける主要競争法の展開について…村上政博／Some Issues on the Competition Law Enforcement in Korea…Ohseung Kwon／東アジアにおける競争法の発展と公正取引委員会の技術支援…小畑徳彦／WTOにおける競争政策ルールの検討について…清水章雄
アジアにおける国際取引紛争の処理　アジア地域における国際取引紛争の解決方法について…高桑昭／Development of Disputes Resolution Framework in ASEAN Countries…Philip Chan／International Arbitration in the PRC…David A. Livdahl／新仲裁法のもとでの国際商事仲裁…道垣内正人
アジアにおける地域経済協力　アジアにおける地域貿易協定…横川新／Regional Trade Agreements and the WTO: General Observations and NAFTA Lessons for Asia…William J. Davey／Regional Trade Integration and Viet Nam's Policy…Le Quang Lan／東アジアにおける地域経済統合と法制度化…須網隆夫

第14号（2004年）　　　　　　　　　　　A5判・268頁・定価3675円

WTOの10年：実績と今後の課題——新分野を中心として　WTOの10年…松下満雄／サービス貿易協定（GATS）の評価と課題…岸井大太郎／WTO農業協定の問題点とDDA交渉の現状・展望…山下一仁／繊維・繊維製品協定（ATC）の果たした役割と評価…高橋岩和
WTO紛争解決手続きの理論的課題　WTO紛争解決手続における司法化の諸相…川島富士雄／ドーハ・ラウンドにおけるWTO紛争解決了解の「改善と明確化」…川瀬剛志
国際統一法と国際私法　統一私法とその適用…高桑昭／国際私法から見た統一法…櫻田嘉章／国際私法と統一法条約の関係について…多喜寛
自由論題　古典的国際経済法理論の形成…豊田哲也

上記以外にもバックナンバー（第4号〜第8号）ございます。ご注文は最寄りの書店または法律文化社までお願いします。　TEL 075-702-5830／FAX 075-721-8400　URL:http://www.hou-bun.co.jp/